臺灣史研究名家論集

（三編）

尹章義　林滿紅　林翠鳳

武之璋　孟祥瀚　洪健榮

張崑振　張勝彥　戚嘉林

許世融　連心豪　葉乃齊

趙祐志　賴志彰　闞正宗

蘭臺出版社

作者簡介（依姓氏筆劃排序）

尹章義　社團法人臺灣史研究會理事長、財團法人福祿基金會董事、財團法人兩岸關係文教基金會執行長。中國文化大學民國 106 年退休教授，輔仁大學民國 94 年退休教授，東吳、臺大兼課。出版專書 42 種（含地方志 16 種）論文 358 篇（含英文 54 篇），屢獲佳評凡四百餘則。

赫哲人，世居武昌小東門外營盤（駐防），六歲隨父母自海南島轉進來臺，住臺中水湳，空小肄業，四民國校、省二中、市一中畢業，輔仁大學學士，臺灣大學碩士，住臺北新店。

林滿紅　專攻歷史學，國立臺灣大學歷史學系學士與碩士、國立臺灣師範大學歷史研究所博士、美國哈佛大學歷史與東亞語文研究所博士；1990 年之後擔任中央研究院近代史研究所研究員與國立臺灣師範大學歷史學系教授，2008-2010 年間曾任中華民國國史館館長，2015 年迄今擔任中央研究院與陽明醫學大學合開人文講座課程兼任教授，2021 年轉任中央研究院近代史研究所兼任研究員；研究課題包括：近代中國或臺灣的口岸貿易與腹地變遷、晚清的鴉片觀與國內供應、十九世紀中國與世界的白銀牽繫、亞太商貿網絡與臺灣商人（1860—1961）、亞太歷史與條約：臺海，東海與南海等。

林翠鳳　臺灣彰化人。國立中山大學中文研究所博士，國立臺中科技大學應用中文系教授。曾任國立臺中科技大學應用中文系主任。主要研究方向：臺灣文學、民俗信仰等。著作：《陳肇興及其陶村詩稿之研究》《黃金川集》《鄭坤五及其文學研究》《施梅樵及其漢詩研究》等專書。主編《臺灣旅遊文學論文集》《宗教皈依科儀彙編》等十餘種。擔任《田中鎮志》《大里市史》《媽祖文化志》《登瀛書院簡史》等史志單元編纂。已發表期刊論文數百篇。

武之璋　河南孟縣（現孟州市）人，1942 年生，1949 年七歲隨父母赴台，淡江大學外文系畢業，曾經營紡織、營造業多年，從商期間自修經濟學，常發表財經論文，為當局重視，曾擔任台北市界貿易中心常務董事、行政院經濟改革委員會務顧問，多次參與台灣財經政策討論，後從商場退休，專心治學，範圍遍及中國近代史、台灣史及儒家學說，曾經出版《二二八真相解密》、《策馬入林》、《中庸研究》、《解剖民進黨》、《台灣光復日產接收研究》、《二二八真相與謊言》、《原來李敖騙了你》、《武之璋論史》、《外省人的故事》等書，近年

　　致力兩岸和平統一，強力反對民進黨文化台獨，並組織「藍天行動聯盟」，從文化、思想各方面與民進黨展激烈戰鬥。

孟祥瀚　國立中興大學歷史學系兼任副教授，國立臺灣師範大學歷史系博士，曾任臺灣古文書學會理事長。研究領域為臺灣區域史、臺灣原住民史、台灣方志學與台灣古文書研究等。主要關注議題在於清代與日治時期國家力量對於地方與族群發展的影響，如清末至日治初期，國家政策對於東台灣發展的形塑，清代封山禁令下番界政策對於中台灣東側番界開發的影響等。方志與古文書的研究，則是企圖透過在地生活的豐富紀錄，以思考與探討台灣基層社會運作的實際面貌。本書所收各篇，大致回應了上述的學思歷程。

洪健榮　臺灣臺南市人，籍貫澎湖縣。省立臺南一中畢業，輔仁大學歷史學系學士、清華大學歷史碩士、臺灣師範大學歷史博士。曾任僑生大學先修班、臺師大歷史學系、明志科大通識教育中心、中央大學歷史研究所、臺北科大通識教育中心、輔大歷史學系兼任教師、國立故宮博物院圖書文獻處助理研究員，現職國立臺北大學歷史學系教授兼海山學研究中心主任。主要研究領域為臺灣社會文化史、臺灣方志學、臺灣區域史、臺灣族群史，著有《龍渡滄海：清代臺灣社會的風水習俗》、《西學與儒學的交融：晚明士紳熊人霖《地緯》中的世界地理書寫》，發表相關學術論文五十餘篇，另曾主編《五股志》、《延平鄉志》、《新屋鄉志》、《續修五股鄉志》、《續修新竹縣志卷九·人物志》。

張崑振　1970 年生於台北木柵，成大建築系畢業，成大建築博士，現任北科大建築系副教授，兼文化部、台北市及地方政府文資委員。曾擔任北科大創意設計學士班創班主任 2005-2008、北科大建築系主任 2016-2019。專長為建築史與理論、傳統建築與風土、遺產與都市保存，二十多年來一直從事台灣文化資產的保存、修復研究工作，主持六十餘件古蹟、聚落、文化景觀、產業遺產、遺址等類型文化資產調查研究計畫，近年也擔任古蹟修復設計及再利用策展工作。近年著有 2020《再尋冷戰軌跡-臺糖南北平行預備線文化資產價值研究》、2016《找尋曾經艱困的時代輪廓》、2015《傳家—新埔宗祠的故事》、2015《關渡宮—宮廟與文化景觀》等書。

張勝彥　臺灣大學歷史學學士、碩士，日本京都大學博士。先後任東海大學歷史系教授、日本京都大學文學部外國人招聘教授、中央大學歷史研究所教授兼所長、日本私立關西大學經濟學部外國人招聘教授、臺北大學歷史系教授兼民俗藝術研究所所長、及人文學院院長等教職。此外曾任臺灣歷史學會會長、內政部古蹟評鑑小組委員、臺中

縣志總編纂、續修臺中縣志總編纂、續修臺北縣志總編纂等職。現為臺北大學兼任教授、續修新竹縣志總編纂。已出版之學術著作有《南投開拓史》、《清代臺灣廳縣制度之研究》、《認識臺灣（歷史篇）》、《臺灣開發史》、《台中市史》、《臺灣史》等著作。

戚嘉林　Dr. Chi Chia-lin，中國統一聯盟前主席，1951 年生於台灣（原籍湖北沔陽/仙桃），輔仁大學商學士、中國文化大學經濟研究所碩士、南非首都比勒陀利亞大學（University of Pretoria）國際關係學博士。台灣外事人員特考及格，任職駐外單位、退休后曾任中國統一聯盟主席、並在世新大學授課。現為《祖國》雜誌發行人兼社長，社團法人台灣史研究會理事長，著有《台灣史》《台灣二二八大揭秘》《李登輝兩岸政策十二年》《台灣史問與答》《謝南光-從台灣民眾黨到中國共產黨》，及主編《坎坷復興路》等書。

許世融　雲林縣口湖鄉人，1966 年生，臺灣師範大學歷史學系博士，現任臺中教育大學區域與社會發展學系副教授兼系主任。先後於嘉義農專、國空大、建國科大、清華大學歷史研究所擔任兼任講師、助理教授；陸續進行過科技部諸多專題研究案。2011-2013 年並參與京都大學經濟學部堀和生教授主持的「東アジア高度成長の史的研究—連論から東アジア論へ一」跨國研究計畫。主要學術專長：臺灣經濟史、社會史、族群史等。博士論文〈關稅與兩岸貿易（1895-1945）〉曾獲得彭明敏文教基金會臺灣研究最佳博士論文獎。

連心豪　福建省仙遊縣人，1954 年 3 月生於安溪縣文廟廖厝館，旋移居泉州市區。廈門大學歷史學碩士，歷任廈門大學歷史學系教授，廈門大學中國海關史研究中心主任，福建省連橫文化研究院院長，福建省文史研究館研究館員，中國海關博物館顧問。專攻中國近代海關史，兼治閩臺關係史、閩南民間信仰與譜牒學。著有《近代中國的走私與海關緝私》、《水客走水》、《中國海關與對外貿易》，主編《閩南民間信仰》、《福建連氏志》、《仙遊鳳阿阿頭連氏譜牒》等書。

葉乃齊　1960 年出生於嘉義。1982 年自文化大學建築系畢業，1987-1989年曾就讀於台灣大學土木研究所交通乙組，1989 年曾於文化大學造園景觀系兼任執教，1990-1993 年服務於行政院文建會，從事古蹟保存業務。1993 年就讀台灣大學建築與城鄉研究所博士班，2002年 7 月獲台大城鄉所博士學位，曾擔任南亞技術學院建築系專任助理教授及華梵大學建築學系專任助理教授。2005 年 8 月接任華梵大學建築學系主任、所長，於 2008 年 1 月卸任。曾參與王鴻楷教授主持之研究案有《澎湖天后宮之彩繪》等五案。及夏鑄九教授主

持之研究案有《新竹縣三級古蹟新埔褒忠亭整修計畫》等七案。專業研究規劃案有近二十五本著作，個人代表著作有博士論文《台灣傳統營造技術的變遷初探--清代至日本殖民時期》，碩論《古蹟保存論述之形成——光復後台灣古蹟保存運動》及近百篇論文與著述。

趙佑志　1968 年，臺北人，臺灣師範大學歷史系學士、碩士、博士。現任新北高中教師兼任學務主任、清華大學歷史研究所兼任助理教授、真理大學人文與資訊學系兼任助理教授、淡江大學師培中心兼任助理教授，曾參與《沙鹿鎮志》、《梧棲鎮志》、《桃園市志》、《續修臺北縣志》、《高中歷史教科書》的編纂。著有：《日據時期臺灣商工會的發展(1895─1937)》、《日人在臺企業菁英的社會網絡(1895─1945)》、《續修臺北縣志》卷八文教志、〈躍上國際舞臺──清季中國參加萬國博覽會之研究〉等近百篇論文。

賴志彰　臺灣彰化人，逢甲建築系學士，國立臺灣大學建築與城鄉研究所碩、博士，長期參與文化資產保存工作，從最早的內政部到目前幾個市縣的文化資產諮詢委員，深入研究霧峰林家的歷史與建築，研究臺灣地方民居（包括新北、桃園、苗栗、臺中縣、彰化、嘉義市等），碩博士論文攢研臺中市的都市歷史，研究過新莊迴龍樂生療養院、臺灣古地圖、佳冬蕭宅、彰化縣志的公共藝術與工藝篇等。目前服務於國立臺南大學文化與自然資源學系臺灣文化碩士班，担任副教授，指導超過 180 篇以上的碩士論文。

闞正宗　1961 年出生於臺灣嘉義，成功大學歷史學博士。1985 年起年從事新聞編採工作，進而主持佛教出版社、雜誌社。長年從事佛教寺院及文物的田野調查，二十餘年間完成有關佛寺、人物田野調查專著、合著十餘冊。1996 年起先後出版《臺灣佛寺導遊》九冊、《臺灣佛教一百年》、《臺灣佛寺的信仰與文化》、《重讀臺灣佛教──戰後臺灣佛教（正續編）》、《臺灣佛教史論》、《中國佛教會在臺灣──漢傳佛教的延續與開展》、《臺灣日治時期佛教發展與皇民化運動──「皇國佛教」的歷史進程（1895-1945)》、《臺灣佛教的殖民與後殖民》、《臺灣觀音信仰的「本土」與「外來」》等學術著作。除臺灣佛教史研究之外，研究領域尚延伸至臺灣宗教、中、臺、日三邊佛教交涉、日本文化等研究領域。曾任法鼓佛教學院、玄奘大學宗教研究所兼任助理教授，現任佛光大學佛教學系副教授。

《臺灣史研究名家論集》——總序

　　《臺灣史研究名家論集》即將印行，忝為這套叢刊的主編，依出書慣例不得不說幾句應景話兒。

　　這十幾年我個人習慣於每學期末，打完成績上網登錄後，抱著輕鬆心情前往探訪學長杜潔祥兄，一則敘敘舊，問問半年近況，二則聊聊兩岸出版情況，三則學界動態及學思心得。聊著聊著，不覺日沉西下，興盡而歸，期待半年後再見。大約三年前的見面閒聊，偶然談出了一個新企劃。潔祥兄自從離開佛光大學教職後，「我從江湖來，重回江湖去」（潔祥自況），創辦花木蘭出版社，專門將臺灣近六十年的博碩士論文，有計畫的分類出版，洋洋灑灑已有數十套，近年出書量及速度，幾乎平均一日一本，全年高達三百本以上，煞是驚人。而其選書之嚴謹，校對之仔細，書刊之精美，更是博得學界、業界的稱讚，而海峽對岸也稱許他為「出版家」，而不是「出版商」。這一大套叢刊中有一套《臺灣歷史文化叢刊》，是我當初建議提出的構想，不料獲得彼首肯，出版以來，反應不惡。但是出書者均是時下的年輕一輩博、碩士生，而他們的老師，老一輩的名師呢？是否也該蒐集整理編輯出版？

　　看似偶然的想法，卻也是必然要去做的一件出版大事。臺灣史研究的發展過程，套句許雪姬教授的名言「由鮮學經顯學到險學」，她擔心的理由有三：一、大陸學界有關臺灣史的任務性研究，都有步步進逼本地臺灣史研究的趨勢，加上廈大培養一大批三年即可拿到博士學位的臺灣學生，人數眾多，會導致臺灣本土訓練的學生找工作更加雪上加霜；二、學門上歷史系有被社會科學、文學瓜分，入侵之虞；三、在研究上被跨界研究擠壓下，史家最重要的技藝——史料的考訂，最後受到影響，變成以理代証，被跨學科的專史研究壓迫得難以喘氣。另外，中研院臺史所林玉茹也有同樣憂慮，提出五大問題：一、是臺灣史研究受到統獨思想的影響；二、學術成熟度仍不夠，一批缺乏專業性的人可以跨行教授臺灣史，或是隨時轉戰研究臺灣史；三、是研究人力不足，尤其地方文史工作者，大多學術訓練不足，基礎條件有限，甚至有偽造史料或創

造歷史的情形，他們研究成果未受到學術檢驗，卻廣為流通；四、史料收集整理問題，文獻資料躍居成「市場商品」，竟成天價；五、方法問題，研究者對於田野訪查或口述歷史必須心存警覺和批判性。

　　十數年過去了，這些現象與憂慮仍然存在，臺灣史學界仍然充滿「焦慮與自信」，這些焦慮不是上文引用的表面問題，骨子裡頭真正怕的是生存危機、價值危機、信仰危機，除此外，還有一種「高平庸化」的危機。平心而論，臺灣史的研究，不論就主題、架構、觀點、書寫、理論、方法等等。整體而言，已達國際級高水準，整個研究已是爛熟，不免凝固形成一僵硬範式，很難創新突破而造成「高平庸化」的危機現象。而「高平庸化」的結果又導致格局小、瑣碎化、重複化的現象，君不見近十年博碩士論文題目多半類似，其中固然也有因不同學門有所創見者，也不乏有精闢的論述成果，但遺憾的是多數內容雷同，資料重複，學生作品如此；學者的著述也高明不到哪裡，調研案雖多，題材同，資料同，析論也大同小異。於是乎只有盡量挖掘更多史料，出版更多古文書，做為研究創新之新材料，不過似新實舊，對臺灣史學研究的深入化反而轉成格局小、理論重複、結論重疊，只是堆砌層累的套語陳腔，好友臺師大潘朝陽教授，曾諷喻地說：「早晚會出現一本研究羅斯福路水溝蓋的博士論文」，誠哉斯言，其言雖苛，卻是一句對這現象極佳註腳。至於受統獨意識形態影響下的著作，更不值得一提。這種種現狀，實在令人沮喪、悲觀，此即焦慮之由來。

　　職是之故，面對臺灣史這一「高平庸化」的瓶頸，要如何掙脫困境呢？個人的想法有二：一是嚴守學術規範予以審查評價，不必考慮史學之外的政治立場、意識形態、身分認同等；二是返回原點，重尋典範。於是個人動了念頭，很想將老一輩的著作重新整理，出版成套書，此一構想，獲得潔祥兄的支持，兩人初步商談，訂下幾條原則，一、收入此套叢書者以五十歲（含）以上為主；二、是史家、行家、專家，不必限制為學者，或在大專院校、研究機構者；三、論文集由個人自選代表作，求舊作不排除新作；四、此套書為長期計畫，篩選四、五十位名家代表

作，分成數輯分年出版，每輯以二十位為原則；五、每本書字數以二十萬字為原則，書刊排列起來，也整齊美觀。商談一有結論，我迅即初步擬定名單，一一聯絡邀稿，卻不料潔祥兄卻因某些原因而放棄出版，變成我極尷尬之局面，已向人約稿了，卻不出版了。之後拿著企劃書向兩家出版社商談，均被婉拒，在已絕望之下，幸得蘭臺出版社盧瑞琴女史遞出橄欖枝，願意出版，才解決困局。但又因財力、人力、市場的考慮，只能每輯以十人為主，這下又出現新困擾，已約的二十幾位名家如何交代如何篩選？兩人多次商討之下，盧女史不計盈虧，終於同意擴大為十五位，並不篩選，以來稿先後及編排作業為原則，後來者編入續輯。

　　我個人深信史學畢竟是一門成果和經驗累積的學科，只有不斷累積掌握前賢的著作，溫故知新，才可以引發更新的問題意識，拓展更新的方法、理論，才能使歷史有更寬宏更深入的研究。面對已成書的樣稿，我內心實有感發，充滿欣喜、熟悉、親切、遺憾、失落種種複雜感想。我個人只是斗膽出面邀請同道之師長友朋，共襄盛舉，任憑諸位自行選擇其可傳世、可存者，編輯成書，公諸同好。總之，這套叢書是名家半生著述精華所在，精彩可期，將是臺灣史研究的一座豐功碑及里程碑，可以藏諸名山，垂範後世，開啟門徑，臺灣史的未來新方向即孕育在這套叢書中。展視書稿，披卷流連，略綴數語以說明叢刊的成書經過，及對臺灣史的一些想法、期待與焦慮。

卓克華

2016.2.22 元宵　於三書樓

《臺灣史研究名家論集》——推薦序

　　《臺灣史研究名家論集》這套書本身就是一種臺灣史研究。其性質與意義，可以我擬編的另一套書來做說明。

　　相對於大陸，臺灣學界個性勝於群性，好處是彰顯個人興趣、自由精神；缺點是不夠關注該學科的整體發展，很少人去寫年鑑、綜述、概括、該學科的資料彙編或大型學人論著總集。

　　所以我們很容易掌握大陸各學科的研究發展狀況，對臺灣則不然。比如哲學、文學、社會學、政治學都各有哪些學派、名家、主要著作，研究史又如何等等，個中人也常弄不清楚，僅熟悉自己身邊幾個學校、機構或團體而已。

　　本來名家最該做這種事，但誰也不願意做綜述、概括這等沒甚創見的勞動；編名家論集嘛，既抬舉了別人，又掛一漏萬得罪人，何必呢？

　　我在學生書局時，編過一些學科綜述，頗嘗甘苦。到大陸以後，也曾想在人文與社會學科中，每學科選二十位名家，做成論文集，以整體呈現臺灣二十世紀下半葉的學術成果，遷延至今，終於未成。所以我看卓克華兄編成的這套《臺灣史研究名家論集》特有會心、特深感慨。

　　正如他所說，現在許多學科都面臨大陸同行的參與，事實上也是巨大的壓力。大陸人數眾多，自成脈絡。臺灣如果併入其數量統計中去，當然立刻被淹沒了。他們在許多研究成果綜述中，被視野和資料所限，也常不會特別關注臺灣。因此我們自己的當代學術史梳理就特別重要、格外迫切。

　　《臺灣史研究名家論集》從這個意義上說，本身就是一種臺灣學術史的建構。所選諸名家、各篇代表作，足以呈現臺灣史這個學科的具體內容與發展軌跡。

　　這些名家，與我同時代，其文章寫作之因緣和發表時之情境，讀來歷歷在目，尤深感慨。

　　因為「臺灣史」這個學科在臺灣頗有特殊性。

　　很多人說戒嚴時期如何如何打壓臺灣史研究，故臺灣史尟有人問津；

後來又如何如何以臺灣史、臺灣文學史為突破口，讓臺灣史研究變成了顯學。克華總序中提到有人說臺灣史從「鮮學變成顯學」，然後又受政治影響，成了險學，就是這個意思。

但其實，說早年打壓臺灣史，不是政治觀點影響下的說詞嗎？卷帙浩繁的《臺灣風物月刊》、《臺北文獻季刊》、《臺灣文獻季刊》、臺灣銀行《臺灣文獻叢刊》等等是什麼？《臺灣文獻季刊》底下，十六種縣市文獻，總計就有四億多字，怎麼顯示五十年代到八十年代中期政府打壓了臺灣史的資料與研究？我就讀的淡江大學，就有臺灣史課程，圖書館也有專門臺灣史料室，我們大學生每年參加臺灣史蹟源流會的夏令營，更是十分熱門。我大學以後參與鄉土調查、縣誌編撰、族譜研究，所感受的暖心與熱情，實在不能跟批評戒嚴時期如何如何打壓臺灣史研究的說詞對應起來。

反之，對於高談本土性、愛臺灣、反殖民的朋友所揭櫫的臺灣史研究，我卻常看到壓迫和不寬容。所以，他們談臺灣文學時，我發現他們想建立的只是「我們的文學史」。我辦大學時，要申辦任何一個系所都千難萬難，得提前一兩年準備師資課程資料及方向計畫去送審；可是教育部長卻一紙公文下來，大開後門，讓各校趕快開辦臺灣史系所。我們辦客家研討會，客家委員會甚至會直接告訴我某教授觀點與他們不合，不能讓他上臺。同樣，教師在報端發表了他們不喜歡的言論，各機關也常來文關切……。這時，我才知道有一個幽靈，在監看著臺灣史研究群體。

說這些，是要提醒本叢刊的讀者：無論臺灣史有沒有被政治化，克華所選的這些名家，大抵都表現了政治泥沼中難得的學術品格，勤懇平實地在做研究。論文中匕鬯不驚，而實際上外邊風雨交加。史學名家之所以是名家，原因正要由此體會。

但也由於如此，故其論文多以資料梳理、史實考證見長。從目前的史學潮流來看，這不免有點「古意盎然」。他們這一輩人，對現時臺灣史研究新風氣的不滿或擔憂，例如跨學科、理論麈指史料、臺灣史不盡

為史學系師生所從事之領域等等，其實就由於他們古意了。

　　古意，當然有過時的含義；但在臺灣，此語與老實、實在同意。用於臺灣史研究，更應做後者理解。實證性史學，在很多地方都顯得老舊，理論根基也已動搖，但在臺灣史這個研究典範還有待建立，假史料、亂解讀，政治干擾又無所不在的地方，卻還是基本功或學術底線。老一輩的名家論述，之所以常讀常新，仍值得後進取法，亦由於此，特予鄭重推薦。

龔鵬程

《臺灣史研究名家論集》──推薦序

　　臺灣，在許多大陸人看來是一個地域相對狹小、自然資源有限、物產不夠豐富、人口不夠眾多且孤懸於海外的一個島嶼之地。對於這座寶島的歷史文化、社會風貌、民間風俗以及人文地貌等方面的情況知之甚少。然而，當你靜下心來耐心地閱讀由臺灣蘭臺出版社出版的《臺灣史研究名家論集》（已出版三編）之後，你一定會改變你對臺灣這個神奇島嶼的認知。

　　《臺灣史研究名家論集》到目前為止，已經輯錄了近五十名研究臺灣史的專家近千萬字的有關臺灣史的研究成果。這些研究成果大都以臺灣這塊獨特的地域空間為載體，以發生在這塊神奇土地上的歷史事件、人物故事、社會變遷、宗教信仰、民間習俗、行政建制、地方史志、家族姓氏、外族入侵、殖民統治、風水習俗以及建築歷史等等為研究內容，幾乎囊括了臺灣的自然與社會生活的方方面面。例如，尹章義的《臺灣移民開發史上與客家人相關的幾個謎題》，林滿紅的《清末臺灣與我國大陸之貿易型態比較（1860-1894）》，林翠鳳教授的《臺灣傳統書院的興衰歷程》，武之璋先生的《從純史學的角度重新檢視二二八》，洪健榮的《明鄭治臺前後風水習俗在臺灣社會的傳佈》，張崑振的《清代臺灣地方誌所載官祀建築之時代意義》，張勝彥的《臺灣古名考》，戚嘉林的《荷人據台殖民真相及其本質之探討》，許世融的《日治時期彰化地區的港口變化與商貿網絡》，連心豪的《日本據臺時期對中國的毒品禍害》，葉乃齊的《臺灣古蹟保存技術發展的一個梗概》，趙佑志的《日治時期臺灣的商工會與商業經營手法的革新（1895─1937）》，賴志彰的《台灣客家研究概論─建築篇》，闞正宗的《清代治臺初期的佛教（1685-1717）──以《蓉洲詩文稿選集》、《東寧政事集》為中心……

　　上述各類具體的臺灣史研究，給讀者全面、深刻、細緻、準確地瞭解臺灣、認知臺灣、理解臺灣、並關注臺灣未來的發展，提供了「法國午鑒學派」所說的「全面的歷史」資料和「完整的歷史」座標。這套叢書給世人描摹出一幅幅臺灣社會、文化、經濟、生態以及島民心態變遷

的風俗畫。它們既是臺灣社會的編年史、也是臺灣的時代變遷史，還是臺灣社會風俗與政治文化的演變史。

《臺灣史研究名家論集》在史學研究方法上借鑒了法國年鑒學派以及其他現代史學流派的諸多新的研究方法，給讀者提供了新的研究視角，使得史學研究能夠從更加廣闊、更加豐富的空間與視角上獲取歷史對人類的啟示。《臺灣史研究名家論集》的許多研究成果，印證了中國大陸著名歷史學家章開沅先生對史學研究價值的一種「詩意化」的論斷，章開沅先生曾經說過，「**從某種意義上說，史學應當是一個沉思著的作者在追撫今夕、感慨人生時的心靈獨白。史學研究的學術的價值不僅在於它能夠舒緩地展示每一個民族精神的文化源流，還在於它達到一定境界時，能夠闡揚人類生存的終極意義，並超越時代、維繫人類精神與不墮……**」

閱讀《臺灣史研究名家論集》，能夠讓讀者深切感受到任何一個有限的物理空間都能夠創造出無限的精神世界，只要這塊空間上的主人永遠懷揣著不斷創造的理想與激情。我記得一位名叫唐諾（謝材俊）的臺灣作家曾經說過，由於中國近代歷史的風雲際會，使得臺灣成為一個十分獨特的歷史位置。「**在很長一段時間裡，臺灣是把一個大國的靈魂藏在臺灣這個小小的身體裡面……**」，的確，近代以來的臺灣，在某種程度上來講成就驚人。它誕生過許多一流的人文學者、一流的史學家、一流的詩人、一流的電影家、一流的科學家。它曾經是「亞洲四小龍」之一。

臺灣之所以能夠取得如此驚人的文化成就，離不開諸如《臺灣史研究名家論集》裡的這些史學研究名家和**臺灣蘭臺出版社**這樣的文化機構以及**一大批「睜眼看世界」的仁人志士們**持之以恆的辛勤耕耘和不畏艱辛的探索。是這些勇敢的探尋者**在看得見的地域有限物理空間拓展並創造出了豐富多彩的浩瀚精神宇宙。**

為此，我真誠地向廣大讀者推薦《臺灣史研究名家論集》這套叢書。

王國華　2021 年 6 月 7 日於北京

《臺灣史研究名家論集》——編後記

　　我在〈二編後記〉中曾慨嘆道，編此《論集》有三難：邀稿難、交稿難、成書難。在《三編》成書過程中依然如此，甚且更加嚴重，意外狀況頻頻發生，先是新冠肺炎疫情耽誤了近一年，而若干作者交稿、校稿拖拖拉拉，也有作者電腦檔案錯亂的種種問題，也有作者三校不足，而四校，五校，每次校對又增補一些資料，大費周章，一再重新整理，諸如此類狀況，整個編輯作業延誤了近一年，不得已情商《四編》的作者，將其著作提前補入《三編》出版，承蒙這些作者的同意，才解決部分問題。

　　如今面對著《三編》的清樣，心中無限感慨，原計畫在我個人退休前將《臺灣史研究名家論集》四輯編輯出版完成，而我將於今年（2021）七月底退休，才勉強出版了《三編》，看來又要耗費二年歲月才能出版《四編》，前後至少花了十年才能夠完成心願，十年，人生有多少個十年？！也只能自我安慰，至少我為臺灣史學界整理了乙套名家鉅作，留下一套經典。

卓克華　　于三書樓

2021.6.7

賴志彰

臺灣史研究名家論集

蘭臺出版社

目　錄

從家族史、客家研究
到都市史的拼貼整合研究

　　選錄在這本論文集的六篇論文，各代表個人在不同階段的研究成果，1.1984 年到 1989 年，還包括之後的古蹟修復工作，個人長期投入霧峰林家的歷史與建築保存工作，在研究著述成果中，覺得比較重要的，選了兩篇與霧峰林家有關的：其一是臺灣山水園林代表霧峰林家萊園；其二是透過林家蒐羅的玻璃版底片與各房家族老照片，再引述林獻堂日記作政治社會考查；2.1989-1997 攻讀國立臺灣大學建築與城鄉所碩博士學位時，沉浸投入臺中市的歷史發展與近現代化，發表的碩博士論文中，挑選了其中一段臺中日治時期發展有關的京都風格型塑的小論文壹篇；3.1990 年以後，投入地方民居調查研究，包括臺北縣、桃園縣、苗栗縣、臺中縣、彰化縣、嘉義市等地區，其中有關中部客家的建築風格尤其精彩，挑選了其中的兩篇，其一是深入探討彰化八卦山腳路的福佬化了的客家帶狀連村；其二是透過建築與聚落綜合比較論述臺灣北中南東的客家民居研究；4.為 1986 年前後，在藉古地圖與航照圖研究說明，甚至堆疊比較說明不同年代的歷史進程，與南天書局的發行人魏德文先生共同研究出版新竹市、臺中縣、臺南市等三本研究調查報告，其中選了一篇透過古地圖的蒐集，探討府城臺南的歷史發展。

　　第一篇霧峰林家萊園，為清季臺灣 私家庭園中，偌多都市庭園中，唯一仿唐宋文人山水園林的特例。內文主要透過林獻堂日記內有關萊園記述的整理，配合林家長老的訪談，還有昔時文人詩集唱和的書寫，綜合論述整理分析。

　　第二篇是透過從林家閣樓找到的 20 世紀初的玻璃版底片、頂下厝蒐羅的照片，在每張照片的辨識與說明後，藉林獻堂日記的內容作補述，再根據歷史時空背景作連結，深入探討當時的情境與氛圍。

　　第三篇有關臺中市在日本人統治時期的開發建設，從綠、柳川的仿京都鴨、桂川，還有坐北朝南，西有海岸山脈、東有九九山脈、北有觀

音山、南有八卦山脈，型塑特定的風水地理，再有以棋盤規劃的町通市區街道格局，像極了日本京都原鄉的模擬，才有「小京都」的附會風雅！

第四篇討論在彰化東南山邊角，八卦山的西側山麓，也即是山腳路137號道路，有從大村南邊，經員林、社頭、田中，到二水的北邊，跨越五十多公里，有六十幾座的福佬客多院落多護龍的建築群，他們在形家風水、共產共業、共同祭祀祖先與神明、聚族而居…等，形成團結性的部落，為福佬化了的客家人作了有力的見證！

第五篇是對臺灣北中南東的客家庄落作一民居環境的差異比較，從「包」、「從」、「圍」三個角度的空間圍合方式，比較不同地區的客家建築差別，光南部的「夥房」、「圍攏屋」，就與中部的「伙房」、「圍屋」有所差異，北部新屋、龍潭、楊梅另有稱「雙堂屋」，其有地域性、地形上的區分顯然有其人文差異的背後原因！

第六篇由古舊地圖的蒐集，依時間的先後，堆疊出其發展的脈絡，包括河流的改道、築堤與增加拓墾地，漢人庄落的移墾與產業開發，府城又是從全臺首要都城，逐漸成為近現代化都市，交通的建設、都市計畫的執行、公共設施的投注，一步一腳印走過來，不同年代的老舊地圖，剛好見證這塊土地的不同歷史變革！

六篇論文各有不同的視角與專業領域，也代表個人在不同時間的投注與付出，經整理提供後學者的參考與延伸研究！

歷史名園—霧峰林家萊園

一、前言

　　霧峰[1]林家萊園，為臺灣四大名園之一[2]；並列為臺中十二勝景之一的「萊園雨霽」[3]，在火燄山九九山峰之麓，距離下厝二百公尺，頂厝五百公尺，佔地二甲三分餘[4]，為一依山傍水，無界線的自然配置園林；是兩千多年來，從秦始皇開創以人工山水作為園林造景主題至今[5]，不可多得的一個因地制宜，巧於因借的自然山水園林[6]，可惜的是，在萊園中學遷入之後，由於大肆的整地做為校舍，目前遺蹟所剩已不多，緬懷它曾有過的風光歲月，不甚噓唏。

　　本文係「財團法人臺灣省臺中市素貞興慈會」委託臺大土木系與歷史系合作進行之「霧峰林家歷史及宅園研究」系列成果之一。在兩年的現地測繪與踏勘期間，從宅第到園林，從閣樓到箱箱櫃櫃，從林家的遠親乃至近鄰，有關的一手資料，陸陸續續出現，給工作同仁在辛苦之餘，無限的安慰，心中的興奮加重了使命感，從日記、詩集，從早年的玻璃底片，從訪談、聊天中逐漸累積，曾經是歷史名園之一的萊園，逐漸釐清它的輪廓與面貌，冀望此一復原研究工作，能提供園林建築研究工作者一個完整的實例。

　　由於原文份量遠超過研討會所預訂的，所以刪減了許多分析與解說部分，直接以萊園本身內容深入探討，進一步的細節，請參閱「霧峰林家歷史及宅園研究」系列報告中有關「萊園」的部分。

1　霧峰原名阿罩霧位於臺中盆地中部東緣，介乎草湖溪與烏溪間。地當臺中市至中興新村之中途。
2　臺灣四大名園——吳園、北郭園、林本源邸園、萊園。
3　臺灣通誌（土地誌、勝蹟篇），名列為十二勝景之一。
4　萊園的範圍到底多大，臺灣贅譚記云：「大可三十畝，合山計之可百畝。」，主要是早期的萊園是綿延至整個火燄山九九山峰。民國三十八年五月八日林獻堂在日記裏提到「建設萊園高級中學………土地余之名義二甲三分餘……。」
5　中國建築史新編　明文書局　頁一四九。
6　民間的自然山水園林從古至今範例並不多見，比較著名的有唐代王維的「輞川」園，白居易的「草堂」。

二、萊園興廢始末

萊園原屬於頂厝景山公祭祀公業會的，然而管理維護卻一直為頂厝三房[7]所積極扮演，目前則捐作明台中學[8]校舍，茲將其興廢始末分成三期詳述如下：

（一）草創時期——林文欽主其事，為一依山傍水無界線的自然配置庭園。

林文欽於光緒十九年（一八九三）中舉後，即在宅邸後方（東南邊）靠山之地，修園以娛其母羅太夫人，並取萊子斑衣娛親之典故，名之曰「萊園」[9]。

萊園的興築，除了興建年代光緒十九年（一八九三）可以確定之外，到底費時多久？完成於何時？根據史料的分析，從一八九三年到一八九五年臺澎割讓日本，時間顯得非常倉促。

再看看早期萊園園內的景物：

1. 根據「無悶草堂詩存」丁未年（一九○七）作品提及：五桂樓、考槃軒、夕佳亭、搗衣澗，望月峰、荔枝島、社公祠、垂柳橋、凌雲磴、觀稼亭等十首詩[10]。

2. 辛亥年（一九一二），梁任公應林獻堂先生之邀曾來臺遊歷十餘日，並曾下塌五桂樓，前後四、五天，曾作「萊園雜詠」七絕十二首，其中十首是有關萊園景物的：五桂樓、考槃軒、夕佳亭、搗衣澗、望月峰、荔枝島、萬梅崦、千步磴、小習池，木棉橋。

從上面提及的景物，配合地方耆老的說法，除了夕佳亭與萬梅崦是在一九○七年才開闢經營的之外，草創時期的萊園，可說是巧妙地配合

7　頂厝林奠國派下有三房，大房林文鳳、二房林文典、三房林文欽。
8　原萊園中學由中正路邊移往萊園，並於民國七十二年改名為「明台中學」。
9　臺灣霧峰林氏族譜　第一冊　林文欽家傳　頁一一三。
10　無悶草堂持存，林朝崧，臺灣文叢刊第七十二種，頁九三～九五。

天然地貌的利用與改造，沒有太多的人工設施物，所以實際所需的工期不長，因此萊園初期的興建，從一八九三年底到一八九五年之間，應是可接受的。

萊園後山即是所謂的火燄山九九山峰，順著五桂樓牆邊走過，可以沿山麓（即後來的萬梅崦）藉著凌雲磴（即千步磴）上到望月峰，即可遠眺九九山峰，整個園景與大自然環境一氣呵成，沒有任何界線；而搗衣澗引山泉，順著地勢蜿蜒到達五桂樓的小智習池畔，小習池即是引山泉匯聚成池之天然水池。

如果不是時局紛擾把時間切割掉了，如果林文欽不那麼早逝，也許萊園會有更多的景緻。

（二）擴充時期——林獻堂主其事，萊園憑添了許多人工設施物，而界線也愈來愈清楚。

林文欽於光緒廿六年（一九〇〇）秋赴港療痔，為庸醫所誤，竟病故旅邸[11]；此後，林獻堂即成為萊園建設的繼承人。

林獻堂繼續父親林文欽對萊園的建設，確實為萊園增色不少，不管人工設施物是否太多，或者是對後山的缺乏經營，都不能否定林獻堂對萊園所下的苦心。尤其在林獻堂儼然為林家族長的當時[12]，其影響力不可謂不大，何況每年祭祀公業會都有固定的經費做為萊園之修膳費用[13]，就因為有這些經費，以及林獻堂的積極經營，才使得萊園享有極高的盛名。

萊園的第二階段應設是從五桂樓的改建拉開序幕，然後是夕佳亭、萬梅崦的經營，萊園才算比較完整（是為全盛時期），再經由羅太夫人墓的營建，將整個園區從原來第一階段縣延於九九山峰的山水庭園，逐

11　編審會編　紀念集　卷一　「林獻堂先生年譜」　頁二一。
12　當時霧峰林家頂厝、下厝所有大小紛爭都會請林獻堂作定奪、商議。
13　林獻堂日記一九三七、一、二一「祭祀業決議書……再支出二千圓以作公業之……萊園之修繕之費用……。」、林獻堂日記一九三二、三，十「尚餘千數百圓……將所剩之額以作萊園修繕費」。

漸縮小範圍圈到整個萬梅崦下，也即原先將五桂樓主景區藉著千步磴拉到望月峰，甚至九九山峰的氣勢，整個被切掉了；於是，萊園的界線便開始勾畫出來，而以後陸陸積續添加的設施便全部集中在萬梅崦下，祇有三十六級之高階是被考慮在東邊的小山丘上，為望月峰，千步磴廢掉之後另一新的制高點，以致後來夕佳亭的移往小丘，是一明智的決定，不失一補救之良策。

就整個時間結構來說，第二階段理應從光緒廿五年（一八九九）秋林文欽赴港療痔，病故旅邸開始，一直到林獻堂於民國卅八年（一九四九）九月廿三日離臺赴日療病，前後五十年歲月；然而真正與營建有關者，卻祇集中在下列三個時段：

1. 一九○六――一九○七年五桂樓的改建、夕佳亭的營建、萬梅崦的開闢。

2. 一九二一――一九二三年羅太夫人過世後營建的墓園，鐵礮碑及櫟社廿年題名碑。

3. 一九三○――一九四○年林允卿銅像、環翠盧、虹橋、林竹山紀念碑的興造，以及旗桿臺的移轉，柳橋與木棉橋的改築，其他大大小小的修繕事宜。

其中尤以一九三○――一九四○這十年間的營建事宜最為繁忙，主要是因為昭和五年（一九三○）七月底的暴風雨 [14]，以及昭和十年（一九三五）四月底的中部大地震 [15]，霧峰萊園在災後的許多整建，縫修工作。萊園第二階段的擴充經營可以說在民國廿八年的旗桿臺移轉之後結束。

14　林獻堂日記一九三○、七、二八「昨夜十時餘，降雨頗大，天明，稍息，各處被害之消息續之傳來，……萊園橋梁流失，堰堤崩壞，橋頭之磚柱流行百餘步………」、林獻堂日記一九三○、八、四「……墻垣倒壞兩處，木棉橋傾斜欲墜，此二者於廿八日以後損害也。」

15　臺灣新聞，總督府發表資料，一九三五、四、二三：昭和十年四月廿一辰六時二分，臺中、新竹兩州發生大地震，死傷上萬，家屋損壞兩萬餘戶。萊園難無直接的損壞資料，可是在昭和十年十月十六日的日記卻載著「五桂樓之壁微有損害」。

（三）式微時期——林攀龍主其事，萊園變得祇是萊園中學校區裏，幾處不相干的景區，反客為主。

早在民國卅八年初，林獻堂即有意在萊園建設高級中學[16]，六月以後開始將環翠廬作為學生宿舍[17]，考槃軒修繕為教室[18]；而林獻掌於是年九月廿三日離臺之後，所有有關高級中學的事宜，全部落在長子林攀龍的身上。然則林攀龍對諸多大事仍不時捎信請示父親林獻堂[19]，雖然林獻堂是同意在萊園建築校舍，可是如此大興土木，改變原貌，大概不是林獻常的原意吧！

民國卅八年（一九四九）高級中學成立之後，考槃軒、五桂樓、環翠廬相繼被整理為教室與宿舍（祇作內部機能的改變使用），大致上仍保有第二階段的風貌；迨至民國六十三年（一九七四）萊園中學內遷[20]之後，原考槃軒、旗桿臺、林允卿銅像、社公祠等位置被大事整地作為校舍與運動場，五桂樓後面花園的圍牆亦部分被切掉，而環翠廬也被拆掉改建成校友會館及宿舍，塌窪花園則被整地之後的剩土拿來填平，搗衣澗則被整修成一條圳溝，完全失掉了當年的風光。

總而言之，萊園中學的遷入，原是無可厚非，說來，它也祇是將原來考槃軒附近的私塾區擴大到一個中學校區，至於它對萊園所造成的分割破壞，祇怪當初沒能好好規劃。

三、萊園的內容

底下將整個萊園，按照各設施物間的關聯性，區分四個景區來探討：

16　林獻堂日記一九四九、一、二八「三時半，攀龍、猶龍、雲龍、松齡及余協議建設高等中學於萊園，加入五弟為學校董事計六名」。

17　林獻堂日記一九四九、六、二五。

18　林獻堂日記一九四九、六、二八。

19　林獻堂日記一九五〇、三、十五「復攀龍之信，言高中教室切勿新築，因現在時局不安定而又負擔重稅，皆無餘力可相援助，然教室又不可缺，可將五桂樓下做一教室，環翠廬作一教室，待時局安定，然後建築……。」

20　民國六十三年萊園中學校董事改組，林垂訓退出，原有校地退還林垂訓，學校遂遷出原來中正路旁地價頗高的商業用地，移往萊園。

(1) 入口準備區。(2) 主景區。(3) 內園區。(4) 梅嶺區。另針對三個拿來配景的紀念碑文，則在 (5) 部分來探討，茲詳述如下，位置如附圖。

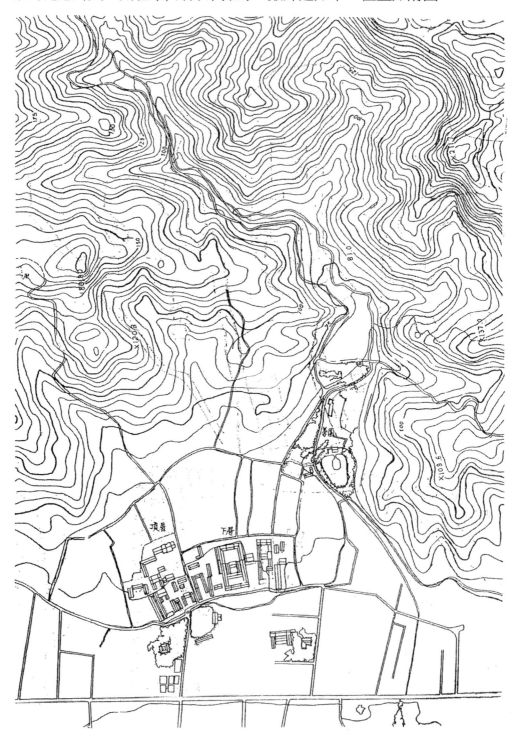

1 入門
2 外花園
3 藤花棚
4 撲草塵
5 小高爾夫球場
6 塌窟花園
7 管理員家尾
8 觀稼亭
9 木棉橋
10 搗衣澗
11 園門
12 五桂樓
13 小習池
14 虹橋
15 荔枝島
16 歌台

17 考槃軒
18 林文卿銅像
19 望軒台
20 祀公祠
21 半嵿軒
22 挪橋
23 三十六級高階皆
24 夕佳亭
25 慕園
26 石頭公
27 牛蒡磴
28 菩梅庵
29 望月峰
30 鐵礦碑
31 摔柁二十平越名碑
32 林竹山饒偉碑

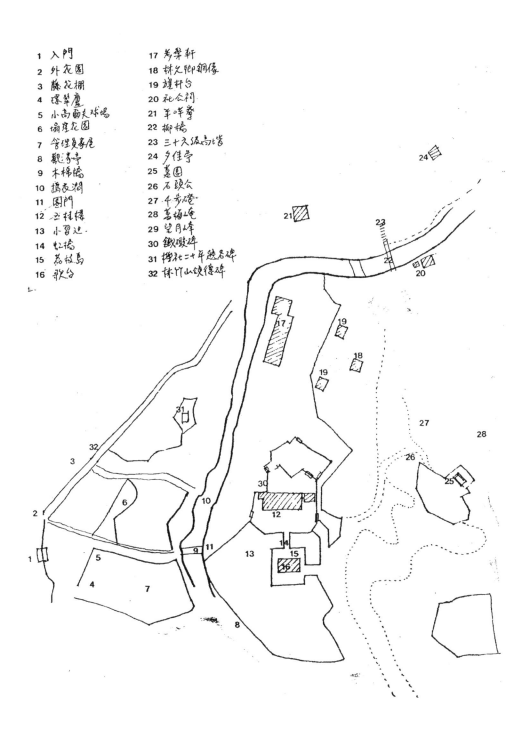

一 入口準備區 （外園區）	二 主景區	三 內園區	四 梅嶺區	五 紀念碑文
101 入門	201 園門	301 考槃軒	401 墓園 （林氏祖墳）	501 鐵礖碑
102 外花園	202 五桂樓	302 林允卿銅像	402 石頭公	502 櫟社二十年題名碑
103 藤花棚	203 小習池	303 旗杆臺	403 千步蹬	503 林竹山頌德碑
104 環翠廬	204 虹橋	304 社公祠	404 萬梅崦	
105 小高爾夫球場	205 荔枝島	305 羊咩寮	405 望月峰	
106 塌窪花園	206 歌臺	306 柳橋		
107 金水家屋		307 三十六級高階		
108 觀稼亭		308 夕佳亭		
109 木棉橋				
110 搗衣澗				

（一）入口準備區（外園區）

　　林獻堂平常一到萊園，必先在環翠廬小坐，然後招呼園丁林金水父子整理、打掃，或者先行打開五桂樓後院其中的一道門，再行進入園門，這是他每天例行的事，因此園門之外的部分，就一併歸類為入口準備區或外園區。

101 入門

　　為一土埆磚牆，有用鐵片焊燒出來的「萊園」兩字作為入門標記。

102 外花園

　　入門之後，就是外花園，栽植許多矮灌木（如含笑、茶花），以及兩棵大榕樹。

103 藤花棚

為一鋼筋混凝土澆灌而成的花棚架。

104 環翠廬

為一三間起土埆磚造房子，門前有一獨立的亭子，早先為梨園子弟居所，一九三五年底「抹壁塗楹」改為圖書室，周圍且環植梅花，乃名之曰「環翠廬」[21]。

105 小高爾夫球場

在原居梨園子弟之所的前院，一九三一年五月開闢，一九三三年三月以後即不再使用[22]。

106 塌窪花園

為一自然落差，原有許多豐富的地形變化，栽植許多草花類植物（如菊花），民國六十三年萊園內遷以後，全被整平。

107 金水家居

為管理員家屋，L型平面，有許多盆栽與花卉。剛好位在環翠廬與木棉橋間。

108 觀稼亭

在萊園西北角搗衣澗邊，與黃宅毗鄰，由於它已經遠離萊園動線，一九三○年以後即不曾被提及。

109 木棉橋

原為木橋，因橋畔一木棉樹而得名，一九二一年改為水泥橋。

21　林獻堂日記一九三五、十二、十九「生父所建以居梨園子弟之所，……經已改修一次，近日又再為之抹壁塗楹，頗為可觀，……由傅錫祺、王了庵共名之曰『環翠廬』。」

22　林獻堂日記一九三一、五、十七～一九三二、十一、十四最後一次的記錄是一九三三、二、三。

110 搗衣澗

發源自火餤山九九山峰，蜿蜒流過萊園，烘托無數景緻，目前被修整得非常人工化。

（二）主景區

以五桂樓為主體，藉虹橋跨小習池到達荔枝島上的歌臺，整個串成一個景區，而且成為整個萊園的重心所在。

201 園門

為進入主景區的一個轉折點，早先為四方亭，大正十年以後改築成做鐘鼓樓形的白壁園門。

202 五桂樓

五桂樓因頂厝有五堂兄弟，且於樓前植有五棵桂樹而得名。五桂樓原為重簷歇山頂、燕尾屋脊、三開間、二層樓的木結構形式；一樓部分為羅太夫人起居之所，有一木梯子直接上二樓，二樓部分則為羅太夫人觀戲之處所，有屏門可以敞開，前有木欄杆。五桂樓前庭南北兩側各有一口井，分別為龍井與虎井[23]；後院有內外兩層花園，由三道山門（分別通往萬梅崦、夕佳亭、考槃軒）與內外兩層高矮圍牆，兩個圓月門隔開；內牆且開了大小不同的漏明窗，有佛手、蝴蝶、蝙蝠、石榴、桃子、書卷等；園內遍植花木，且有一花台。

西元一九〇六年五桂樓整個改築，為一加強磚造、水泥瓦建築物，除了將原來的室內樓梯移往室外，甚至上下兩層樓亦不互通；一樓前面繞以圓拱廊，後面則以十字花格磚牆與後院隔開；二樓前面仍留有一前廊可供眺望小習池，後面也留出一走廊，並有一室外樓梯可以直接下到內花園裏。

23　萊園管理員林金水幼子林永泉口述（目前尚住在管理員家屋）。

203 小習池

位於五桂樓前，為一滙聚山谷溪水而成之天然水池，平面呈不規則形狀，早期尚見泛舟，後來乾脆拿來當漁池。

204 虹橋

五桂樓與荔枝島之間，本來並不相通，祇橫跨一竹竿，一九〇六年以後築起木橋，一九三五年底改築成水泥橋 [24]。

205 荔枝島

位在小習池中央，以島上植有數株荔枝而得名，島呈完整之正方形，為一人工小島。

206 歌臺

為當年林文欽於春秋佳日演戲、娛親之所，原為三面牆的軒，正面是整個開啟的戲臺，直接朝向五桂樓；一九三六年底由林階堂改築成一四面透空的「飛觴醉月亭」。

（三）內園區

內園區在第一階段，除了考槃軒與夕佳亭對峙之外，就是一片草芥森林，及至夕佳亭遷往山頭，原址正中央先立了林允卿銅像，然後是旗桿臺的移轉，數個內園區才開始熱絡起來。內國區大致可區分為兩個小景區，其一是由柳橋跨搗衣澗，上三十六級之高階，到達夕佳亭；其二是由考槃軒對向一片擡高六尺的平臺，中間置放林允卿銅像，兩旁是旗桿石座，為一非常儀典性、肅穆、莊嚴的區域。

301 考槃軒

為一長條形、土埆磚造、八間起建築，門為彎拱門形式，東邊原有

24　林獻堂日記一九三五、十二、九。

一廚房，門前且植有三棵玉蘭花。

302 林允卿銅像

西元一九三五年四月由日人後藤泰彥所造[25]，立於原夕佳亭位置[26]，一九四五年三月以後，改移到五桂樓後園[27]。

303 旗杆臺

原立於頂厝外面的旗桿，因阻礙交通，於一九五〇年四月遷移至林允卿銅像兩側[28]。

304 社公祠

為萊園專屬的山神，原在今林紀堂墓西北角，一九二一年林紀堂過逝後，移往萊園東邊的搗衣澗畔。

305 羊哞寮

為一簡單草寮，在今南陽幼稚園址上，飼養幾頭白羊。

306 柳橋

在今三十六級高階的小山丘下，原為木橋，一九一三〇年底改築為水泥橋[29]。

307 三十六級高階

在萊園東邊的小山丘上，為一九三一年初所築[30]。

25　林獻堂日記一九三五、四、二一「二時餘會二哥與後藤泰彥約束造先考之銅像」。

26　林獻堂日記一九三五、八、十二「招五弟，瑞騰同往斟酌立銅像之位置，遂決定於夕佳亭之處，將夕佳亭移轉於他處」。

27　林獻堂日記一九四五、三、十七，考其原因，當時考槃軒對面為日本一三八二七部隊拿來建築豬舍，逐將土像移往五桂樓。

28　林獻堂日記一九三九、三、六～一九三九、四、二十七。

29　林獻堂日記一九三〇、十二、三十。

30　林獻堂日記一九三一、一、一。

308 夕佳亭

原址在考槃軒南邊，即目前明台中學操場正中央，一九三五年八月為了造林允卿銅像，乃將之遷往東邊小山頭[31]。

（四）梅嶺區

一九二一年以前的梅嶺區，幾乎沒有什麼人工物，滿山梅花的萬梅崦，藉著千步磴穿梭其間，到達山頭，連接九九山峰與望月峰；及至林氏祖墳建立之後，千步磴因此被切斷，以致無法連通九九山峰，而望月峰也在高壓電塔的設置之後，名存實亡。

401 墓園

在萬梅崦麓，一九二〇年興築，完成於一九二三年，風水師傅為簡炳耀先生，由於前方的蛇形山脈橫阻，配合萊園北邊林石墓[32]龜穴龍脈，有所謂「龜蛇把虎口」的吉穴之稱[33]。

402 石頭公

為專屬林氏祖墳的后土，由一大卵石雕刻人的五官，表達「后土」兩字，背部有貝殼飾物當護靠。

403 千步磴

為登山的石級，在萬梅崦麓，藉以連接萬梅崦。

404 萬梅崦

在萊園南邊的山坳，林獻堂於一九〇七年仲冬依連雅堂的提議在此廣植梅樹得來[34]。

31　林獻堂日記一九三五、八、十六。
32　林石為霧峰林家開臺祖。
33　同註23。
34　雅堂文集，連橫、臺灣文獻叢刊二〇六種，卷一；頁八五，萬梅崦記。

405 望月峰

在萬梅崦背後山頭，即今高壓電塔下方，為九九山峰之一，有亭可憩[35]，原有許多相思樹[36]，近年則改為龍眼，鳳梨等經濟作物，私人建設公司且在此大肆開發，破壞了原有的地形地貌與景觀。

（五）紀念碑文

萊園前前後後總共立了三個碑，除櫟社二十年題名碑比較高大，且自成一小區外，其餘兩個：林竹山 夫子頌德碑、鐵碳碑，不僅本身的體型小，而且所在的位置也都不起眼（不在主要遊園動線上），所以都祇能算是一種陪襯物而已。

501 鐵碳碑

為紀念前清匪亂圍攻阿罩霧庄，林家子弟扼守險要，以寡擊眾之壯舉[37]，有一座碑文及一尊砲[38]。

502 櫟社二十年題名碑

一九二二年為紀念櫟社成立二十週年，於萊園樹立此紀念碑。

503 林竹山夫子頸德碑

林竹山，字作敬，阿罩霧人，曾敦育林家子弟無數[39]，民國三十八年八月立紀念碑於萊園[40]。

35　連雅堂先生年譜。鄭喜夫編撰，臺灣風物叢刊，頁三七、三八。

36　林獻堂日記一九四四、四、十七「命園丁金水登望月峰巡視採伐相思樹」。

37　為紀念前清同治元年（一八六二）匪亂，匪首林日晟（即慧虎晟）擁眾三萬六千餘人圍攻阿罩霧庄三天三夜時，林奠國及其長子林文鳳率族中壯丁七十二人，扼守險要，砲轟眾匪敗之。

38　目前碑文尚在，砲則在二次世界大戰末期，日軍軍需缺乏，被徵調走的。

39　頌德碑上提有六十七位子弟蒙林竹山教誨，其中林家子弟包括林津梁、林鶴年、林松齡、林金生、林金昆、林正亭、林正昌、林關關、林珠如、林陳琅合計十位。

40　民國卅七年八月，林竹山門生蔡栢樑等感念師恩，承林獻堂嘉許，籌建頌德碑於萊園。

四、萊園的功能與角色

萊園作為私家庭園，為一結合山水園林，與大自然融合為一的天然庭園，然而滄海桑田，在使用不到一百年的時間裏，數易其主（從林文欽、林獻堂到林攀龍，以及目前的明台中學），且其功能與角色，一直不是很肯定的，甚至可以說相當曖昧，不知這應歸究於歷史呢？還是它命運的乘舛？底下就整個時間縱段面作一探討：

（一）娛母孝親

林文欽於光緒十九年（一八九三）中舉之後，即「雅慕萊子斑衣之志，築萊園於霧峰之麓，亭臺花木，境極幽邃；家畜伶人一部，春秋佳日，奉觴演劇侍羅太夫人以游」[41]，「君日侍母側於溪山幽邃之處，闢萊園為承歡所，蒔花木，畜鳥魚，板輿輕軒，所以娛親者無弗致」[42]，而萊園且有「先父所建以居梨園子弟之所」[43]以及歌臺；臺灣慣習記事亦如此記載「林允卿（文欽）亦蓄梨園，其子姪結婚時每次費三萬圓金，作樂開筵凡二、三十天之久」[44]，足證當時整個活動皆圍繞在萊園；而五桂樓二樓的木欄桿，則是配合歌臺所作的處理，這種觀劇效果，配合周圍的水池、園林，真是獨樹一格，這也是林文欽時期萊園設立的目的，也比較符合它字面上的意義，它的功能與角色也比較單純、肯定。

（二）家居生活

萊園為一私家庭園，所以理應在林家的家居生活扮演一極重要的角色，在早期的林文欽時代，它確實做到了，然而這種功能與角色卻在日據後的林獻堂時期慢慢轉型。

---

41 臺灣霧峰林氏族譜　第一冊　林文欽家傳　頁一一三。

42 東海逸民幼山林君墓誌銘　陳榮仁撰，臺灣文獻第十八卷第一期，霧峰莆坪林姓傳記文獻初輯　頁一二九。

43 林獻堂日記，一九三五、十二、二十九。

44 臺灣慣習記事，第六號，臺中地區移民史，關口隆正著，頁十八，明治三十四年六月二十二日。

1. 讀書自娛

林文欽時期，祇知道有個考槃軒作為「主人讀書接客之所」[45]，而其使用情形，藉著林朝崧的考槃軒詩「讀書花下一青燈，俗客敲門未暇響；昨日落紅三徑掃，破工夫為迓詩朋，澗阿小築雅堪稱，門對春山綠幾層；絕好午晴花氣暖，鳥聲喚客畫樓憑。焚香斗室靜於僧，午睡拋書墜枕稜；詩興忽來攜杖出，青山一角柳稍登。」[46] 可以了解到考槃軒所在位置，作為讀書吟詠之所，最是恰當不過了。

林獻堂時期，曾在民國二十五年以後，在萊園裏同時擁有三個地方作為讀書接客之所，然而實際就時間縱斷面，使用頻率以及功能角色的扮演上卻又互有差異：

(1) 考槃軒

根據無悶草堂詩存，至少在丁未年（一九〇七）以前，它還是一個主要的讀書接客之所，五桂樓修復之後，整個讀書接客之所的重心移往五桂樓，到了昭和七年（一九三二），林獻堂的日記寫著「考槃軒所藏無悶草堂書籍盡數取歸曝於庭中……」[47]、「櫟社藏書之廿一史置於考槃軒今日取歸晒曝……」[48]，昭和八年（一九三三）四月底，林幼春等十人在此開櫟社小集[49]，之後，即不曾再有任何大的集會或活動，可知考槃軒平時作為藏書，偶而在此開會、聚集、吟詠，使用頻率並不算高。

(2) 五桂樓

丙午（一九〇六）年改建以後，樓上作為圖書室，藏書數百冊[50]，可以說數量相當多，樓下則作為主要的讀書接客之所：尤其，林獻堂於

45　梁任公作「萊園雜詠」七絕十二首中的考槃軒詩之原題。
46　無悶草堂詩存，林朝崧，臺灣文獻叢刊第七二種，臺灣銀行經濟研究編印，頁九三。
47　林獻堂日記二一、三、十一。
48　林獻堂日記二一、三、二四。
49　林獻堂日記二二、四、二九「十時餘，子瑜、燕生、了庵、子昭、棟梁、槐庭、錫棋……余與幼春、伊若計十人開櫟小集於萊園考槃軒……」。
50　林獻堂日記，三七、五、二十四，「萊園園丁林金水來報旬日前五桂樓上之書籍被人偷去三百餘冊……」，因此可以斷定。

一九一〇年加入櫟社之後，五桂樓所扮演的角色更為加重，會客成分重於讀書，櫟社諸友時常聚會於此，把酒高歌、吟詩作對，以致日後有「酒樓」的別稱。一九一〇到一九三〇年代是五桂樓的黃金年代，使用頻率頗高；民國二十年以後，五桂樓即很少有活動產生[51]。

(3) 環翠廬

昭和十年（一九三五）底改自林文欽所建以居梨園子弟之所；之後，櫟社諸友即時常在此作詩、唱詩[52]，而林獻堂則一有空閒即跑來此讀書，從昭和十一年（一九三六）初一直到昭和十八年（一九四三）一月，前前後後有七年的時光，林獻堂在此讀陸詩、杜詩、第六才子書、楊仁山居士之著作、……等等；甚至陸陸續續添購新書，或搬運書籍到此[53]。環翠廬在此一階段，所扮演的角色，為一不折不扣的書房。

2. 休憩

到萊園散步是林獻堂每天例行的事，時間幾乎都集中在傍晚五點，而且一定有人同行，比如說林家的帳房，林家的子弟、或者剛好碰到熟人來訪，甚至也許路邊碰到某某鄰居；這裏面除了林家帳房此一對象比較固定之外[54]，其餘都時常在變。到了萊園，林獻堂一定先參拜羅太夫人墓、林允卿銅像，再來就是巡視一遍萊園，吩咐園丁林金水父子，修補這裏、整理那裏，然後在環翠廬少憩：每天重覆同樣的工作，不管是散步也好，或者是巡視花園，由宅邸到萊園的距離並不算短，這種徒步往返，對任何人來說，都是一種有益健康的活動，林獻堂卻也樂此不疲。昭和六年（一九三一）五月且在萊園增設小高爾夫球場，為一動態性活動，曾為萊園增色不少，可惜在使用不到兩年之後，就荒廢了。

51　由林獻堂所有留下來的日記所作的整理。

52　林獻堂日記，二四、十二、二十九。

53　由民國二十五年初一直到民國三十二年一月林獻堂所有留下的日記所得的資料。

54　民國二十六年以前都是溫成龍，以後比較不固定，帳房林坤山、小舅子楊天佑、至友呂磐石、林家子弟林津梁都可能。

（三）文化活動

1. 文人雅士的交流活動

(1) 詩人聚會、往訪

林獻堂於一九一〇年加入櫟社之後，與詩人往來頗密切，一方面是林獻堂平常即非常好客，另一方面林獻堂對家境貧苦的讀書人，都會伸以援手[55]，於是讀書人，詩人往來頻仍；或是自我推薦，或是央人介紹，祇要是有才華、有誠心的，都是林獻堂所歡迎的。平常陪著林獻堂散散步於萊園，到環翠盧看書，在五桂樓飲酒話茶，或在草地上夜話，可真是愜意。這些文人雅士之中，有莊嵩、何趨庭、林士英、林子卿、林竹山、王麗水、蔡培火……等等。

(2) 梁任公寓主萊園五桂樓

日治明治四十年（一九〇七）春，林獻堂第一次往遊日本東京，秋間，由東京歸來途中，於奈良邂逅梁任公，乃邀其來臺遊歷。

日治明治四十四年（一九一一）春四月，梁任公應邀偕其女公子令嫻及湯覺民等來臺遊歷，寓主五桂樓，作四日之遊，時與騷人墨客歡談唱和之餘，親題「萊園雜詠」七絕十二首（原文本置於五桂樓，現為林氏子孫所收藏），使得萊園的聲望達到極點。

2. 文化結社活動

(1) 櫟社

櫟社，為霧峰林家林朝崧（癡仙）於西元一九〇二年所創，取「不材之木」的「櫟」為名，是臺灣改隸之後，成立最早，規模最大，聲望最隆，影響最深的三大詩社之一[56]（日據時代，臺北之瀛社，臺中之櫟社

55　1. 林獻堂日記二四、八、二三「培火取走長女淑慧之學費自六月至九月計百元十時歸去」。
　　2. 林獻堂日記二四、八、二七「磐石率遊庭之子……來謝補助學費之惠」。
　　3. 林獻堂日記二四、八、二八「趙錫河來則與之學資補助金三十圓（九月、十月）」。
56　臺灣文獻十卷三期　「古今臺灣詩文社（一）　賴子清　民國四十八年九月，頁九二。

與臺南之南社，並稱為臺灣三大詩社）。而詩社中如林幼春、林癡仙、連雅堂等人而言，也都是一時之選，身負一方之重望[57]。

林獻堂於西元一九一〇年加入櫟社之後，不僅大力拖携羽翼，而且更使櫟社染上一層濃厚的政治色彩，社運也隨之鼎盛。萊園本身也因為社員的時相交流，成為櫟社的重要聚會場所，且留下來不少歌詠萊園的詩詞，總計自一九一〇年（明治四十三）林獻堂加入後一直到一九三一年的（昭和六年）之間，三十七次的聚會裏，有十七次是在萊園舉行，占總次數的四六％[58]。

大正十年（一九二一），還特地由林幼春撰櫟社二十年間題名碑記立碑於萊園，為萊園增添不少風采，而櫟社諸友在此把酒談笑之情，更為五桂樓平添一「酒樓」之雅號。

(2) 臺灣文化協會的夏季學校

因為臺灣同化會的影響，使得臺胞的民族意識逐漸提昇，也點燃了海外留學生民族運動的火把，大正八、九年，東京留學生組織「啓發會」、「新民會」，積極指導留日臺胞組織青年會，並創刊「臺灣青年」雜誌社，鼓勵新文學創作，傳播新思想與新理想，展開臺灣新文化運動；藉此從根喚起民族意識，對日本軍閥作長期而全面的文化思想抗戰。

受到留日學生自覺運動的刺激，以及五四運動的影響；大正十年七月，由蔣渭水、吳海水、林麗明等人所發起的創立「臺灣文化協會」，受到林獻堂的大力支持與領導，而於同年十月十七日，在臺北大稻埕靜修女學校舉行成立大會，會則明訂「本會以助長臺灣文化之發達為目的」[59]，其真正目的，則在喚醒民族意識，造成民族自覺運動。

文協經常在各地作公開的文化講演，發行會報，並在各地普設讀報

57　櫟社沿革志略　傅錫祺　臺灣文獻叢刊第一七〇種　臺灣銀行經濟室編印。

58　國立臺灣師範大學歷史學報　第九期　「林獻堂與一九一〇年代臺灣民族運動的醞釀」　張正昌，頁一七六、一七七。實際上這十七次是包含林獻堂府第及萊園。

59　臺灣文化協會議定的會則凡七章、十七條，本條為第一章總則的第二條。

所，出版書籍等，其中最為人注意的是連雅堂臺灣通史的出版，並到處陳列中國新聞雜誌，以增進臺人對祖國的認識；又更進一步為貫徹啓蒙宗旨，自十二年九月十一日起開設各種講習會，由於文協總部設在臺中霧峰林獻堂處，因此，自大正十三年八月起，即利用暑假開辦夏季學校於萊園考槃軒內；為期一週，會員六十四名，年年舉辦，人數、會期等均有增加。講師皆為一時之選，如林幼春的主講「中國文學概論」等，展開有組織之民族啓蒙運動。

（四）地區休閒活動空間

萊園除了提供林家子弟作為平常休閒使用之外，霧峰當地居民也經常來此使用；其中，每年舊曆元旦約數百人在萊園嬉春，或在夕佳亭上作樗蒲之戲者[60]，八、九月的土地公壽旦，萊園社公祠也會熱鬧的個把月之久，來自霧峰當地的善男信女，燒香膜拜、酬神演戲，把萊園點綴得非常熱鬧；平時則常會有附近居民來此拂掃參拜[61]。另外，在林氏祖墳，會有兒童二十餘人作水裏魚之戲[62]，小習池畔，則間或有熟人在此垂釣；考槃軒前廣庭，也會有幼稚園保母率兒童遊戲[63]。

偶而，也會有人來商借萊園，如昭和九年（一九三四）五月，洪氏浣翠來商藉考槃軒，其子漢林欲來避暑也[64]，昭和十六年（一九四一），黃坤榮、王烈嗣亦來借五桂樓、考槃軒等處，林獻堂俱許之[65]，另日本基督教會牧師，亦曾商借萊園作開會議用[66]。

除了霧峰當地居民外，臺中附近許多學校，都曾把霧峰萊園作為遠足、郊遊的目的地。

60　林獻堂日記十九、一、三〇。
　其中樗蒲之戲者，為一種古博戲也。按山堂肆考「古博戲以五木為子。有梟盧雉犢塞，為勝負之采。博頭有刻梟形者為最勝，盧次子，雉、犢又次子，塞為最下。」
61　林獻堂日記二八、四、十二。
62　林獻堂日記十八、九、十八。
63　林獻堂日記二八、一、二〇。
64　林獻堂日記二三、五、二四。
65　林獻堂日記三〇、六、十九。
66　林獻堂日記二四、四、二九。

其他全省各地，有許多慕萊園之名來參觀的，有嘉義陳清波率畫家十餘人來遊萊園[67]，竹山林長金外一名的訪遊萊園[68]，臺北高等學校生黃良銓的往遊萊園[69]，尚有清水、南投、臺南、高雄、苗栗、彰化、大里等地人士前來參觀。

（五）二次大戰期間日人的活動

日據時間，也有許多日人訪遊萊園，從大司法院長，臺北帝大教授，……一直到憲兵分遣隊長，庶民百姓皆有，但皆僅止於遊園、參觀而已。

然而，從昭和十七年（一九四二）底，到大戰結束這一段期間，日人卻進一步徵用萊園，作為勞軍、接待外賓、園遊會、疏開的地方，其使用目的、方式，可謂之「用心」。

（六）從萊園中學到明台中學

萊園中學創立於民國三十八年，原位於中正路鬧區上；民國六十一年，因原址逐漸成為商業重心，且為交通要道，所以喧囂日甚，而且，校董事會經改組後，原捐獻土地者，退出董事，經開會決定，乃將中正路校地退還原持有人，萊園中學整個遷往萊園現址；於是，整個萊園除了保有原主景區的五桂樓、小習池、荔枝島外，其他地方則挖土芳、大興土木。民國六十四年五月，工程結束，萊園中學整個遷往萊園新校舍，這時，萊園已不復當年的盛況，感覺上像是萊園中學的小花園。民國七十一年-萊園中學董事會再改組，並更改校名為私立明台高級中學迄今。

67　林獻堂日記二一、七、十七。
68　林獻堂日記三十、十、二二。
69　林獻堂日記三二、一、十。

五、萊園的設計、建造與整建、維護

（一）傳統營建體系下相關角色的扮演與分工

1. 相關角色的扮演

傳統營建體系下，設計者與建造者到底是如何分工，主人在營建過程中，所扮演的角色又是如何？江南園林志裏，有一段記載如是：「自來造園之後，難全局或由主人規劃，而實際操作者，則為山匠梓人，不著一字，其技未傳。」[70]；另外園治則如是說：「世之興造，專主鳩匠，獨不聞三分匠，七分主人之諺乎？非主人也，能主之人也。」[71]由是觀之，「主人」、「能主之人」、「山匠梓人」當中，到底誰才是建築細部結構的設計者，是很難判定的，而誰又是整個配置的規劃者呢？漢寶德先生在林本源邸園的建置上，認為其設計的決定乃由下列四組人所決定：一、主人本身，二、文人墨客，三、風水師，四、建造工匠；由這四組人協調構想，最後由工匠完成[72]；也即這四組人在傳統營建體系下，是有其關聯性，而且互相影響、牽制。

2. 分工

傳統營建體系下，相關角色的扮演，從整個營建過程來看，由基地選定，房屋座向到平面配置，然後是大木作、整體構架設計到實質營建[73]，其間的相互關係，端視每一組人在這裏面的分工；風水師在整個過程中的角色即在於對住屋座落及朝向[74]，它對整個環境的塑造具有決定性的影響[75]。而接下來有關整體配置，大木作、整體構造設計幾乎完全取決於「能主之人」，有時大木作師傅差不多可以一人縱貫全局，否則就要有專業的設計者了。最後有關實質營建部分就比較複雜了，主人本身、

70　江南園林志　童寯著　頁七。
71　園治注釋　陳植注釋　卷一　頁四一。
72　板橋林宅調查研究及修復計劃　漢寶德　洪文雄　東海大學建築系　頁四〇。
73　臺灣傳統建築營建尺寸規制之研究　徐裕健　成大建研所碩士論文　六九、五頁六～十二。
74　民居空間理論模型之試建　陳志梧　臺大建築與城鄉研究學報　七二、六　頁廿三。
75　中國古典苑園與名園　劉策等　明文書局　七五、三　頁八六。

文人墨客及建造工匠三者都可能對材料、形式、色質有些意見，所以其分工上就顯得複雜多了。

（二）萊園的設計與建造

　　萊園的興築重點在於它成功地與地貌和天然景觀要素相結合，以創造豐富多彩的園林景觀。至於有關它的設計與興築者，因缺乏直接的史料支持，祇能就上面所提到的四組人，進一步分析討論。

　　1. 主人：主要是指林文欽本身[76]；林家世業農習武，功在旂常，林文欽獨好學，光緒十年入泮，十九年癸已舉於鄉[77]，經常往來幅州，泉州各地。劉銘傳為福建臺灣巡撫後，給與林朝棟與林文欽合墾中路沿山之野的樟腦，謂之林合[78]：此後，因樟腦事務，便經常往來香港——臺灣之間，這些閱歷，對 日後萊園的經營，都有它重要的影響。一八九七年在梁成枏代林文欽所作的「萊園記」裏頭，即說到「予倦遊返裡，始闢斯園為循陔之樂。及世運遷移，波洶雷誠；若不能捨斯園而決去者，余殆為豕虱者於剛鬣而遊於乳間股腳，侈然若大鵬之宅於冥海而遊於天地也，是何也？虱生於豕，非豕則虱固無所容也；然則予為濡濡者耶、懷土者耶。」[79]可見得林文欽是在長期的事業奔波，各處遊歷 ，感到厭倦之後，才隱居霧峰闢萊園，為承歡所。所以有些建築物的設計構想應該來自內陸，因此梁任公在看過萊園之後，才會說出「依稀風景似揚州」。另外，林仲衡先生在「霧峰閒居」一詩，寫到「奇峰霧罩勢縈紆。村落清幽俗事無。逐鹿有時招獵戶。釣魚隨處學漁夫。摩挲案上書千卷。酩酊花間酒百壺。好是四時多樂趣。買山擬作輞川圖。」[80]，更容易了解林文欽闢斯園的情境與思維。

　　2 文人墨客：林文欽一向好客，尤其「士之出入門下者，靡不禮

76　少數像萬梅崦是為林獻堂於二十世紀初期建造的。
77　臺灣霧峰林氏族譜　第一冊　林文欽家傳　頁一一三。
78　同上　頁一一四。
79　臺灣詩薈雜文鈔　連橫　臺文獻叢刊第二二四種　臺灣經濟研究室編　頁一七。
80　仲衡詩集　林仲衡撰　五八　頁一三七。

焉。」[81]：目前知道幾個經常往來林家者：

(1) 梁成枬：字子嘉，號鈍庵，廣東山水人。 素負奇氣，不得志於鄉里，遂遊臺灣，為棟軍掌記室[82]。 性高介，負氣節，為當時士大夫所推重。 博學能詩，出入杜、韓[83]。曾為撫番工作建樹不少[84]，先生嘗出入霧峰林家，與林幼春、林朝崧常相往來，互有書信的傳遞。「乙未之後，子嘉重來，仍主霧峰林氏」[85]。曾代林文欽作「萊園記」[86]；因此可以想像，先生當為林文欽的入幕之賓。

(2) 連橫（一八七八～一九三六）：字雅堂，號慕陶，又號劍花，臺南人，一九〇七年仲冬曾假霧峰萊園養疴。一九〇八年遷居臺中之後，時常往遊萊園[87]。 連橫在其雜記「萬梅崦記」裏談到對萬梅崦的構思與命名，顯見對萊園的經營，設計有很大的貢獻。

(3) 謝道隆，字頌臣，臺邑諸生。乙未之役，募集義旅，佐邱仙根（逢甲）衛鄉裡。事敗而歸，以醫自給。與霧峰林家往來瀕仍[88]。

(4) 另有何趨庭、白煥圃兩位專門教導林家子弟的漢學先生[89]，多多少少應該也會有所建樹的。

3. 風水師：照傳統營建體系的分工，萊園的設計與建造，風本師厥功至偉，從萊園地形地貌的運用與處理，依風水的巒頭理念，以及圍冶上的相地說，都有它的意義[90]，更何況是在宅後這麼近的距離，作為娛親

81　臺灣霧峰林氏族譜　第一冊　林文欽家傳　頁一一三。

82　臺灣詩乘（第二冊）連橫　臺灣文獻叢刊第六四種　臺灣銀行經濟研究室主編　頁二五二。

83　臺灣詩薈雜文鈔　連橫　臺文獻叢刊第二二四種　臺灣銀行經濟研究室主編　頁四〇。

84　臺灣詩薈雜文鈔　連橫　臺文獻叢刊第二二四種　臺灣銀行經濟研究室主編　頁二〇、二一。

85　臺灣詩集（第二冊）連橫　臺灣文獻叢刊第六四種　臺灣銀行經濟研究室主編　頁二五二。

86　臺灣詩薈文鈔　連橫　臺文獻叢刊第二二四種　臺灣銀行經濟研究室主編　頁一七。

87　雅堂文集　連橫　臺灣文獻叢刊第二〇八種　臺灣銀行經濟研究室編印　頁八五卷二「萬梅崦記」。

88　雅堂文集　連橫　臺灣文獻叢刊第二〇八種　臺灣銀行經濟研究室編印　頁六一卷二「謝頌臣先生傳」。

89　編委會編　紀念集　卷一　「林獻堂先生年譜」。

90　詳見本文第六節第一小段。

之所[91]。因此，早期的設計與建造，選地與相地的成功，此一功勞當推風水師。

至於何人參與萊園的風水設計工作，目前並無直接的論據，而當時的下厝正大興土木，許多匠師皆來自內地，且林文欽常往來福州、泉州，風水師傅很可能聘自內地。

4.工匠：工匠其實也不可考，然而從早期的照片，可以看出，萊園園內的設施，除園內第一大建築物「五桂樓」比較需大事周章外，其餘像出入園門的亭、歌臺、考槃軒、夕佳亭、觀稼亭等，都是簡單的建築物，沒有太多的精雕細琢。再者，就這些建築物來說，大概可分成兩大類，其一、屬於傳統作法，且較細緻的有五桂樓、歌臺，出入園門的亭。其二、手法上顯然受到外來影響，且較簡單，作工又粗的夕佳亭、考槃軒、蓄伶人之宅，考其原因可能有三：第一、萊園從一八九三年開始闢建，到日人據臺，前後時間不到兩年，時間顯得緊迫。第二當時下厝的營建師傅據說就有好幾班，也許是不同班底師傅傑作。第三、上面第二類手法的建築物，從作工來看，除夕佳亭比較肯定是一九〇七年的作品之外，其餘很可能是日據初期才營建的。

（三）萊園的整建與維護

萊園的整建與維護工作，主要是圍繞在林獻堂先生與工匠兩者之間。整個整建工作，從一九〇六年五桂樓的翻新揭開序幕，然後是一九二〇年的羅太夫人墓以及鐵礮碑，一九二一年的櫟社紀念碑，一九三五年林允卿銅像的建造與夕佳亭的遷建，最後是一九三六年的飛觴醉月亭。底下就按決策過程與監造兩個部門來談。

1.決策過程

除了歌臺改建是由林階堂出面之外，其餘整建、維護大小事宜，皆由林獻堂親自主持，而依萊園後期的風格手法，亦足證林獻堂對外來新

91　距離頂厝有五百公尺的距離。

事務的接納與包容，使得萊園設施物，在中西折衷的環境下，有它清新、獨特的一面。

(1) 五桂樓

日人井手薰[92]曾將日據五十年之建築發展分類為五期[93]，其中（一九〇七年～一九一七年）稱紅磚造全盛時期，主要是日人對磚的改革，成為大量生產的機器磚，於是許多磚拱造建築物紛紛出現，五桂樓便也是趕在一九〇六年這段時間的先期適時出現，趕了一個先機，許多外來的影響，即可在山牆的山花、簷板與磚拱造分辨出來。

(2) 羅太夫人墓

從一九二〇年興造到一九二三年，費時三年始完成，為當時非常流行的以大量洗石子仿假石之作法，尤其是在仿木結構的閩南式建築樣式下，夾雜西洋柱式，再配以日本石燈的折衷樣式。進而且利用大卵石，以人臉的造型刻劃出后土兩字，背後覆以珊瑚礁作為護靠，是對材料的大膽嘗試。

(3) 櫟社二十年題名碑

大正九年九月廿七日的櫟社大會議決為成立二十週年擬立紀念碑於萊園，事務分攤，議定由林獻堂辦理紀念碑，也即有關櫟社二十年題名碑的設計建造事宜，全權由林獻堂處理[94]。

(4) 林允卿銅像的建造（含夕佳亭的遷建）

一九三五年，林獻堂為紀念其父親林文欽，特地在萊園立了個鋼像，大凡銅像的塑造、石座之高度、銅字之大小，悉由他本人決定；而有關

92　井手薰於一九一〇年秋天來臺任職於總督府營繕課，後任臺灣建築學會會長。

93　五期的分類，每期約十年左右。（1）日式建築試驗期（一八九五年～一九〇七年）（2）紅磚造全盛時期（一九〇七年～一九一七年）（3）深色面磚時期（一九一七年～一九二六年）（4）淺色面磚鋼筋混擬土期（一九二六年～一九三六年）（5）前期之延續期（一九三六年～一九四五年）。

94　櫟社沿革志略　傅錫祺　臺灣文獻叢刊第一七〇種　臺灣銀行經濟研究室編印　頁一六。

石基之作法，則特地跑到臺中公園觀看兒玉、後藤塑像以作參考；至於銅像的位置，則是由林獻堂找來林瑞騰斟酌商量，最後選定在原夕佳亭位置，而夕佳亭則移轉到東邊的小山丘（詳見第三節的林允卿銅像）。

(5) 環翠廬

昭和十年底，林獻堂將其父親所建以居梨園子弟之所，重新整修油漆，主要是為櫟社諸友增加一聚會之所，日後且成為圖書室。

(6) 歌臺的改建（即日後的飛觴醉月亭）

昭和十一年年三月，林獻堂偕胞弟林階堂到華南一帶考察旅行，遊罷歸來，即由林階堂出示內陸亭子的照片，作為歌臺改建的模式，又基於永久計，乃以鋼筋混凝土打造；考諸內陸各地亭子的作法，以及林獻堂等人所遊歷過的地方，當推福州、廈門一帶的建築樣式最為接近。

(7) 旗桿臺的移轉

昭和十四年三月底，基於道路拓寬，才將頂厝外面的旗桿，移轉到萊園；位置的決定，則是林獻堂同三子林雲龍、帳房林金荃一起到萊園現地堪察所決定的。

(8) 其他

尚有建築物的修修補補；如考槃軒、五桂樓，以及橋樑的增、改建，如柳橋、木棉橋、虹橋，甚至幾乎每年都有有關搗衣澗堤防的修補、整理等等，全部都是由林獻堂躬親主持，間或有秘書、帳房、工頭隨行，也會有些建議或是提供參考。

2. 監造：

目前由訪談所得的資料，整個萊園前前後後的整建與維護，主要是由兩班師傅所負責。

（1）南投人：為一班水泥匠師傅，由曾仁、曾榮、廖伍三人所組合而成[95]，對於用水泥仿木結構的洗石子作法，有其獨到的手法；尤其是雕刻的部份，手法相當細膩，有如木雕。作品不多，主要是羅太夫人墓[96]。

（2）由霧峰附近的匠師所組成，帶頭者為一內新庄的泥水師傅林阿濶（俗稱阿濶師），早期負責過霧峰一帶許多的營造事宜，手下有三名徒弟，分別是林金水（俗稱金水師），為霧峰當地人，詹羌（俗稱羌仔師），為甲寅村人，盧牛母（俗稱牛母師），亦為霧峰當地人。然而最後真正脫穎而出的[97]是林金水，也是萊園的整建與維護貢獻最大者；林金水不祇承傳自「林阿濶的泥水作，他自己頭腦聰明，手腳又很靈活，另從坑口、豐國、乾溪一帶的泥塑、剪黏師傅林泉習得有關技術，甚至自己學著畫彩繪。

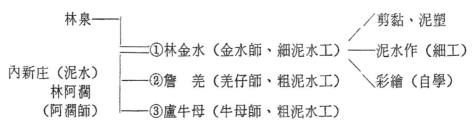

坑口、豐國、乾溪（泥塑、剪黏）

林泉————　　　　　　　　　　　　　╱剪黏、泥塑

　　　———①林金水（金水師、細泥水工）——泥水作（細工）

內新庄（泥水）　———②詹　羌（羌仔師、粗泥水工）　╲彩繪（自學）

林阿濶
（阿濶師）　———③盧牛母（牛母師、粗泥水工）

　　　林金水後來甚至為了家庭生計（蓋彼於昭和九年九月已育有三子，且皆長成）主動向林獻堂要求作為萊園園丁[98]交換條件是：林獻堂提供萊園原來的管理員家屋給予林金水一家人居住，附帶提供萊園所有水果的權利；而林金水父子則負責打掃，整理萊園裏裏外外，並優先修修補補萊園的設施物（工資另計）。因此，整個萊園的整修，當然全落在林金水身上（林金水再負責另找小工）；根據林金水的小兒子[99]林永泉（日前尚住萊園）敘述，他在孩提時候，常常看到父親在萊園北面一所草寮裏

95　林氏祖墳北面有曾仁、曾榮、廖伍三個人的名字。據萊園管理員林永泉表示：這三個人都是南投人。

96　目前祇在羅夫人墓看到署有這三個人的名字，其餘的就不得而知了。

97　承繼林阿濶的事業，並能青出於藍者。

98　林獻堂日記　二三、九、十七。

99　林金水總共有五個小孩子，林永泉排行第五，民國十年生。

面（目前雜貨店後面）作剪黏或泥塑；他甚至很自詡的說：重修後的景薰樓門樓上之剪黏，以及萊園外西北角的黃家古厝（尚存，但屋齡不長，為日據中葉的作品）的所有剪黏，全都是他父親林金水的作品，（事實是不是如此；實有待考證），甚至民國三十六年四月還為了負責修理下厝大花廳而幾乎使萊園頗荒蕪[100]。

而萊園裏，由林金水負責鳩工興築的部份，比較大的當推歌臺，其餘像五桂樓的修修改改；大小橋樑的增、改建、搗衣澗的堤防維護；林允卿銅像之泥水作部份……等等都是。

上面所說的都祇侷限在土水、泥塑、剪黏、彩繪，事實上自林獻堂掌理萊園之後，有關大木、離刻的部份，也完全由土水傲作木構架的方式取代，甚至所有垂花、吊筒、雀替也都改用水泥澆灌，自然而然不再需要大木師傅，或雕刻師傅，不過自訪談所得的資料，早期有關木雕的部份，均由鹿港阿顯師負責，然而其時間結構到底如何，由於年代久遠，已不太容易追查。

六、萊園的布局

（一）天然地貌的利用及改造

有關萊園的原始風貌，今已不可復得，然而從老照片、詩文集、以及早期地圖所顯現出來的早期萊園風貌，對於它具備它「山水園林」的特性，也即它對於自然地形、地貌的掌握，自成天然之趣，真是不為過。

在我國庭園設計上，相地之道，有時亦與所謂風水之說暗合[101]；因此，底下就萊園天然地貌的利用及改造，引述（1）風水學上「巒頭」觀念的說法。（2）明計成在「園冶」一書中有關「相地」篇的說法。企圖藉這兩種觀念，分析中國人對自然環境、對空間觀念的看法是否有它的一致性。

100　林獻堂日記　三六、四、二一。
101　論中國庭園設計　陳兆熊　明文書局　頁三七四。

1. 展現在萊園的風水「巒頭」理念。

首先，由玉山為首的中央龍脈，起伏騰躍（臺灣為崑崙山下三支龍脈中，南支的尾端，自武夷山入海「過峽」，再昂首躍起所形成），與大陸海岸線略呈平行狀，為轉身的姿態，似回頭遙望大陸上的祖山[102]。火焰山即為此一中央龍脈北支雪山山脈所延伸出來的支脈；於是，火焰山九十九山峰便即是萊園的父母山。

再來所謂的「蛇穴」、「龜穴」這兩條龍脈，甚實即在保護孕育胎息，也即一般所謂星穴兩旁的龍虎砂，以作為兩旁的拱衛，使穴的不致外露受風；而五桂樓前庭地勢的降低，無非是在更形烘托出星穴的關闌周密，使穴的的生氣更加凝聚不散；而所謂的龍井、虎井即在作一些象徵性的隱喻。

再看看搗衣澗，由內山蜿蜒而出，本已相當眷戀有情，又在五桂樓前的山陰處，滙聚成小習池，更形強調它的不忍遽去，是為真穴。最後，就五桂樓所佔的位置來說，應即是龍脈生氣凝聚之點（根據上面的砂環，水抱來判定），也即父母山下結穴之處；而五桂樓的前庭即是所謂的外明堂（古書謂「明堂容萬馬，聲價傳天下」即是指外明堂[103]），另外五桂樓二樓的陽臺（觀戲平臺），應該就是所謂的內明堂（小明堂由於藏風聚氣的要求，不宜太寬濶）。

再者，與五桂樓前外明堂隔著小習池相望的歌臺，應該就是相書上作為星穴前面的關闌，以收星穴之氣，外以當沖射之水的「案山」，尋龍經上面說到「有案兜攔氣不渙」，堪輿漫興且提到「面前有案值千金，遠喜齊眉近應心；案若不來為曠蕩，中房破敗禍相侵。」[104]；另在小習池西畔的竹林，即便是作為「朝山」，以作穴星的呼應。南方多平原曠野，所以穴前不易尋得朝案，古書云：「高一吋即為山」[105]，所以歌臺，

102　風水——中國人的環境觀念架構　漢寶德　臺大建築與城鄉研究學報　七二、六　頁一三六。

103　為你解風水　宋韶光　時報出版公司　七四、四、一五　頁七一。

104　為你解風水　宋韶光　時報出版公司　七四、四、一五　頁八四。

105　同上　頁八六。

竹林作為案，朝，如此層層環抱，使穴地的生氣不致吹散，可說護從周密了。

　　總括來說，不管是隱喻的，或是牽強附會的，萊園就風水上的巒頭理念來說，為一真穴、吉穴，然而這種所謂「前科學」[106]，與自然生態環境之間是否有它的一致性，或對應關係呢？且從另一個角度——園冶的相地說來剖析。

　　2.「園冶」相地說的理念

　　園冶為明崇禎年間計成所寫，是一本關於造園理論的專著，為造園學中重要一參考文獻，也是造圍學遺留至今較為廣傳者。

　　「園冶」強調的是「相地合宜，構圖得體」，因此相地說便成為造園成功失敗的依據準則，「故凡造作，必先相地立基，然後定其間進，量其廣狹，……能妙於得體合宜，未可拘牽……。」[107]。

　　底下分成四個層面來探討：

　　(1) 水系的整理

　　相地說裏談到「卜築貴從水面，立基先究源頭，疏源之去由，察水之來歷，因此須「入奧疏源，就低鑿水」，也即「低凹可開池沼」，並使可產生「門灣一帶溪流」的景緻，而在熱河承德避暑山莊的營建過程也是「利用平地和山區的豐富泉水開闢湖泊。然後再把沿山麓一帶的地形稍加整理以便導引水源而滙聚湖中。」[108]；這是一種不必花太多的經費，即可保留著大自然粗獷的風格，何樂而不為呢？

　　搗衣澗的疏峻是萊園整個水系整理的初步工作，不僅是要順應地形避免山洪的衝刷），更期一灣清澈的溪流（便利搗衣工作以及潔淨小習池的水質，以利養殖、舟揖），尤其雨季一來，山洪的暴漲，小習池對

106　李約瑟在他「中國之科學與文明」裏對風水解釋為前科學。
107　園冶　計無否著　逢甲學院建築學會　六三、一　頁一。
108　避暑山莊與頤和園　周維權　中國建築史論文選輯　第二冊　頁四三九。

於整個水位高度的調適，更有它「入奧疏源」的特殊功效。因此，搗衣澗的防治，便成了歷年整修維護的重要工作；修堤防、造綠墩之塏給、橋樑之碼頭、護岸、移水作竹排、石筍等等。

再者，五桂樓前的附地，剛好是整個山谷地的末端，自是地勢相當低，小習池就在「就低鑿水」、「低凹可開池沼」的原則，以及「們灣一帶溪流」等相地要求下，橫現在五桂樓前，有一種收分的效果。

(2) 山巒的處理

「我國舊式庭園，疊石造山，矯揉過甚，往往乏自然之美，而亭榭繁密，尤背林園之恉。」[109]。因此，相地說主張「園地惟山林最勝，有高有凹、有曲有深、有峻而懸，有平而坦，自成天然之趣，不煩人事之工。」，尤其對山巒的經營，更「要求「千巒環翠」，「障錦山屏，列千尋之聳翠」、「鋤嶺栽梅」。

有關山巒起伏的地形變化，本來在造園上，即常被拿來當「借景」用，所以常「不煩人事之工」，自成天然之趣。萊園本身即具備豐富的高低變化地形。萊園後山「火燄山——九九山峰」，古來即為彰化縣志舊八景之一的「燄峰朝霞」，所以歌詠的詩很多，「山勢排空一望遙，天然點綴筆難描。誰將 玉筍林林立？都把瑤簪插九霄。」[110]。另彰化吳立軒先生有「九十九峰歌」云：「火燄山高衝牛斗，中列奇峰九十九。羽崖赤嶂錯落排，疑是巨靈細分剖。玲瓏眾笏碧參天，天梯石棧凌雲烟。東升朝日穿山出，槎枒木梳空際懸。一峰未盡一峰起，山光爍爍難迫視。巉巖羅列錦屏開，屴崒高撐玉筍岇。 高低樹木鬱參差，峰容點綴景爭奇。松柏樟楠皆挺秀，繼長增高勢爾危。嶙峋怪石懸崖立，傴僂罄折向人揖。……」[111]。因此九九山峰被拿來當「借景」用，是有它的道理。

一九二〇年，羅太夫人墓尚未興築之前，由萬梅崦上九九山峰的「望

109　同治重修圓明園史料　劉敦禎　中國建築史論文選輯第二冊　頁二七八。

110　彰化縣誌　陳學聖　頁二一四。

111　臺灣詩乘（第二冊）連橫　臺灣文獻叢刊第六四種　臺灣銀行經濟研究主編　頁二五〇。

月峰」，是整個萊園經營的一大手筆，企圖將萊園與整個火燄山融為一體，使人感覺萊園景色的綿延不絕，與大自然整個結合在一起，寓大自然為山水庭園。

下面是萊園裏幾種對山巒的處理：

a. 遷就山脈原有的走向，不作人工的切割處理。拿遊園動線裏，由五桂樓要到萬梅崦，在穿過兩棵大芒果樹之後，右手邊便是由九九山峰所伸展出來的小山脈（俗稱蛇脈），步徑就沿著山脈旁曲折而過。再者，千步磴也是順著山勢所作的石板鋪面步徑。

b. 萬梅崦所在的位置，原本是「坳而幽，廣而斜，寬可二百武，叢草莽焉」[112]，後經連橫建議，植梅千株，已而「紅白繽紛，如遊香海」[113]；而藉著曲徑穿越，連通千步磴到達望月峰、九九山峰，為對山嶺的一種處理方式。

c. 羅太夫人墓完成之後，由萬梅崦經千步磴到望月峰的路徑被切掉了，萊園的範圍逐漸縮小到整個山谷地；於是，目前夕佳亭所在的位置，便成了唯一的制高點，藉著柳橋上三十六級高階到夕佳亭，即便是在縮小範圍圈之後，唯一的補救方式。而夕佳亭的所在位置，也較能符合它字面上的意義。

(3) 逮築布局，植物配置

園冶謂「江干湖畔，深柳疏蘆之際，略成小築，足徵大觀也。」[114]，這是有關園林的建築布局，進一步談到「高方欲就亭臺」、「臨溪越地，虛閣堪支；夾巷借天，浮廊可度」。

再說到，中國園林裏，強調的是建築與自然環境間水乳交融般的緊密聯繫，所以有關建築的布局，表現出十分自由和靈活；也即，中國園

112　連雅堂先生年譜　鄭喜夫編撰　臺灣風物叢刊　頁三五、三六。
113　同上　頁四六。
114　園冶　計無否著　逢甲學院建築學會　六三、一　頁六。

林建築裏，對人類在認識利用和改造自然，藉著表現在建築與山、水、植物的相互關係上，達成一種和諧。因此，在有關建築布局與植物配置間，園冶提到「雜樹參天，樓閣礙雲霞而出沒；繁花覆地，亭臺突池沼而參差、「多年樹木，礙築簷垣；讓一步可以立根，斫數椏不妨封頂。斯謂雕棟楹構易，蔭槐挺玉成難。」，「梧陰匝地，槐蔭當庭，插柳沿堤，栽梅繞屋。」

萊園內，除了夕佳亭是在樹叢花間外；考槃軒此一條形建築，順應地形，沿著搗衣澗配置，門前並列植三棵玉蘭花。五桂樓則對向歌臺，面對一片小習池，除了門前栽植的五棵桂樹外，樓後的小花園更栽植許多的杜鵑花、蒲葵、木麻黃等。園門則藉著木棉橋的引導，沿著搗衣澗的河畔構築，橋畔且植有一棵木棉樹。

萊園裏，比較可惜的是，沒有若干百年老樹作為陪襯；反而充分利用和發揮幾棵大樹在園林中的作用：外花園兩棵大榕樹下的休憩與植栽，由園門到五桂樓東側路旁兩棵大荔枝樹下環植了許多花卉，以及往墓園路上必穿過的兩棵大芒果樹。

(4) 動線上的聯繫

天然地形、地貌的利用，由於山巒的阻隔、地勢的不平坦，由於水泉的貫穿、湖泊的橫阻，使得動線上的不連續，而失去了「借景」、「引景」甚至身臨其境的機會。如何巧妙運用地形，維繫動線的順暢，便成為造園者所必須面對巧思者。

園冶裏說到「倘嵌他人之勝，有一線相通，非為間絕，借景偏宜，若對鄰氏之花，才幾分消息，可以招呼，收春無盡。」，所以「駕橋通隔水」，「看山上箇藍輿，問水拖條櫪杖；斜飛堞雉，橫跨長虹。」等可作為動線上的聯繫。

萊園裏，每個景區之間的連繫，不管是山巒阻隔，不管是水渠切過，都處理得很恰當：

　　a. 搗衣澗彎延流過萊園；切斷了幾個景區，於是就有木棉橋接通園門入內園區，柳橋接通三十六級之高階到夕佳亭。

　　b. 進了園門，由於離五桂樓尚有一段距離，有一步徑相通，隔著矮牆、樹梢，雖然已經慢慢感受到西邊整個主景區的水色風光，然而卻不可及，一俟走到五桂樓北邊的山門，才發覺到整個地坪的落差，於是藉著幾個踏步，才走到五桂樓前，面對一片山光水色，且有與世隔絕，渾然忘我的整體感。

　　c. 主景區裏，五桂樓與歌臺之間，早在一九○五年以前僅由一竹竿橫跨，作為象徵性的連繫，有一種整體連通的感覺（人無法過去，除非藉舟楫），很有潑墨山水的效果；及至一九○六年五桂樓重新翻造，才在原地，構築起木橋接通歌臺，而後，五桂樓與歌臺之間，就不祇是連成一體，人們甚至可隨心所欲的跨橋而過到達對面的歌臺。一九三五年底，甚至將原來木橋改建成水泥橋，正式稱呼「虹橋」，並在次年將原有封閉的歌臺改建成四面開敞的飛觴醉月臺，至此，不祇是五桂樓與歌臺之間的連通，更進而是由五桂樓——虹橋——飛觴醉月臺——小習池，整個主景區的一氣呵成。

　　d. 出了五桂樓，順著山勢，沿萬梅崦麓，有步徑可通千步蹬，再拾級而上可達望月峰，便可平眺九九山峰，這是梅嶺區早期的處理手法；可惜的是，羅太夫人墓一完成後，整個動線被切割掉，再加上晚近後山的開發，這一區其實已沒有存在的意義了。

　　e. 昭和十年九月，夕佳亭遷移到東邊小山丘之後，藉著早先構築的三十六級之高階與柳橋（昭和六年初構築的）整個連成一個景區。

　　整體來說，不管是從「風水」的理念，或者是園冶「相地」說的觀念來談，萊園本身對天然地形地貌的利用與改造，已完全掌握到它對自然環境的體認，所以萊園感覺上像是自然「長」出來的，毫不矯揉做作；儘管園冶不太相信所謂的「宅相」[115]，然而由風水「巒頭」理念與園冶「相

115　同上。

地」說觀念的對照：

(1) 園冶中說到「曲折有情」、「似有深意」、「自成天然之趣」，強調根據池水曲折迴轉情況，隨宜地布置各種建築和綠化，才能順應自然，達到「宛自天開」的效果[116]；這種觀念與風水中所謂水屈曲迂迴，「眷顧有情」的理念，其實是同一個道理。

(2) 蘇州古典園林且提到「園中廳堂過去是官吏財主們活動集中的地方，也是全園的主要觀賞點，多設在主要山水景物之前，採取隔水對山而立的辦法。」[117]；這與園冶的「入奧疏源，就低鑿水」，「門灣一帶溪流」是異曲同工的效果；風水上所謂穴前有水可使生氣凝聚的「水抱」理念以及星穴前面朝山、案山的關攔，其實道理是相同的。

(3) 園冶中另說到「障錦山屏」、「搜土開其穴麓」，其實與風水中所談 的「穴的」、「砂環」等觀念，道理也是相同的。

(4) 再者，園冶中且提到「遠峰偏宜借景，秀色堪殲。」、「晴巒聳秀……極目所至……嘉則收之」等對於山林借景的提示，與風木學上要求穴星後面山脈蜿蜒起伏的形態；前者是借景、後者是追尋真龍的來龍去脈，然而對於造園的園景效果，都有相當的益處。

綜合上述，可以發現傳統風水的「巒頭」這一部分，所建構出來的自然環境與園冶「相地」說對園林的看法，其實都是中國人禮讚自然的一種方式，也是中國人對空間觀念看法的相同反映。

（二）景區與空間

本段依據第三節的四個景區分法，每區再依其特殊狀況，有的再細分成幾個小景區，詳細討論每個景區在功能使用上的配合、建築羣的體形組合及空間的處理。

116　中國古典苑園與名園　劉策等編著　明文書局　頁一二四。
117　蘇州古典園林　臺北龍田出版社　六九、八　頁一一。

1. 入口準備區

(1) 外花園區

　　本區為環翠廬的側牆、佃農家屋，以及山麓濃密的植栽所包圍，除了穿過的步徑之外，整個空間還滿獨立完整的，而兩棵大榕樹的樹蔭且加強了它的包背感，更有花花草草點綴其間，非常熱鬧。夏天裏，兩棵榕樹下，老人的閒聊，小孩的 嬉戲等等活動，給人一種閒散、與世無爭的氣氛。東邊尚有一藤花棚，偶有工人在此納涼，更顯出這是一個邊緣地帶，由此可以直接上後山，可以進入園內， 是一個轉折空間。

(2) 塌漥花園區

　　本區有天然的落差，最大差距將近一個人高，花花草草點綴其間，南邊與搗衣澗相鄰，北邊則藉著植栽、樹籬與外花園隔開，東邊地勢逐漸擡高，有一土堤上櫟社紀念碑，西邊則與環翠廬由一矮樹叢隔離。也就是說，這是一個比較孤立的區域，平常除了賞花外，也比較少有人到此。

(3) 環翠廬附近

　　本區除了環翠廬本身一個三間起的土埆厝外，前面尚有一拜亭，四周為梅花所環繞，其餘空地，地勢平坦，有很好的草皮。昭和六年就曾利用此一草地作過小高爾夫球場，平常櫟社諸友坐在拜亭下看書、吟詩、寫字、甚是愜意。

(4) 園門附近

　　主要是指由木棉橋跨搗衣澗到園門這一段；搗衣澗橫切過萊園，成為萊園由外園區到達主景區、內園區、梅嶺區的一個天然界限。

　　尤其是園門入口處，不管是早期的亭子，或是目前的「鐘鼓樓」形門上面繁複鎖碎的裝飾，不外是在造成「點景」的效果，尤其是木棉橋

畔的木棉樹，更利用了它本身樹形的筆直、稀疏的支幹、樹葉與四周濃密的荔枝樹、柳樹造成形體上的強烈對比，特別是在每年春天五月，當木棉花開滿枝頭時，紅橙色的木棉花，在萬綠叢中更顯突出，這種「點景」效果，可謂發揮到了極點。再者，坐在木棉橋畔，搗衣澗的潺潺流水聲，配合著林間鳥語聲，再加上村婦搗衣聲，這種聽覺效果，可謂自然音韻的立體聲效。

2. 主景區

本區包括五桂樓、小習池、荔枝島、歌臺，可謂全園的精神所在，平面布局上，仍遵守著左右對稱的嚴整格局，配合著小習池周邊濃密的植栽，形成 一個獨立完整的空間，它有下面幾個特點：

(1) 空間分隔

利用地形地貌本身的變化，配合入工圍牆的阻隔，加上濃密的樹叢植栽，將主景區塑造成西邊的湖光山色以及東邊的內花園兩大景區。水池部分是由小習池及五桂樓一樓部分所組成（五桂樓在一九〇六年以後，上下兩層是分開，不互通的），使用性質上，比較是屬於靜態的開放空間，除了早期的泛舟外，平常就祇有垂釣，或憑欄觀水景了。花園部分，即是指五桂樓後，由四周矮牆所圈定的小庭院。 有趣的是，它是藉著室外樓梯與五桂樓二樓整個連通的，在使用性質上，它比較是屬於社交性的開放空間。

(2) 空間屬性

a. 早期（一九〇六年以前），五桂樓二樓前面，配合著歌臺，設計有一平臺，作為觀賞戲劇用，小習池周圍茂密的荔枝樹、龍眼樹等於是一道天然屏幕，將聲音留住，但是這種聲音效果是否清晰，尤其是在歌臺與五桂樓相距二十幾公尺的距離之下；何況樹木多少也會吸收掉一些聲音，實在值得懷疑。

b. 一九〇六年五桂樓改建以後，一、二層樓的使用方式，完全獨立分開；一樓屬於前面水池，二樓屬於後面花園。

（a）前面部分：尤其在一九三六年歌臺改建以後，情況完全改變，五桂樓前面，祇成為遊客在遊賞小習池，然後往梅嶺區的必經路徑，而且站在五桂樓前，一彎虹橋通向歌臺、荔枝島；整個視覺可以穿透到池畔的竹林，一覽無遺，與一九〇六年以前完全封閉的景觀絕然不同。

（b）後面部分，則有一室外樓梯直通五桂樓二樓，平常坐在二樓的躺椅上，便可一覽內園區的景緻，這種居高臨下的視覺享受，比起一九〇六年以前的遊園觀賞，恐怕已失掉了那分親身體驗的感受了。

(3) 特色

a. 園中之園——空間大小的對比，層次的轉化

「園中之園」的興建，可以增加園林內部環境氣氛的變化，在較大的分區空間中，人們享受著大自然的美，心胸開濶，轉到「園中之園」時，空間變得封閉、狹小，景色處理也比較集中、細膩，人們為之所感，心情變得恬靜、安寧，使得「園中之園」成為休息、怡神的好地方，且有「小中見大」，「大中見小」的對比效果；另外它還為園林內部各景區之間創造更多的借景機會，利用景區的遠近區位關係，而有各種層次（遠景、中景、近景）的對應關係（賓主交替的對應）[118]。

五桂樓背面的後院，藉著建築物與圍牆，分隔出內外兩層「園中之園」，內園由一道高牆（比人還高）與外園隔開，藉著許多不同的漏明窗來軟化空間；內園有一室外樓梯直接上五桂樓二樓，也即它故意要把室內（二樓）的空間引到室外，整個融為一體，讓空間轉化得慢一點，再利用高牆作為界限，卻又怕太單調、太唐突，再在牆上闢漏明窗，開兩個圓月門，出到外園；然後藉一道周圍的矮牆與外面隔開，這樣的空間轉化，由內到外，配合植栽（內園都是高大的喬木，外園都是低矮的

118　中國古典苑園與名園　劉策等編著　明文書局　頁一一八、一一九。

杜鵑花，由封閉到開放，層層抽離，毫不含混。

b. 建築物嚴守對稱平衡，庭圍活潑自由，不拘泥任何形式

（a）主景區，從五桂樓正面談起，除了五桂樓正立面是對稱的之外，南北兩向出入的園門，都要互相對峙；而且，不管是一九〇六年以前由五桂樓正中央的入口大門藉一竹竿對向歌臺，或者之後由五桂樓正中央圓拱門，藉一木橋通往歌臺，甚至一九三六年之後，藉虹橋通向飛觴醉月亭，這種絕對的中軸對稱，非常刻意；尤其再經由地形的變化，非常突兀。再說到五桂樓的背面，也是很刻意的一個中間室外樓梯，以及對稱的背立面，這都是很嚴肅，非常生硬的；然而藉由荔枝島上濃密的荔枝樹，以及小習池週邊的高大植栽，所形成的綠蔭效果，軟化了許多。

（b）不管是五桂樓正面的小習池，或者是背面的花園，也不管它是用植栽，或是用圍牆來圈圍，平面配置上都是很任意的，不拘泥任何形式，尤其是背面的花園，內外的雙層圍牆，配合園門，高高低低變化，根本沒有一定的形狀，所以人們就常用高矮變化的雲牆來形容它，這是庭園活潑的一面。

c. 涉門成趣

主景區裏，環繞五桂樓的四周，前庭、後院合起來總共五道山門，分別對向五個景區。前庭的南北兩道山門，是在遊園必經路線上，配合五桂樓左右對稱；北向山門對向一棵高大的荔枝樹，樹下且有低矮花卉環植，背後還有柳樹作陪襯；南向山門則對向兩棵高大的芒果樹，以蛇脈作為背景陪襯。後院的三道山門，就非常任意，自由；西北角的山門對向木棉橋畔的園門，有步徑直接通往內園區的考槃軒，整個空間除了搗衣澗旁作為背景的柳樹外，尚有兩棵高大的荔枝樹，樹下都環植有低矮的花卉，五彩繽紛，剩下來的空間，一片綠草如茵；西南角的山門，有步徑直接通往梅嶺區，由於是在空間轉折點上，加上地坪的落差幾乎有一人高，所以它祇適合由外往裏看，對向後院的外園區，然後由內園

區的植栽作為陪襯；東向的山門，早先是對向夕佳亭，有步徑相通，後來夕佳亭遷走之後，改對向林允卿銅像，以及旗桿座，背後由內園區的植栽作陪襯。

3. 內園區

本區的變動率頗大，包含考槃軒附近的大小設施物，以及後來夕佳亭所佔據的小山頭，由搗衣澗、萬梅崦作為天然的界線，再加上西邊由五桂樓後院圍牆的阻隔，形成一封閉的景區，除非站到夕佳亭眺望，否則整個景區成為濃密的林蔭所籠罩。

(1) 考槃軒附近（含社公祠）

本區主要是以考槃軒為主體，考槃軒為園內第二大建築物，雖然沒有任何建築細部，然而長條形的建築「傍水而立」，園冶謂「江干湖畔，深柳疏蘆之際，略成小築，足徵大觀也。」[119]，才是它的特色所在。

本區的變化很大：

a. 一九三五年以前，除了東邊的社公祠之外，就祇有考槃軒與夕佳亭對峙，由於有落差，所以兩者之間藉三組階梯溝通。

b. 一九三五年，夕佳亭移開，原地改立林允卿銅像，此時變成考槃軒與銅像對峙。

c. 一九三九年，旗桿臺移轉到銅像兩旁之後，整區變得非常儀典化。

d. 一九七三年以後，萊園中學遷入，整區被開闢成校舍，所有地上物全被搗毀，無一倖存。

本區是整個萊園變動率最大的，且其活動皆偏於靜態活動，諾大的空間，除了地上幾個設施物外，四周全都是植栽，已有邊緣的感覺，加上這些設施物間的關連性都不大，使用性質也不一，空間塑造上，氣氛

119　園冶　計無否著　逢甲學院建築學會　六三、一　頁六。

又非常凝重、肅穆，所以使用率不高。

(2) 夕佳亭附近的小山頭

萊園東邊的小山頭，一直到昭和五年（一九三○）底，才開始開發經營，先是築柳橋，跨過搗衣澗，再造三十六級之高階上山頭，山頭上祗是一大片樹林，這是初步的經營，且為遊園的必經路徑而已。昭和十年，為了造林允卿之銅像，乃將夕佳亭遷往小山頭，至此本區才算開發完成，夕佳亭提供遊園路徑一個中途休息站，對整個萊園景觀有點景作用。本區在林氏祖墳興築完成之後，由於往後山的路徑被切斷，成為縮小範圍圈後的萊園園內一重要制高點，地位愈形重要；站在小山頭，可以一覽整個萊園的景緻。

4. 梅嶺區

早期的萊園（一九二○年以前），由萬梅崦、千步蹬、望月峰三者所串聯而成的景緻，由於可以接連後山九九山峰，將整個萊園的範圍，拉到一個寬廣無限的境界，感覺上與大自然，天地之間融合為一。而且，由萬梅崦的步徑，接連千步磴，一直到達山頭的望月峰，才有一亭子作為休息的駐留點[120]，整個地勢，由萬梅崦麓拾級攀高到達望月峰，為園之最高點，可以遠遠眺望及大墩[121]。

可惜的是，林氏祖墳蓋好以後，整個梅嶺區被切割掉，已經不完整了，五房後代且在此種植滿山遍野的荔枝樹，昔時「花時若香海」[122]的梅嶺區已不復見得。

（三）親賞點和遊園動線

蘇州古典園林談到「園中景物，需要有一條或幾條恰當的路線把它們聯繫起來，才能發揮應有的效果，否則園景雖好，也難於被人充分領

120　連雅堂先生年譜　鄭喜夫編撰　臺灣風物叢書　頁三八。
121　同上。
122　同上。

受。因此只有在布局中處理好觀賞點和觀賞路線的關係，才能使人們遊覽時，猶如看到連續的畫卷不斷的展現在眼前」[123]。因此，有關觀賞點的配置與遊園動線的安排，對於園林塑造的成功與否，影響很大。

1. 觀賞點

一般園林裏，有關觀賞點的設立，有三種情況：其一、為全園最重要的觀賞點（活動最集中的地方），多半設立在主要的山水景物之前，採隔水對山而立的辦法。其二、比較次要的，則繞水環山而設。其三、有些兼具點景用，多半是在高崗山巒，或入口折衝處。萊園主景區的五桂樓即是全園重心所在，背山面水，隔水且有一歌臺對立，遠處又有竹林遙相對應。至於考槃軒則背一彎搗衣澗，依山而立，其他像早期的園門（為一四方亭），望月峰頭的亭子，遷往山頭後的夕佳亭，都是兼具點景與駐足休息的觀賞點。觀賞點的布置且要「因地勢高低和位置前後，或登山、或臨水、或開濶明朗或幽深曲折，以便形成多樣變化。高視點利于遠借園外風景和俯瞰全園，低近點貼近水面，因水得景」[124]。萊園諸觀賞點且都能巧於配置，實不易也。

2. 遊園動線（親賞路線）

蘇州古典園林談到「觀賞路線對園景的逐步展開起著組織作用」，又說到「觀賞路線的展開，或高而登樓上山，或低而過橋越澗，或處境開朗，或較為封閉，或可遠眺，或可俯瞰，或室內或室外，使所處的環境和景色富於變化，各有特點。」[125]

有關萊園的遊園動線，說法有很多種，考其原因有二：其一、變動頻繁，萊園從一八九三年創設以後，曾有幾次的大修改，或移轉、或改變使用目的，所有設施物無法作長久的穩定使用。其二、使用動機的不同；林家子弟的使用萊園，會包含拜羅太夫人墓以及林允卿銅像；至於

123　蘇州古典園林　臺北龍田出版社　六九、八　頁一一。
124　同上。
125　同上　頁一一、一二。

文人墨客，或一般居民，則因人而異了。在羅太夫人墓興築之前的萊園，應是比較穩定的使用，底下權且將遊園動線以墓園作界線，分前後二個時段來敘述。墓園興築以後的遊園動線，主要以平常林獻堂先生的走法為依據[126]。

(1) 改建前的遊園動線

臺灣贅譚記云：「……入門行數十武，有橋曰木棉橋，水則擣衣澗也。橋之南為小習池，古荔挺然，熟時垂實若絳珠，荔枝島也。上建一臺，為歌舞地。其面則五桂樓，為園主人會讌之所：樓上藏書滿架，金石之屬，璀璨陸離。由樓南行，多古木，中拓一窩，坳而幽，種梅千樹，花時若香海，萬梅崎也。循山而上，為千步磴。其山為望月峰，園之最高也。有亭可憩，俯視足下，禾田蔬圃，相錯如繡，白煙搖漾，遠及大墩，觀止之。由右而下，至夕佳亭。其旁短垣環繞，茅屋數間，考槃軒也。境絕清閟，自非碩人，胡得有此？……」[127]

也即，它的遊園動線先後次序如下

改建前的遊園動線尚不包括虹橋；自然而然，由木棉橋跨過擣衣澗，穿過四方亭的園門之後，四邊的矮樹叢下，舉目一望即是小習池，荔枝島，歌臺，這種次序是一種視覺上的遊園（因由五桂樓尚無法直接跨小習池到達荔枝島），其餘的路線安排，比對各個獨立景區的相關位置，非常合理、順暢；倒是由望月峰尚可遠遊至九九山峰此一路徑，由於已經遠離萊園，所以未被列入正式記載。

126　由訪談得知；訪談對象包括：林獻堂孫林博正、萊園管理員林金水幼子林永泉，擔任過林獻堂府中「帳房」的林金荃。

127　連雅堂先生年譜　鄭喜夫編撰　臺灣風物叢刊　頁三七、三八。

(2) 改建後的遊圈動線

　　根據林獻堂日記的記載，有二條路線；其一「天清氣爽招內子、雲龍、雲霞同經萊園散步，憩夕佳亭，拜祖母墓，登五桂樓 俯看百梅……」[128]；其二「然後到萊園，登樓，拜墓，在考槃軒前休憩」[129]。前面一條路線祇提過一次，倒是第二條路線一再的提及，可惜的是描述的都不很詳細；因此，進一步再根據林獻堂孫林博正平日與祖父遊園的印象，配合萊園管理員林金水兒子林永泉的記憶詳述如下：

　　林獻堂平日由宅第出來，沿著荷花池畔，經青樓與林瑞騰打過招呼後，再經由紅樓與弟弟林階堂打招呼，也許就一起到萊園散步，或者早就有人陪同一起前往萊園，入了門（外門），他會先在環翠盧休息，由人通知一聲林金水父子打掃萊園（或先行打開五桂樓背後的園門）；再由木棉橋跨過擣衣澗，穿過園門，沿小習池畔的路徑，經五桂樓穿過北邊園門，下了階梯來到五桂樓前院，若不用招待什麼客人（必要時需陪客人在五桂樓小憩，或經虹橋到荔枝島上的飛觴醉月臺。），就逕自上階梯，穿過南邊園門，沿石板步道穿過兩棵芒果樹[130]，順著萬梅崦麓的蛇脈，再爬上石磴，到達羅太夫人墓，鞠躬拜拜，以後，再下到為后土鞠躬，接著沿五桂樓邊的路徑到達林允卿的銅像前，鞠躬拜拜後，即在考槃軒前稍事休息，再經由社公祠，點個頭，然後穿過柳橋，上三十六級之高階，到達夕佳亭，接著沿小山丘的山巒往北走，一段路後，直接下到羊哮寮，然後順著擣衣澗的邊緣，來到櫟社二十年題名碑前，再穿過塌窪花園，由樹間走出，到達外花園的藤花棚前，這一趟遊園才算告結束。

　　它的先後次序如下：

128　林獻堂日記。二〇年一、十四。
129　林獻堂日記　二〇年二、二一。
130　兩棵芒果樹間，至今仍遺留當年的石板舖面。

環翠廬 → 木棉橋 → 搗衣澗 → 鐘鼓樓 → 五桂樓 →〔虹橋 → 荔枝島橋 → 飛觴醉月亭〕→ 林氏祖墳 → 林允卿銅像 → 社公祠 → 柳公橋 → 三十六級之高階橋 → 夕佳亭 → 羊咩寮 → 櫟社二十年題名碑 → 場窪花園 → 外花園 → 藤花棚

改建後的遊園動線，除了增加許多景緻之外，甚至在五桂樓前還可以跨過虹橋到達荔枝島上的飛觴醉月亭，然而由萬梅崦上千步磴到達望月峰此一路徑，卻因羅太夫人墓的興築而告夭折。不過，整體來説，由宅第一直到遊園完畢，幾個停留點都安排得非常恰當，有環翠廬、五桂樓、考槃軒、夕佳亭等；其中，五桂樓一地的休息，除非是櫟社諸友的到來，才會多作停留，看是要在五桂樓內喝酒、聊天，還是要遊遊小習池、荔枝島、飛觴醉月亭；否則，林獻堂常直接穿過，往羅太夫人墓的方向走去。另外，改建後的遊園動線，常以藤花棚為最後一站，偶而林獻堂會又回到環翠廬作看書、休息。

（四）花木栽植

花木是構成園景不可或缺的要素，造園規劃中有「三分水，二分竹，一分屋」的說法；其中「竹」所指的一項實際即泛指所有的花草、樹木而言，顯見花木栽植在園林中所佔有的份量。

底下按照花木種類的選擇、配植型式與建築物、水池的配合三部分來探討：

1.花木種類的選擇

一般花木種類的選用，和主人的意識形態與藝術標準，以及一般大眾的喜好有密切的關係。林獻堂在他海上唱和集詩集裏提到過很多的花木有「喜馬拉耶杉、櫻花、躑躅（即杜鵑花）、薔薇、古梅、石榴、海

棠、桂花、菊花、桃、批把、山茶、木蓮」等[131]。然而真正從日記中可以看到的花木種類卻又不多；「昨晚買碧桃、梅花、玉蘭，九時往萊園，使園丁種植，培火亦同斟酌位置[132]，「陳滿盈贈余『石苳』二百餘本，使園丁栽種」[133]、「昨晚買桂花，薔薇，夜合，紅竹二十餘本，往萊園，命園丁栽植[134]，也有日本人強制分配種植的「賴阿海來言，新嘉坡陷落之紀念植樹由農會付來楓、加冬、孔雀椰、咖啡等計十二本，將種於萊園……」[135]。

再根據萊園現有的植栽，以及老照片上所能看到的，地方耆老所描述的，詳細分類如下（按照觀賞植物學的分類法再作修正）：

(1) 喬木類：是園林中構成山林與綠蔭的主體，也是園林植物配置的基礎，底下再依它不同的觀賞目的，區分為三：

a.果樹類：主要作為夏秋觀賞之用，或作為冬季點綴，有些既可觀賞，且可供食用。有龍眼、荔枝、芒果、檳榔。

b.開花類：是園林中主要的觀賞對象，祇因它的花色豔麗和芬芳。有羊蹄甲、刺桐、黃蟬、碧桃、梅花、玉蘭、夜合花、五葉白梅、紅梅。

c.林蔭木類：是園林中的主幹；「高大成片的林木，古木交柯，雄健挺拔，濃鬱如蓋，更增添了山林的濃厚蒼勁的氣勢和園內深邃曲奇的情趣，有時園內的樹木與園外的綠化有意識地連成一片，造成園外有園，山外有山，樹外有樹的自然氣氛。」[136]有樟、楓香、雪桐、野桐、相思樹、鳳凰、銀樺、大葉桉、重陽木（茄冬）、榕樹、垂柳、杉、苦楝。

(2) 灌木類：是用來點綴園林中的主景，增添整個園林的景色。有月橘、石枆、桂花、躑躅（杜鵑）、山茶花、朱蕉。

131　編委會　紀念集　卷二　「林獻堂詩文集」　海上唱和集詩集。
132　林獻堂日記　二三、十二、十一。
133　林獻堂日記　二四、一、二十。134 林獻堂日記　二四、二、二四。
134　林獻堂日記　二四、二、二四。
135　林獻堂日記　三一、二、二六。
136　中國園林建築研究　丹青圖書有限公司　頁六八。

(3) 蔓藤類：是園中依附在山石、牆壁、花架上的主要植物；由於它的攀緣習性，所以有填補空白，增加園中生氣的效果。有九重葛、咖啡。

(4) 竹類：凡牆角池畔，皆可種植；由於它的姿態高挺俊秀，四季常綠，所以為園林常見的植栽。有綠竹。

(5) 棕櫚類：為了塑造某些特殊的空間氣氛，例如崇高、整齊劃一，或者是南洋風味，有孔雀椰，蒲葵。

(6) 草花類：為了點綴地面上的空白空間。有菊花、薔薇。

2. 配植形式

由於花木的種類、姿態、色香各異，所以在配植上有不同的特性與形式。底下按照它的栽植方式區分成四個層級，以「孤植」、「列植」、「羣植（叢植）」、「環植」等方式，互相搭配，達到變化輪廓線，豐富園內的層次感，最後再依空間的配植形式區分小空間的栽植與大空間栽植來探討。

(1) 孤植

能充分發揮單株花木的色、香、姿特點，並能達到點景的效果。萊園木棉橋畔的木棉樹，即是一個很好的例子，利用它直挺的樹形，與四周濃密的荔枝、柳樹，形成強烈的視覺對比，尤其當五月開花的時候，橘紅色的花朵，映在一片翠綠的園林中，更顯突出，是點景的最佳手法。另外在外花園裏，有兩棵粗大的榕樹，一束一西，孤零零站立在那兒，倒也為外花園提供了遮蔭乘涼的最佳場所。

(2) 列植：

多少也有點景的效果，甚至為加強某一區的特色，間或有引導作用。

a. 五桂樓前，五棵桂樹的對稱排列（其實祇有四棵，另有一棵是種在山牆南側），除了取桂花的芬芳香之外，尚有它植栽上的象徵意義（象

徵五堂）。

　　b. 考槃軒前，有三棵列植的玉蘭花，為內園區製造了特殊的「風味」，也是地方耆老記憶中，不可磨滅的一個特殊栽植。

　　c. 由五桂樓要往羅太夫人墓的路上，有二株高大的芒果樹，步徑由中間穿過，這是遊園動線途中間一個特殊處理。

　　d. 荔枝島上，歌台的兩側山牆，有荔枝樹列植。

(3) 羣植（叢植）：

　　同一樹種的羣植，容易將某種花木的自然特性凸顯出來，也可使園景產生變化，造成特殊景區。

　　a. 早先的萬物崦，萬梅叢生，形成樹海，每當花開時節，則「花時若香海」，成一特殊自然景觀。

　　b. 林氏祖墳的後半側，有銀樺呈半圓狀的配置，拱衞墓園，將整個墳墓烘托出來，刻意塑造更雄偉的氣魄。

　　c. 林氏祖墳前面的蛇脈上則羣植了不同種類的花木，藉大喬木與小喬木的互相搭配，以達到輪廓的起伏，層次變換的效果，使得蛇脈永保有它原始自然的一面。

　　d. 主景區裏，在五桂樓正對面的小習池西畔，有一片竹林叢植，將空間堵住，是一種風水上朝山的象徵手法。

(4) 環植

　　同一樹種的環植，不祇可以封圍空間，亦可將空間隱藏起來，使得人工設施物，若隱若現。

　　a. 環翠盧的四周，遍植有梅花，將整個空間圈圍起來，如此，比較能符合它字面上的意義。

b. 小習池四周有荔枝樹做裏面一層的環植，加上背後高大的喬木，像樟樹、相思樹的混合種在一起，形成樹海，將整個主景區前面的開闊地，整個封圍起來，考其原因有二；其一、歇臺的演戲，怕將聲音喧洩出去，無法集中。其二、風水藏風聚水的考慮。

c. 由園門要到五桂樓的東側，有兩棵高大的荔枝樹，樹下有花卉的環植，五顏六色點綴其間。

(5) 小空間的植物配植

主要以近距離觀賞為配植形式，常用在主要建築物的前庭、後院，或者是由圍牆、走廊所圈圍的小院內。五桂樓後院即是屬此，以白牆為背景，藉陽光的照射，映出深淺不同的陰影，形成各式各樣的生動畫面；至於它常用的花木，則有杜鵑、蒲葵、山茶、桂花等低矮的灌木。

(6) 大空間的植物栽植

一般對於大空間的植物配植，多採用樹形較高大的喬木，使之構成庭園的輪廓，並加強建築物之間的構圖聯繫和劃分國內的空間，拿萊園的主景區即屬此，然而萊園裏的外花園與塌窪花園卻又不盡然；除了景區之間利用喬木的分隔外，兩個花園的邊緣慣常以灌木與步道隔開，或是藉自然地勢的高低變化與建築物的配合作為邊緣收頭。至於兩個花園裏面的內容，則盡是一些低矮灌木（外花園）與草花類（塌窪花園）植物成叢成羣的栽植在一起。

3. 花木與房屋、山、池的配合

(1) 房屋附近的花木處理

花木對建築物，除了遮蔭、製造鳥語花香、觀賞之外，尚且能配合建築物豐富自然景緻的構圖。五桂樓後院有豐富的植栽，如高大的蒲葵、杜鵑、山茶……等等，為了不影響建築的外觀和採光，花木高矮不均，配置自由，甚至利用花圃來拉開大樹與建築物的距離。

　　歌臺兩側輔以荔枝樹，使不孤立。考槃軒前面的玉蘭花，後面的柳樹，東側的刺桐，將建築物烘托得非常詩情畫意。

　　(2) 山上花木的配植

　　一般對於山巒高崗的配植處理，都依照它與園林間的對應關係。作為邊界，則以多種花木的叢植形成樹海，成為一種自然阻絕的界線；作為引景，或是過渡空間，一般植以喬木，底下形成濃密的綠蔭步徑，也許可再栽植些矮灌木，然後穿梭其間；作為山嶺、山峰若為了點景，可栽植幾株高大的喬木，成為視覺上的加強作用。萊園的萬梅崦，即可在一片梅花叢中，穿梭往來。至於望月峰、夕佳亭，則依點景的手法；夕佳亭藉西側的竹林烘托，望月峰則在一片相思樹林[137]中建造亭子作為制高點，其它作為萊園的邊界，都以多種配植方式形成樹海隔絕。

　　(3) 水池旁的花木配植：

　　花木與水池的配植，藉池中倒影，可拘繪出美麗的畫面，增加自然情趣。萊園的主景區，藉荔枝樹、竹林的倒影，池面上睡蓮與荷花的點綴，很容易形成美好的景緻，至於搗衣澗，則藉著兩岸的垂柳，尤其夏日柳絮的紛飛，均足以構成美麗的畫面。

137　林獻堂日記　三三、四、十七。

近‧現代台灣史上的霧峰林家

楔子

本書的一百五十五張照片

目前有關日據時期的書籍中，鮮少有照片的印證與解說，即使有，也是少之又少、不具代表性，或是反覆地使用，然而本書所蒐集的一百多張照片，卻是包含來自不同的地方和人，且絕大部份屬於林獻堂個人所有，因此由這些照片得以一窺近代台灣史的一些政治、經濟、社會、教育、農業的變革。林獻堂不僅從事實際的行動，而且還留下了這麼多的歷史的見證，殊屬難得。

這些照片時間最早的是上個世紀末，大純一八九七年前後，數量不多，察考也困難。比較有一個清楚脈絡、而且內容一看就知道是什麼活動的照片，大概要從一九〇五年以後櫟社的私人集會開始。雖然大部分照片屬於政治性的層面，但是也有五花八門的活動，像共進會、騎腳踏車比賽、參觀畫展等等屬於其他經濟、社教娛樂等方面的。

照片的攝製來自全省二十幾家寫真館（即照像館），其中以台中新町林寫真館的作品最多，主持人林草先生，從小受知於霧峰林家，所以關係頗深（按：林草後來跟著日本隨軍攝影記者秋野先生學習人像攝影，然後繼承師業）。另外從北到南有基隆的長安、天神町一下地寫真館，台北的溝口、西門町、真開、遠藤等寫真館，新竹的新竹寫真館，台中的有本、喜樂（主持人張灶）、錦波、泉、三光、笠松、H‧TAKADA（高田）、岡崎等寫真館，霧峰的賴椪頭寫真館，草屯的如柏寫真館，台南的中央、陳寫真館等，屏東的青葉寫真館等，少數幾張則借自自立晚報社。這些照片經過這麼多年，雖然已經有些泛黃，仍舊相當有層次感，景深特別深遠，可見當時攝影者的用心。

林獻堂日記

林獻堂日記共有二十五冊，對解釋這一百五十五張照片，有極大的助益，因此有必要先介紹一下林獻堂日記。

葉榮鐘先生在其〈關於林獻堂先生的日記〉（葉榮鐘：1985，43）一文裡談到他在民國四十八年（1959）編輯林獻堂先生紀念集時，由林攀龍手中拿到林獻堂先生的日記十六冊，而且經整理過後用於紀念集第一冊年譜上。也就是說，葉榮鐘是第一個參閱使用林獻堂日記的人，等到紀念集編完，這十六冊日記就一直為葉榮鐘私人所保存，一直到葉榮鐘先生過世以後，才由林獻堂長孫林博正從葉夫人手中拿回。這十六冊日記，年代最早的是昭和二年（民國十六年，1927），最晚是民國三十四年（1945），中間缺 1929、11936 及 1939 三年，後來省文獻會程大學先生曾央得林博正先生的同意而借出影印部資料，是繼葉榮鐘後第二個看過日記的人[1]。

林獻堂於民國四十五年（1956）九月病逝於東京都杉並區久我山寓所以後，葉榮鐘即在民國六十三年（1974）春的赴美途中，在東京寓所中發現林獻堂出國後所寫的日記，雖然只有六冊，所記內容卻有八年之久，葉榮鐘試圖將之帶回台灣卻不果，後來才輾轉由林博正先生從美國攜回，兩批合起來總共二十二冊，有二十四年之份量，這六冊除了葉榮鐘看過以外，幾乎就不曾曝光過[2]。

民國七十四年（1985）以後，隨著整個霧峰林家歷史及宅園研究計劃的進行，工作人員在頂厝景薰樓組群的搜尋當中，於林攀龍先生書房尋得 1939、1946、1947 三年的林獻堂日記[3]，至此三批合起來總共有日記二十五冊。林博正將之攜回台北以後，為了便利整個霧峰林家計劃案的進行，隨即影印兩套，將其中的一套交由台大歷史系黃富三老師研

1　林博正先生（林獻堂長孫）口述。

2　林博正先生（林獻堂長孫）口述。

3　這套日記除 1946 年是完整的之外，1939 年祇寫到 10 月 25 日，1947 年則缺少 1 月 2 日～1月 4 日，3 月 1 日～3 月 4 日等七天的日記。

究，筆者曾在黃富三老師家中參考有關建築的資料，及至民國七十五年
（1986）下半年黃富三老師赴美進修，所有日記資料全部封存，筆者在
央得林博正先生的應允下，於民國七十六年（1987）以後，將第二套影
印日記借出使用。林獻堂日記從 1927 年到 1955 年總共 27 個年頭，中間
唯獨缺少 1928 與 1936 兩年，而謠傳中林獻堂三子林雲龍曾燒掉二二八
事變的相關日記一事，在翻閱民國三十六年（1947）日記以後，赫然發
現從三月一日到三月五日這五天的日記全部都不見而得到證實，這是相
當遺憾的事。至於林獻堂日記到底是不是從昭和二年（民國十六年，
1927）開始撰寫，葉榮鐘一直持懷疑的態度。推測是昭和十一年（民國
二十五年，1936）在荻洲風暴最烈的時候和一些重要的書類一併給燒毀
的（葉榮鐘，1985：48）。

　　林獻堂一生七十六年的滄桑歲月，雖只留下二十七年的日記記載，
然而它已經足夠讓史家研究日據昭和年間（民國十五年、1926）到民國
四十四年（1955）間，所有有關政治、社會、教育、經濟、農業等方面
的研究參考資料。林獻堂日記最大的優點是當天發生的大小瑣碎之事都
會毫不保留的記載下來，以致於日記裡有繳所得稅、房屋修繕、大小宴
會、萊園整修、開會……等等，所以筆者就曾藉日記把一個已經面目全
非的萊園復原起來。而有關本書一百多張照片的旁白、註解，筆者也是
在透過日記的爬梳考證，以及參考其他相關資料，才能把它說得得較為
清楚。

文獻的回顧與檢討

　　如上節所述，要說明這些照片的來龍去脈，林獻堂日記是最直接、
最基本的史料，但因日記的記載較主觀，較片面，因此有必要參考當代
有關的研究成果，以補不足，故敢不揣淺陋，就相關文獻加以探討。

一、台灣民族運動史

　　由葉榮鐘實際負責編寫的《台灣民族運動史》，從民國六十年出版

問世後，至今已再版過四次。正如同它在凡例所揭示的，這本書是非武力而且係由資產階級與知識份子所領導的台灣民族運動史，所以左翼的抗日運動與階級運動均不在敘述之列。然而它仍舊是一本值得細讀品嘗的台灣民族運動參考文獻，底下就筆者個人的看法作一檢討：

1. 文中對每個運動、聚會、事件、黨、團、協會、聯盟，都敘述地非常詳盡，但卻缺少相互間的連貫性，以及完整性。比如說文化協會分裂以後，台灣民眾黨的崛起，及與台灣地方自治聯盟之間的關係，應有整個社會發展趨勢以及林獻堂等人的想法與看法。另外對於日據末期台灣地方自治聯盟結束以後，整個政治局勢的扭轉，當中皇民奉公會的角色也未作交待，亦即整個台灣民族運動史，在台灣地方自治聯盟結束以後，就沒有下文了。至於九、十兩章的農民運動與台灣民報，根本就是附加的，與前文談不上連貫性。

2. 整本書偏向於資料的陳述，末作深入分析與追蹤，比如說私立台中中學的創立，書中雖曾對當時的日本教育作一批評，然而對台中中學本身，卻僅止於說明創立前後的經過，而未進一步就創校以後，實際學校的運作情形、日台學生的不平等待遇作一詳細說明。另外像文化協會夏季學校也祇作概略性的敘述，而未探討其實際的社會意義與對以後的影響。

3. 此書背後實際隱含著以林獻堂為中心，由葉榮鐘、蔡培火、楊肇嘉等資產階級與知識份子心目中對台灣民族運動的解釋，因此每個章節雖係以運動、事件、聯盟、協會等分開述說，實際上卻可由林獻堂等人作一貫串。這本也無可厚非，但對日據末期的「皇民奉公會」隻字未提，書名卻標示《台灣民族運動史》為書名，名不符實，這是美中不足之處。

二、林獻堂與台灣民族運動

《林獻堂與台灣民族運動》一書是張正昌先生的碩士論文所付梓出版，全書以林獻堂為重心做前後的貫穿，並且把焦點放在台灣議會請願

運動上，比較能抓住整個台灣民族運動的核心，是一本有組織，較注重比較分析的台灣近代史專著，底下就筆者個人的一些看法，作一些檢討。

1. 文中對整個台灣民族運動，都只圍繞在台灣議會請願運動上，對於台中中學的創立運動則輕描淡寫，尤其未能進一步針對標題上所寫「爭取教育權力」作深入的探討，殊屬可惜。另外，第二章的所謂「背景」，只列出十九位台灣歷任總督的名字與職稱，並未進一步作統治方針與策略等整個台灣民族運動的相關背景，也是略嫌粗糙。再則文章末尾對日據後期「皇民奉公會」的敍述也是輕描淡寫，未能對日據末期的台灣民族運動作一總結說明，也是美中不足之處。

2. 歷來對林獻堂的批評不是太苛刻，就是把他英雄化。張正昌仍隨俗地選擇了後者，比如說從甘得中以來，都把林獻堂對日語、教育的態度作如此描述：「第一、他本人不學日語，而寧肯自帶通譯；第二、林家子女一律不准入公學校就讀，而自聘家庭教師調教，霧峰公學校因之沒有一個林家子女就讀，使得學校幾乎無法開設……」（張正昌：1981，74），這是相當與背離事實的說法，我們如果看了他的日記以後，就會發覺這種說法並不正確。

3. 文中對於文化協會夏季學校並未深入描寫，尤其在探討漢文教育上也稍嫌薄弱。因此，從本書中無法看到一新會、一新義塾等的教育活動。另外，他在經濟上也未能針對林獻堂一族在彰化銀行、大東信託等土著資本裡的運作做詳細說明。

當然，這樣對張正昌先生的批評是太嚴苛了，且不近情理，因為除非進行地毯式的記錄研判，經由口述歷史以及詳閱過林獻堂日記，否則想把這一段歷史說明清楚殊屬不易。筆者祇是就個人研讀所感而提出上述意見，願供讀者參考。

由於截至目前的相關研究，對於林獻堂在台灣近代史中的地位，未能給予較客觀、較深入的分析，因此筆者想以林獻堂為主軸來敍述這一

段歷史,以便讀者不僅由照片,也可由以下的論述,約略了解這些照片的背景,及其所代表的歷史意義。

研究的內容

既然有關林獻堂先生的研究,或日據時代的文獻都有所不足,因此本書想採取另一種視角來處理一些台灣近代史現象。

1.本文的目的:雖然這一百五十五張照片大部分都做了說明與交待,但所顯現的歷史是片斷的,因此筆者想對這些照片背後的歷史背景及意義加以說明,因此本文係以林獻堂為中心的霧峰林家為出發,針對台灣特殊的歷史時勢,進一步從日據時期霧峰林家在台灣近代史舞台上的一連串努力與奮鬥,一直到整個台灣民族運動的展開,以及一連串的爭取教育權利、謀求台人經濟利益的民族金融機關、與佃農的關係、對鄉土社會的情感等等。並從政治、教育、文化、經濟,甚至社會風俗改良等層面來回顧整個近代台灣史,最後再從日據末期到國民政府接收台灣,看看整個台灣的歷史命運及霧峰林家的興衰。

2.本文涵括的時間起於清末林家遭遇的種種、日據前期武裝革命的過渡,經日據中期以及國民政府接收台灣以後,一直到二二八事變前後。主要把焦點放在林獻堂、林幼春等人成長以後的整個近代台灣史實,所以時間集中在 1910 年代初期一直到 1940 年代末期的四十個年頭裏。

3.本文參考的相關資料係以 155 張老照片的歷史事件為核心,並參閱林獻堂現存的所有日記,還有前人的相關論述,以及筆者個人在三年半以來所做田野調查訪問整理、分析而寫成。

4.本文章節的安排,第一章是關於整個歷史的輪廓,第二章是 1900 年代中期一直到日據末期的一連串政治、經濟、農業、教育、文化、社會等發展,第三章則是戰爭前後政治的變局。然後在最後一章對林獻堂的回應與感受作一綜論。

　　筆者原學建築，卻來處理歷史問題，粗陋在所難免，希望博雅君子不吝叱正。

第一章　清末日據初的霧峰林家

第一節　清末（1860～1895年）的台灣

　　清中葉道光以後，由於台地的日益開發，清政府對台的注意力漸增強，可說已奠定了內地化的初基[4]，加上咸、同之際，由於太平軍抽調台勇馳援，開始重視台勇的戰鬥力；乃至咸、同到光緒初年，由於台灣社會宗教信仰的走向共同性，逐漸消除了舊有的移墾原籍的地域觀念[5]，也就是說，清廷已逐漸視台灣為內地，加以重視了。尤其從 1860 年代初期以後，來自歐美資本主義對台灣茶、糖、樟腦的掠奪，特別是 1874 年日本遠征軍對南台灣的野心，逼使清廷意識到它對台灣法律地位，於是積極宣佈他對台灣島的所有權，並積極加強防衛力量。光緒十一年（1885）三月，劉銘傳任台灣巡撫，大大刷新台政，並擴張兵備、修築砲台、設清賦局著手測量全台田園、置撫墾局、設電報總局於台北。光緒十三年（1887）台灣建省，設台灣省城於台中（東大墩），另建台北至基隆鐵路、創立西學堂、鋪設閩台之間的海底電線，至此台灣才算完全納入整個中國的社會體系。

第二節　清末的霧峰林家

　　霧峰林氏一族的崛起，雖奠基於林文察在咸、同之際的太平天國剿亂之功，然而私人嫌隙的公報私仇，加上隨征伐而來的劫掠、侵佔，使得霧峰林家於 1860 年代末期積累了相當多的財富與挑戰者，而隨林文察、林奠國轉戰內陸的失利（前者陣亡，後者監禁終身），林文明便成了敵人復仇計劃的犧牲者，隨之而來的便是一連串的告官與訟案。

4　李國祁《中國現代化的區域研究—閩浙台地區》台北、中央研究院近史所，民十一年，見13。

5　王世慶〈民間信仰在不同祖籍移民的鄉村之歷史〉《台灣文獻》，33（3）。

迨至光緒 8 年（1882）開始，亦即霧峰林家在結束了長達十二年林文明訟案的苦戰之後，林家急欲重返一般的公眾生活，這時正值清季末葉台灣逐漸被重視，而在這一連串全島性的改革運動中，林朝棟即便是在台灣首任巡撫劉銘傳的羽翼下，有一個蟄伏復出，甚至往前邁進的絕佳機會。雖則林文欽曾在南、北兩劉的權力鬥爭下丟官賠錢，卻也在劉銘傳犒賞林朝棟全台樟腦買斷權下，致力於一般商務。已而在乙末割台之前，林朝棟從中法戰役、開山撫平原住民，到施九緞叛亂處理，甚至林文欽在光緒 19 年（1893）的中舉，以及來自林家的育嬰堂、老人米、貧困接濟等，一時林家的聲譽如日中天。

第三節　日據初期（1895 ～ 1910）的台灣

隨著乙末的割台，林朝棟原本有意效忠民主國，卻在唐景崧的蓄意安排下，落得一個中部防衛，因此一旦台灣民主國瓦解以後，林朝棟即內渡大陸，並仍希冀效忠朝廷，可惜的是官場的不如意，使林朝棟逐漸的自我放逐。而留守台灣霧峰的林朝選、林文欽卻也在蟄伏隱居的生活中間消聲匿跡。

霧峰林家的蟄伏，與整個武裝抗日運動恰成鮮明對比！

整個武力抗日運動從明治二十八年一直到大正四年（清光緒二十一年到民國四年，1895 ～ 1915），前後二十年間，總共發生大小事件一百餘起。第一階段的乙末衛台之戰，我方犧牲人數據保守的估計就有八千到一萬多人，日軍死傷則在六百多人，另有四千多人病死。第二階段土著勢力武裝游擊戰，台人的犧牲，保守估計也在一萬一千多人以上。至於第三階段有計劃的全島武裝革命運動，被逮捕處以死刑的有九百一十二人，有期徒刑八百八十八人，然而實際死亡的人數卻遠超過這個數字。就當時台灣兩百五十多萬人口中間，這二十年的流血，台灣同胞的付出，其代價實在是相當的高，因此 1915 年噍吧哖事件以後，台灣呈現日治以來前所未有的平靜，而在這二十年間，乙末戰後的新生代已經成長，他們即便是在這種血腥的歲月中，也逐漸地吸取當時世界民

族自決的潮流，然後發展出另一套合法的政治社會運動。

第四節　以林獻堂為首的林家族系

一、日據以後地方鄉紳的困境

林文欽的「好學而講求學以致用」[6]是為眾所周知的，尤其是在對子女的教育上，更是積極用心，特別是在 1880 年代以後，特闢「蓉鏡齋」作為林家子弟研習之所，並且禮聘當時的著名學者白煥圃、何趨庭為西席，傳授傳統儒學。然而乙未割台之後，整個科舉進仕之路為之斷絕，這批趕不及在 1895 年以前取得正式功名的林家年輕一代，只好轉向文學的詩詞欣賞與生活樂趣，並創立櫟社詩社。這批年輕人且於稍後成為全島文化生活的中心人物，像林俊堂（癡仙）、林幼春、林仲衡、林獻堂等，他們都曾藉由古典詩表達出一種對傳統文化的關懷與熱愛。

1. 林朝崧，字俊堂，號癡仙，為林文明幼子，十四歲即「入邑庠，嗣食餼」，卻無仕宦志，獨寄情詩酒，其詩有唐宋八大之風範，詩界評價頗高，然好女色，嘗醉臥美人側。惟與丘逢甲、謝頌臣相交頗深。乙未割台以後，嘗避亂泉州，悠遊上海，已而歸台。時有不得志於時者，競立詩社，遂與苑裡蔡啟運、大社賴紹堯、鹿港陳懷澄及從子林幼春共結櫟社，一時風靡中部一帶，由於社友皆為一時之選，或負一方之重望，人數在二十個上下，為當時台灣三大詩社之一，與台北的瀛社、台南的南社鼎足而三。

2. 林幼春，字資修，號南強，為林文明之孫，林癡仙之從子，從小就喜歡把自己關起來念書，涉獵頗豐，不分中西，尤好詩詞歌賦，為櫟社一員，在台灣詩壇頗負盛名。與胡南溟、連雅堂並稱為日據時期三大詩人。乙未割台之後，強烈的民族意識趨使，跟隨從叔林獻堂參加民族運動，林獻堂每事必恭親商議，被譽為「小諸葛」，貢獻頗多，當年梁任公遊台之策劃，林幼春當為功臣之一。早年即患肺病，加上嗜食鴉片，

6　「而先考獨好學，勉為世用」。林氏家傳，頁十，《先考文欽公家傳》，《林氏族譜》，林獻堂等，1936 年 10 月。

身體虛弱，治警事件繫獄二個月之後，健康即大打折扣。

3. 林仲衡，字資銓，號壺隱，為林朝棟次子，詩清新可誦，鄉民譽為「信手捻來皆成詩」，也是櫟社的成員，思想保守。

林獻堂係於明治四十三年（宣統二年，1910）加入櫟社為社員，並致力於成員的吸收、活動及擴大，且加強對外的連繫，所以從大正元年（民國元年，1912）起，櫟社舉辦十週年紀念大會於萊園以後，林獻堂即已成為櫟社的中心人物，櫟社大會的會場且大部分都集中在萊園或林獻堂宅邸舉行。尤其林獻堂常奔忙於台灣民族運動，藉由櫟社這樣的一個遺老團體，發抒民族意識的感傷，然後擴大結合全台士紳，在往迎梁啟超的來台時，以能激勵民心，用以推動溫和的、不流血的台灣民族運動，其互相為用自不在話下。櫟社自是感染一層相當濃厚的政治色彩。

二、關於林獻堂

影響林獻堂個人最深的，首推他的父親林文欽，當光緒十九年（1893）林文欽中舉時，林獻堂才十二歲。家中宅邸門前的兩支代表舉人之家的大旗竿，在日後馬路拆遷時，林獻堂還特地將旗竿座移轉到萊園內林文欽銅像的兩側，由此可見林獻堂對其父舉人身份之珍視以及對其父敬念之深。另外，林文欽在社會事業的參與上，也是赫赫有名的慈善家，捐財疏困，人稱「萬安舍」，對林獻堂影響也頗深，特別是在林獻堂手撰的林文欽家傳中，即可看出林獻堂對其父親的崇拜。

至於林文欽「好學而講求學以致用」的個性，對林獻堂的影響也相當深，這可從林獻堂日後對子女教育的重視可見一斑。

乙未割台之時，林獻堂才十五歲，即奉祖母羅太夫人之命，率領全家四十餘口內渡泉州避難，這是林獻堂本人有生以來第一次的重大考驗。當時，林獻當仍為少不更事之齡，加上人地生疏，泉州又逢鼠疫盛行，更兼所攜資材又有限，其生活之困窘自是可想而知。在此顛沛流離的困境之下，無異是對林獻堂的考驗，林獻堂卻能在困境中完成任務，早已

顯其過人的才能。及至林文欽過世以後，林獻堂馬上成為霧峰林家的中心領導人物，日人隨即邀林獻堂出任霧峰區長，明治四十年（1907）第一次往遊日本的邂逅梁啟超，經梁氏的啟發提供林獻堂日後對從事台灣民族運動時之理念，引發林獻堂對台灣民族運動的思緒，然後在為其祖母羅太夫人祝壽的獻金轉為台中中學創校，開啟一連串非武力的台灣民族運動。

昭和四年（民國十八年，1929）以後，從林獻堂日記約略可以看出族中事皆以林獻堂為核心。林獻堂奔走於頂、下厝之間，充當公正人、和事佬，儼然為一族之長。如：

1. 昭和四年十一月下旬　協助頂厝大房林文鳳族支財產分配（林獻堂：1929/11/19）。

2. 昭和五年二月中旬　作為從兄林紀堂幼子蘭生的「監護人」，並特聘林竹山為西席（林獻堂：1930/2/15）。

3. 昭和五年五月下旬　下厝將神牌龕改置大花廳，午宴堪輿師、泥水匠時，林獻堂作為「主人代理」（林獻堂：1930/5/20）。

4. 昭和五年六月中旬　頂厝四房垂明，垂訓分家，林獻堂出為排解（林獻堂：1930/6/15）。

5. 昭和六年五月下旬　林獻堂出面交涉烈堂在後樓土地的賣斷（林獻堂：1931/5/28）。

6. 昭和七年七月上旬　協助下厝處理有關林正熊查封其祖母楊太夫人之棺的財產糾紛（林獻堂：1932/7/8）。

7. 昭和十年六月至八月　斡旋處理下厝季商與瑞騰兄弟的財產分配（林獻堂：1935/8/21、22、26、27、31）。

8. 昭和十年下半年　多方託付，出面勸告林紀堂寡妻南街嫂不要出

家。

9. 昭和十年八月下旬　出面協調林幼春、培英父子之間的衝突（林獻堂：1935/8/29）。

10. 昭和十六年十二月下旬　出為處理下厝宮保第三川地震損害的修理（林獻堂：1940/12/28）。

11. 昭和二十一年七月中旬　協助林資彬過世後，有關水波流（今國姓鄉水長流村）的產權處理（林獻堂：1946/7/13）。

由上面可知，林獻堂從幼年到成長過程間的經歷，到成為一族之長，其間個性的突出，在於一種發抒「人溺己溺，人飢己飢」打抱不平的長者風範，尤其族中年紀相仿或稍長者，不乏有智識，有看法的人，但卻都非常保守，唯獨林獻堂思想最前進，走在時代的尖端，如倡導斷髮與解放小腳等，並呼籲嚴禁鴉片，破除迷信等，尤其在族中之人妻妾滿盈，流連酒色之際，林獻堂獨堅持一夫一妻，並斷絕酒色，益發形塑其高風亮節之長者形象。

三、所謂「林獻堂族系」

一般書上提到的所謂「林獻堂族系」，係包括林獻堂、林烈堂、林階堂、林資彬、林根生、林幼春、林攀龍、林猶龍諸人（涂照彥：1975，419，444）；更廣泛的來說，還應包括葉榮鐘、蔡培火、陳炘、林茂生等。實際上書上的如此分法，前者完全是以經濟活動的大分類拼湊在一起，後者則是以日據以後非武力民族運動，以迄戰後政治看法、理念、想法，圍繞林獻堂周邊的一些人士為限。

事實上，就林獻堂五堂兄弟來說，烈堂、階堂就與獻堂有不太一致的政治立場，尤其是林烈堂，自始至終他就是屬於溫和派份子，與日人相處相當融洽，得有紳章及紺綬褒章，所以有一大堆日人授與的頭銜，如台中高參事、州市協議會員……等，尤其在昭和十二年（民國二十六

年，1937）六月十七日，第四十二回的台灣始政紀念日的神社參拜會上，林獻堂避之惟恐不及，溜到日本躲藏，但會場上卻赫然發現有林烈堂、階堂兩位兄弟，可見其基本立場的不同。至於林資彬、林幼春、林根生、林瑞騰等幾個下厝族親，除林幼春之外，皆帶有相當濃厚的士紳氣，比起林獻堂的精神意志，根本不大一樣。政治立場來說，陳炘、林茂生二人，林獻堂到晚年還一直喟嘆失之交臂（林獻堂：1949，12，20）。至於蔡培火，不唯林氏族人對他頗有微詞，林獻堂在民國三十七年二月上旬即有怨言「培火當選立委，頗為揚揚得意，他觀察，三月能如所預定召集國大代表，則前途無患矣，若不能召集則現政府不能存立矣，美國欲來投資蓋以恐嚇蘇聯也，余暗笑其觀察之幼稚也。」（林獻堂：1948，2，6）。另外對於立場問題，林獻堂也寫到「席間王麗明談到漢奸問題，榮鐘攻擊其所言大不近人情，台灣受日本統治，何人不對日本幫忙，故政府三月發佈漢奸條例，不適用於台灣，汝所言與蔡培火共一鼻孔出氣，自毀台人為漢奸。」（林獻堂：1946，10，3）。因此要如何分劃林獻堂族系，實在不是三兩句話就可以清楚說明的。

圖 1
明治四十三年（宣統二年，1910）一月
十九日，德國駐日大使坟撫男爵一行來
台視察各地，這是蒞臨霧峰訪問於五桂
樓前的合影留念，照片前排右一林澄堂、
右二林烈堂、右四林獻堂、右五德大使
坟撫男爵、左六林燕卿，後排右一林沛
堂、右二林紀堂、右四台中廳長技德二。
（林垂凱提供）

第二章　台灣近代歷史舞台上霧峰林家

第一節　一九一〇年代以後的台灣近代民族運動

一般都以大正三年（民國三年，1914）的台中中學創立做為台灣近代的民族運動起點。然而，在由全台鄉紳、大賈等二百零四人大串連的捐助名單中，卻是什麼立場的人都有，因此不可能每一個人都抱持著相同的理想，應是錦上添花的成份居多。嚴格來說，整個台中中學設立的請願運動，可以說是台灣人爭取教育的權力運動。民族因素居多，然而卻也只能在受梁啟超思想洗禮的林獻堂等人身上才看得見這股民族精神。

真正能夠作為前導，一脈相承，造成時勢，作為整個近代民族運的契機者，當推日本板垣退助倡導的同化會；尤其在受到梁啟超的相勸走議會抗爭路線啟迪，還有當時世界的民族自決潮流的影響，才使整個民族運動與諸多殖民地的反抗一樣，先由海外發動，再傳入島內，台灣近代民族運動即也是由東京的台灣留學生主動推展的，雖然同化會前後時間非常短暫，但是卻能造成風氣、時勢，促成台灣的民眾在與東京留學生互通聲息下，共同攜手邁進，藉由新民會，六三法撤廢運動、台灣議會設置請願運動、台灣文化協會、台灣民眾黨、台灣地方自治聯盟等社會實踐，用為整個議會政治的努力，前後腳步的調整，自始至終的努力不懈，二十年辛酸的歲月，足供後世表率。以下試就台灣近代民族運動產生的中、外背景略加說明。

一、世界性的民族自決潮流影響

（1）中國的影響

①梁啟超的思想啟發

林獻堂早年即從堂侄林幼春，以及櫟社友人閒談中，對梁啟超有所認知，且非常仰慕，內心思想上受啟發不少。及至奈良的一席談，使他醞釀在胸中的族情感得以快速的發酵，以「倣效愛爾蘭人對付英國本國

之手段，厚結日本中央政要，以牽制台灣總督府的政治決策，使其不敢過份壓迫台民」（甘得中：1974，520）。林獻堂與梁任公的會晤，雖或有其戲劇性，卻於日後被歌頌為台灣近代民族運動史的濫觴，尤其是梁啟超的一席話也被當作台灣人思想行動上的指導方針，及至梁任公的來台，林獻堂得以帶動全台知識份子、鄉紳、遺老的熱情，喚起民族意識，這對日後林獻堂在民族運動方面的提攜與努力有相當大的鼓舞作用，甚至成為精神中心，梁啟超的來台可謂帶動一陣旋風。

②中國辛亥革命的影響

辛亥革命的成功，使台灣留日學生愈益激發民族意識，心向祖國，期冀祖國的將來，民族運動遂在這種環境下逐漸抬頭。

（2）世界的思潮

考量整個日據中、後期非武力民族運動的發展，尤其是在透過海外留學生的媒介，還有許多新聞、傳播媒體的影響下，第一次世界大戰以後，世界的民族自決潮流對此期運動的影響不可謂不大。這些世界思潮分別是：1.愛爾蘭的獨立運動。2.威爾遜的民族自決主張。3.朝鮮的「三一事件」。4.日本的「民本主義」運動。

上述幾個當時世界的民族潮流，幾幾乎都是由台灣的海外留學生所吸收，再藉由島內的諸多行動實踐，展開長期的民族抗日運動。其中梁啟超引愛爾蘭之抗英作為林獻堂先生的參考，影響尤大，而朝鮮留日學生與林呈祿、蔡培火的交往過程中間，也為台灣民族運動注入很大的催化劑，至於日本的民本主義及中國的辛亥革命、五四運動，更是由日本留學生及留華學生在耳濡目染下，引導他們在思想上的刺激與啟發。

二、台灣近代民族運動

（1）台灣同化會

台灣同化會為日本自由民權運動領袖板垣退助伯爵於大正三年（民

國三年，1914）十二月二十二日所創，上自總裁，下自理事、幹事、相談役、會計、監督全部清一色是日本人，林獻堂則為台灣方面的代表，會員總共有三千多人，其目的在同化台人以遂行其以日本為本位的亞洲民族大團結，完全以日本利益為前提，謀求日本勢力的再張。林獻堂即在板垣的「日支親善」、善待台人、尊重人權的呼籲下，用以鼓動一股風潮。唯台灣總督府卻視此為政治陰謀，於翌年一月下旬強迫解散。事實上就存在著中日兩民族間的種族差距、或統治者與被統治者之間的對應關係，因此，同化會無異是「同床異夢」。

（2）六三法撤廢運動

六三法案，乃是台灣特殊化的一種制度，也是日本總督府專制政治下。最有力的憑藉。亦即在法律意義上，日本帝國議會給予台灣總督在台灣有權發佈與法律具同等效力的「律令」，也就是所謂的「授權立法制度」。此一制度，使台灣總督無異是無人能牽掣的獨裁者，引起台籍有識人士之反感。

因此早在大正七年（民國七年，1918）夏天，即由林獻堂偕同東京日本留學生成立「六三法撤廢期成同盟」，到了大正九年（民國九年，1920）十一月，乃以林獻堂為中心，展開積極的活動，然而後來的爭議卻在，到底承認台灣的特殊性呢？還是接受「內地延長主義」的看法間猶疑，以致六三法撤廢運動後來乃改弦易轍，變成台灣議會請願設置運動。

（3）新民會等之文化啟蒙運動

從啟發會、新民會，到台灣青年會等之文化啟蒙運動，皆為東京台灣留學生所組織的團體。當初設置「六三法撤廢期成同盟」，其實就在新民會這個組織名下，以林獻堂為首，林呈祿為幹事，成立於大正七年（民國七年，1918），為一政治意味很濃的聚會，後因經費濫用，且未見有積極活動而告廢弛。

新民會則為蔡惠如等人所籌組，時間是在大正九年（民國九年，1920）一月，原有意找來林獻堂出任會長，卻未為林獻堂所接受，就如新民會章程上所寫，以「研究台灣所有應予革新之事項，在圖求文化之發達為目的」，日後即創刊《台灣青年》，作為台灣民族啟發運動的機關雜誌。後來新民會成員考慮到台灣島內外民族主義的啟蒙及合法性政治活動，乃嚴格區分由新民會作為純粹研究指導地位，另以東京「台灣青年會」名義作為公開性的活動。

（4）台灣議會設置請願運動

林獻堂於大正十年（民國十年，1921），折衷了「六三法撤廢運動」派和「自治」派兩種不同的政治主張，改採台灣議會設置請願運動，贏得兩派的一致贊成，兩派遂在往後的六年內（1921-1926）合作無間，是為戰線統一的時期。整個台灣議會設置請願活動，由林獻堂領銜，間或配合蔡惠如、林呈祿、蔡培火等，從大正十年到昭和九年（民國十年到民國二十三年，1921-1934），前後十四年間，向日本帝國議會提出十五次請願。

台灣議會設置請願運動的發展過程中，曾陸續受到台灣總督府的迫害，其中像林獻堂等人受到「八駿會」的威脅、恐赫，遂有柳棠君氏的「犬羊禍」之詆毀林氏。另外，大正十二年（民國十二年，1923）底，總督府又以「台灣議會請願期成同盟會」詆觸治安警察法，而進行逮捕與彈壓，然而林獻堂等人卻義無反顧，前仆後繼。

（5）台灣文化協會

台灣文化協會係由當時的台灣醫學專門學校之學生所發起，主要創立人為蔣渭水，由於林獻堂主要奔走於台灣議會設置請願運動，因此林獻堂只是站在協助的地位。台灣文化協會受中國大陸五四運動、孫文學說、世界民族自決思潮影響甚鉅。該會於大正十年（民國十年，1921）十月十七日成立，其後在蔣渭水、蔡培火兩人為中心的領導之下，展開有組織的民族啟蒙運動。

文化協會之活動相當廣泛，從會報的發行、讀報社的設立、通俗講習會的開講、夏季學校的開設、以及巡迴各地的文化講演會、文化戲等等，繽紛滿目。此外，文化協會還擁有一個電影宣傳工作隊伍即美台團，由北到南積極展開啟蒙一般民眾的思想。

大正十二年（民國十二年，1923）底的治警事件，雖也波及於文化協會，然而卻使一部分游離份子或御用紳士退出，以致文化協會得到一次的淨化。昭和元年（民國十五年，1926）以後，由於受到左右兩派思想分歧之爭的影響，文化協會內部開始產生分裂，及至第二年一月三日，遂產生左右兩派的分裂，右派幹部退出，左派繼續執掌，後來因受台灣總督府大肆逮補共產份子的影響，終告瓦解。

（6）台灣民眾黨

文協分裂之後，脫離新文協的舊幹部乃籌思組織政治結社，作為動員民眾力量向統治階級抗爭。旋於昭和二年（民國十六年，1927）於台中舉行台灣民眾黨創立大會。該黨係由蔣渭水所積極推展的活動，林獻堂只是掛名的民眾黨顧問，始終未參與其事，尤其是台灣民眾黨由逐漸走向階級鬥爭，到醞釀內部的對立下，以致有蔡培火等人的脫黨。

台灣民眾黨的活動，完全以四百萬島民之利益作為政治之目標，並期庶政公開，擴大民眾參與，因此對於政治改革的建議尤其殷切，像地方自治之完成，言論之自由，行政裁判法之實施，嚴禁鴉片，廢止保甲制度、實施義務教育，改革司法制度等等。

台灣民眾黨於林獻堂、蔡培火、蔡式穀等穩健派份子相繼辭職以後，指導權盡為急進分子所把持，運動也日趨激烈，遂於昭和六年（民國二十年，1931）二月上旬為台北警察署所取締。

（7）台灣地方自治聯盟

林獻堂、蔡培火等人一脫離民眾黨，即謀另外成立政治結社。昭和

五年（民國十九年，1930）一月十二日，林獻堂、羅萬俥、蔡式穀等人於北投八勝園聚會，即由蔡式穀提議籌組致力於地方自治制度實施的改革運動，在眾人一致贊同下，方計畫成立一個與民眾黨性質完全不同的政治結社，此即台灣地方自治聯盟的源起。

林獻堂對地方自治聯盟的活動顯得非常熱心（事實上他即是幕後推動者），尤其主其事者楊肇嘉先生，即是在蔡培火與林獻堂的敦促下，才由日本歸台主持的，台灣地方自治聯盟的工作包含有對全島協議會員的改任發表聲明、指導嘉南大圳代議員選舉，以及促進地方自治制度之革。

迨民眾黨解散以後，台灣之政治活動，僅剩自治聯盟在苟延殘喘，尤其是台灣總督府終於在昭和十年（民國二十四年，1935）十月一日宣佈實施台灣地方自治制，雖然只是一種塘塞作用，卻也使得自治聯盟本身逐漸失去其鮮明的目標，而難獲一般民眾廣泛支持。此外，隨著日本軍部的抬頭，以致藉「祖國事件」向林獻堂開刀，一時政治局勢趨於緊張，使一般知識份子惶惶然，林獻堂、楊肇嘉且先後避難東京，自治聯盟遂於昭和十一年（民國二十五年，1936）八月，於召開第四次全島大會以後宣佈解散。

地方自治聯盟結束以後，林獻堂即隱居起來，幾乎有三年的時間躲在日本，過著隱遁的生活。而台灣的鄉紳、富賈則在林獻堂「祖國事件」之後，極力討好日本軍部，遂於翌年（1937）台灣始政紀念日，糾集全台重要人物作台灣神社參拜，藉此表達台人「愛國」之意，以免除日人對台人的壓迫。至此，整個台灣近代民族運動可說完全停止，而日本軍部為利用台人的參戰，隨即展開「皇民奉公會」的活動，要求內台合作，整個局勢乃逐漸為日人所控制。

第二節　林家的社會公益事業與捐助民族運動

霧峰林家自清代林朝棟、林文鳳以來，均熱心慈善事業，捐輸於公

益事業，這形成了林家的家族特色[7]。日據初期，且有羅太夫人、林文欽的輸財濟困，救助村民的善行，及至林獻堂對民族運動的大力贊助，一種發抒民族情感的力量才逐漸突顯出來。以下，茲就林家，尤其是林獻堂的社會公益事業，以及捐助民族運動等事，分項介紹於後。

一、源源不斷的無償支助

（1）支助學費

林文鳳以來，林家一向對讀書人特別禮遇，像清季末葉林文鳳即出路費給一位台南的優秀學者陳望曾，資助他遠赴北京參加會考。對於林文鳳的捐助，一般解釋為所謂的「社會投資」，亦即這些接受禮遇的人，日後會投桃報李，回饋林家。這種解釋，雖有其部分道理在，但若拿來解釋林獻堂的資助學費，顯然過於單純化。尤其發生在林獻堂身上，一種以發掘人才，獎掖後進的學費補助，對於林獻堂這樣的一個土著資本家來說，那也許只是九牛一毛而已，不足掛齒。但其在民族運動方面的捐助，動輒數百萬的情形下，則不是用「社會投資」所能完全解釋的。

根據日記上記載，昭和八年（民國二十二年，1933），林獻堂即曾資助趙錫河長老教中學學費每月補助十五圓（林獻堂：1933, 9, 2），昭和十年（民國二十四年，1935）下半年，且調整到三十圓（林獻堂：1935, 8, 28）。另外下厝族親林雙吉欲往南京留學，亦每月補助學費三十圓，旅費三百圓（林獻堂：1934, 5, 17）。還有蔡培火長女蔡淑慧的學費每月二十五圓（林獻堂：1935, 8, 23）……等等。至於日記上沒有記載的尚有吳三連（編委會：1974，574），葉榮鐘（編委會：1974，651）等人也曾經接受過林獻堂資助。

7　林文鳳（1840～1882）於1860年代即表現出善於運用金錢的機敏，尤其於戴亂霧峰受困時，為了感謝客家人士的適度支援，他即以錢財回贈，即至叛亂結束，他便習慣在過年過節饋贈村民小紅包，藉以表揚他們在霧峰圍困時的忠誠表現。同時，他亦是家族中唯一想到要利用賄賂來解決林奠國訟案的人。林氏家傳，頁七，〈先伯父文鳳公家傳〉，《林氏族譜》，林獻堂等，1936年10月。

（2）捐助民族運動與教育事業

大正三年（民國三年，1914）春，林獻堂為其祖母羅太夫人慶祝八秩大壽，擬撥萬金作為慈善事業，經秘書甘得中的建議，乃擴大為創設私立中學，以便收納台人子弟，於是林獻堂乃加倍其款項為兩萬圓，其他霧峰林家參與此事的尚有林烈堂、林階堂、林紀堂、林根生、林仲衡、林俊堂、林幼春等，捐款皆不少，因此單單台中廳一地就有九十九人響應，得款十四萬圓（蔡培火：1971，50），是為近代民族運動的先聲。

嗣後林獻堂對民族運動的熱衷，真是出錢又出力，從大正三年（民國三年，1914）十二月的台灣同化會、大正七年（民國七年，1918）的啓發會、大正九年（民國九年，1920）一月的新民會，特別是在《台灣青年》出刊時的捐贈一千圓[8]，林獻堂從初期推波助瀾到大量的捐款，逐漸蔚為民族運動的領袖，連當初梁啟超來台，原也是要向林獻堂等人募捐款的（林獻堂：1974，47）。文化協會，尤其是夏季學校的創辦，地點即在霧峰林家萊園，林獻堂的奔忙肆應自是可想而知。

昭和七年（民國二十一年，1932）二月，由林獻堂長嗣林攀龍發起組織的霧峰一新會，即期促進農村文化，廣怖自治精神，是為林獻堂等人對地方社區教育重視的開始，尤其在昭和八年（民國二十二年，1933）五月，一新義塾成立以後，更是整個納入正式教育的正軌，也為日後霧峰初級中學、萊園中學鋪路。

從一新會的各種活動來看，捐款來自霧峰地方人士，有林士英、李崑玉、林戊己、李登輝、呂裕、吳素貞、林春山、黃辛丑、徐金瑞、王烈嗣、林獻堂等十數名委員（林獻堂：1932, 3, 9）。然而負責籌劃、辦理，而且募捐款項數目最多的仍是林獻堂父子。

戰後，民國三十五年（1946）四月霧峰初級中學的創辦，先是利用原一新會館，從來在新建校舍，以及運動場時，林獻堂負責籌募款項

8　林獻堂原熱衷於「六三法撤廢運動」，所以初時對新民會之活動並不熱衷，僅在《台灣青年》出刊時捐贈一千圓。《台灣青年》一卷四號，封底「捐贈芳名錄」。

更是不遺餘力，這些款項幾乎動不動就是數十萬元。及至民國三十八年（1949）八月，萊園中學成立以後，林家族親多人，有林獻堂本人及三個兒子，林松齡、林階堂、林垂訓……等十數位董事，林獻堂仍負責捐地，且捐獻款項，數目達到一千五百萬之數。

（3）對民眾的接濟與救助

對於一般的急難救助，如天災人禍的接濟，林獻堂充分表現出「人溺己溺，人飢己飢」的心態，往往身先士卒，並徵調林家各房族親，在人力物力多所配合。

大正十二年（民國十二年，1923）九月東京的大地震，林獻堂偕胞弟堂籌募捐款與食品，遠赴東京救濟台灣留學生（編委會：1974，68）。昭和十年（民國二十四年，1935）四月二十六日對於清水、大甲、外埔、大安等地震災區的救助，林獻堂還親率霧峰一新會會員用卡車載運大量救濟品到災區發放（林獻堂：1935, 4, 26）。戰後，民國三十四年（1945）底，有數千名台胞於廣東、廈門被歧視，生活無著，林獻堂即三番兩次要求陳儀長官設法搶救（林獻堂：1936, 12/15, 20, 23）。另外民國三十五年（1946）四月，霧峰的大火災，家屋被焚三百七十九戶，罹災人數二千零六十九名，燒死者老婦人三名，合計損失千餘萬圓，林獻堂即捐助救恤金五萬元，林階堂三萬元、林垂訓二萬元，大安會社五萬元（林獻堂：1946, 4, 20）。民國三十八年（1949）七月，頭家厝林家佃人林再耕由於牛欄失火，家屋物件皆被燒毀，林獻堂乃特別致贈台幣五百萬元慰問（林獻堂1949, 7, 27）。這些都是林獻堂在急難救助的表現。

二、彰化銀行之父——林獻堂

彰化銀行雖然創立於明治三十八年（光緒三十一年，1905），然而林獻堂卻一直要到明治四十一年（光緒三十四年，1908）才加入為股東（其他尚有施來、李崇禮、陳紹年、吳鸞旂、吳汝祥、吳德功、楊吉臣、辜顯榮，還有日人奧山章次郎、板本索魯哉等）。明治四十四年（宣統

三年，1911），林獻堂才被選為監察人，然後於昭和十年（民國二十四年，1935）改任為取締役（即董事）。戰爭結束之前，昭和二十年（民國三十四年，1945）始任為取締會會長（相當於董事會主席）。（編委會，1974，611-612）

大正三年（民國三年，1914）以前，林獻堂在彰銀的資金與辜顯榮不相上下（同為二十二萬圓），及至昭和三年（民國十五年，1926）以後，辜顯榮等退出，另籌組台灣商工銀行，林獻堂在彰化銀行的股份才扶搖直上，迨至昭和十六年（民國三十年，1941），林獻堂在彰化銀行的資金已累積至二百八十四萬圓，佔投資資本金的59%（涂照彥：1986，412-464）而一直到終戰前，台灣人總共在該行所持的股份也才佔總數39%，所以戰後，彰化銀行即以林獻堂一族最為活躍。

民國三十六年（1947）彰化銀行行政改組為彰化商業銀行，隨即林獻堂被選為董事長，並以郭坤木、林猶龍及王金海為業務董事，另由王金海兼任總經理，林獻堂雖於民國三十八年（1949）赴日，彰化商業銀行仍經股東會決議推任其為最高顧問，王金海特別稱頌他為「彰化銀行之父」。

林獻堂於彰化商業銀行董事長任內的五年，有段時間（民國三十七年初）還特別住到台中宿舍，每天上下班，督導銀行業務；開業一周年當天，還特別集諸行員訓示，其要一、要親切，二、須勤謹，三、不可結黨派，並加發獎金（林獻堂：1948, 3, 1）。所以這一段時間，彰化商業銀行業績蒸蒸日上，除了使改組之初的虧損轉盈（存款達八點五倍，放款達四倍，盈餘增加至十三倍），另對分支機構的擴展相當積極，對於倉庫業務的發展也相當努力，尤其是行舍、宿舍的修建與購買，人才的補充與擴編，都為今天的彰化商業銀行奠定深厚鞏固的基礎。（編委會：1974，611-621）

三、大東信託會社

大東信託會社，成立於昭和元年（民國十五年，1926），係由陳炘

發起，結合林獻堂等人所籌組，為供台灣人利用的金融機構，因此其目的在謀台人之經濟利益，同時期能俾補於台灣民族運動，就因為如此濃厚的政治色彩，以致日方百般刁難，像大東信託會社雖於昭和元年（民國十五年，1926）成立，卻沒有法定地位，而信託法也遲遲未公布，以致於為各銀行所排擠。

林獻堂於昭和五年（民國十九年，1930）以後，即在與幾位總督和總務長官見面時，要求保護大東和從速訂定與公布信託法。像昭和六年（民國二十年，1931）二月初，林獻堂即在會見高橋總務長官時，要求大東之保護（林獻堂：1931,2,6）。昭和七年（民國二十一年，1932）則在幾次會晤中川總督時要求信託法的及早公布（林獻堂：1931, 7/4、6），結果都得不到具體的答覆與行動，昭和八年（民國二十二年，1933）十一月下旬會見中川總督時，要求對信託法擱置的解釋時，中川總督卻以「因大藏、拓務兩省之爭監督權，故擱置於法制局」（林獻堂：1933, 11, 22）為理由塞，以致一延再延。林獻堂在百般無奈下，仍不斷的請示，甚至一直到昭和十五年（民國二十九年，1938）十一月初，於日本往訪森岡總務長官時，仍對信託法提出請示，結果森岡長官未表示意見（林獻堂：1938, 11, 11），日本當局的心態由此可見。

大東信託會社資本額二百五十萬圓，設本店於台中市，董監事幾乎都是台灣中部的土著資本家，霧峰林家除了林獻堂之外，尚有林瑞騰、林階堂、林資彬，其中單單林獻堂個人就佔了 25％的資金（六十二萬五千圓）。由此可見霧峰林家族系在此一會社的重要性，林獻堂且擔任社長，陳炘則為專務取締役（總經理）。

大東信託會社成立之後，在得不到法令支持下，雖慘澹經營，仍有相當成績，且提供作為台灣近代政治社會運動的經濟自衛行動；一直到昭和九年（民國二十三年，1934），便成為全島五家僅存的信託公司成績最優者，日本當局則在昭和十九年（民國三十三年，1944）五月以後，為其經濟統制上的便利，乃積極合併幾家信託業務，然後在是年八月藉

台灣實施信託法及信託業務之機，以大東信託會社為中心，合併其餘幾家信託公司，成立「台灣信託株式會社」。大東信託會社於焉結束原有營業。

四、林家土地資本的再投資活動

霧峰林家雖從早期封建社會的地主階段，有大片的土地與勢力範圍，然而隨著子孫的繁衍，加上部份後代的不事生產，幾代下來，祖產已所剩不多，其中有些人能從農事生產的米糧轉換為商業資本投資，以致在平底帆船回航之際，做些唐山貨品的進口生意，其中多半是食品和紡織品。

截至十九世紀末業之前，霧峰林家即以樟腦製造及銷售著稱，這裡當然牽涉到光緒十四年（1888）劉銘傳在論功行賞時，矛林朝棟的賜與。甚至大部分的樟腦製造與銷售（涂照彥：1975，405）。林獻堂且於昭和十七年（民國三十一年，1942），由帳房林金荃為腦長下，試圖重新振興樟腦業（林獻堂：1942, 3, 20），卻不果。

日據時代，霧峰林氏族系的工商活動並不像其他四大族系那麼熱絡，僅擇重點發展，大正三年（民國三年，1914）以前，林獻堂曾分別擔任台灣製麻株式會社的取締役，資本額五十萬圓，佔總資本額的 25%；彰化銀行擔任監察役，資本額二十二萬圓。林烈堂則曾掌理帝國製糖株式會社，資本額十七萬五千圓，佔總資本額的 35%（涂照彥：1975，404-5）。大正八年（民國八年，1919）以後，林氏族系的工商投資雖有提昇，仍是有限，除三五實業株式會社、大安產業株式會社是完全為林氏私人所擁有之外，其它有日、台合作下的產業，像台灣製麻（安田系）、台灣製紙（地場日系）、海南製粉（地場日系）等。要不然就是投資額不超過 25%，像南洋倉庫（25%）、大東信託（25%）、東華名產（23.4%），祇有少數像五郎合資會社（林階堂）、台灣商工銀行（林烈堂）、禎祥拓殖株式會社（林烈堂）、華南銀行株式會社（林烈堂）等的投資額超過半數以上（涂照彥：1975，419）。終戰之前，林氏族系除了在彰化

銀行的投資額有急遽增加之外，源自大正十二年（民國十二年，1923）以來的土地投資與墾拓，林家在土地買賣方面，有逐漸增加的趨勢，像林攀龍即於昭和十七年（民國三十一年，1942）另創三榮拓殖會社，從事土地開墾與買賣，其餘皆承襲自日據中期的產業（涂照彥：1975，444）。

昭和十九年（民國三十三年，1944）春、秋兩期的稅金繳付，林獻堂於三月下旬的日記裡提到「所得稅余之額九千餘圓，猶、雲之額各二千餘圓，合計二六一七四圓」（林獻堂：1944, 3, 20）。這個數目字雖然並不高[9]，綜觀上述，卻說明了林獻堂等在投資事業上的保守作風，其餘像林幼春、林階堂等，其保守更是有過之而無不及。

第三節　林獻堂家族致力教育興學、啟迪民智

林獻堂一生對於地方文化的啟發，以及提高一般民眾智識的努力，不遺餘力。打從他在明治四十三年（宣統二年，1910）親自將攀龍、猶龍二子送往日本東京就學，其用心之良苦，即可預見，尤其在其六十述懷詩中即指責台灣總督府「施政每偏重，不脫愚民策，交通與水利，誰說非利澤，教育則何如，故步如疇昔。」（編委會：1974，206）。回顧日本領台前二十年間，未有創設台灣人之中學，只有「國（日）語傳習所」及「國（日）語學校」。台灣人子弟之中等教育程度較之日人中學校為低，根本沒有資格應試日本之大專學校，祇有在專門學校中，有特設專收台人子弟的台灣總督府醫學校，其他則一無所有，總督府的愚民政策、教育之歧視可見一斑。

林獻堂對師資選用方面尤其特別用心，像林茂生、陳滿盈、連雅堂、陳炘等，都是當時一流人選。此外，林獻堂對蔡培火在日本學教育之事頗表關心（編委會：1974，472），長嗣林攀龍對教育也相當熱衷，這兩

---

9 從林獻堂日記 1942. 10. 7 的所得稅率記載，按照昭和十七年（民國三十一年，1942）的標準，林獻堂春、秋兩季的所得大約在四萬多圓（稅率約 26%），猶、雲兩兄弟則為一萬二千多圓（稅率約 17%），以十九個等級的稅率制度來看，林獻堂所得還不算相當高（按：當時一般公務員一個月的薪給是 20～30 圓）。

人都是林獻堂自創辦一新義塾、台中縣立初級中學，到私立萊園中學的得力助手。

一、台中中學創立運動

大正三年（民國三年，1914）春天，林獻堂在率同從兄紀堂、烈堂暨中部士紳捐巨資籌謀建設私立中學，便於收納台人子弟。然台灣總督府一向對台人之教育並不熱衷，所以對台人自辦學校之議更無法接受，然而台人自願捐資興學，本無可厚非，總督府亦不好加以拒絕或阻止，最後乃將所募得之資面全數捐給總督府，而由總督府創設一所專門收納本省子弟之公立中學。總督府雖倣效朝鮮之例，為台人成立一所高等普通學校，然而整個學校的規劃、制度、行政，卻完全操縱於總督府之手，台中中學終於在翌年的五月正式開校，大正八年（民國八年，1919）改名台中高等普通學校，旋又於大正十一年（民國十一年，1922）改組為州立台中第一中學。

台中中學雖經創立，但是日本統治者對於台人教育的歧視仍繼續存在，尤其日本人根本不容台人教育自己的子弟，因此雖經轟轟烈烈創校，此後問題仍層出不窮，而當初創校時的士紳富賈束手無策，終至置若罔聞。

昭和二年（民國十六年，1927）五月十三日，台中第一中學校校舍有一百七十九人因廚子的嚴苛態度，致全部遭無限期停課之懲罰，是為有關當局對台人子弟要脅的殺手鐧，幾經協議，乃於同年六月六日獲准復課。昭和九年（民國二十三年，1934）六月十六日，林烈堂、陳炘、李崇禮、林獻堂、張聘三、葉榮鐘、二瓶源五、廣松一中校長等人於大東信託樓上協議台中第一中學增級問題，最後乃推派林獻堂等人往會總務長官平塚廣義、安武夫文教局長，陳情增加二學級之事。同年七月五日雖經台中州廳內務部長、教育課長的贊同，卻在第二天（七月六日）往會總務長官；第三天（七月七日）往會中川健藏總督時，得不到明確的答覆。以上是為林獻堂等人對台中第一中學在創校及創校後的許多努力。

二、文化協會所辦之「夏季學校」

文化協會為「助長台灣文化之發達」，乃透過「夏季學校」的開辦，由台人以自己的意志來教育台人，期能反日本之愚民政策，普及大眾智識；更進一步想透過這種短期進修，啟發台人民族思想，培育民族運動的種苗。

夏季學校從大正十三年（民國十三年，1924）開始，連續三年暑假，假霧峰林家萊園為會場，開辦短期（一至二星期）的講習會，課程有近代科學知識、人生哲學、普通常識、歷史現勢等。講師都是當時的一流人選，像文學士林茂生、連雅堂、陳炘、留日學士陳滿盈、林幼春、留德醫生王受祿、律師蔡式穀、蔡培火、陳逢源、鄭松筠、醫師陳朔方等，甚至還有日人的律師、牧師參與講課，都廣受好評。

文化協會夏季學校的學員雖來自全省各地，仍然是以中部為主，尤其對於霧峰當地智識的啟迪，實功不可沒，日後林獻堂在霧峰當地創立的一新會，其精神即源於此，而今基督長老教會的夏季短期學校（簡稱夏期學校）也都受到它的影響。

三、一新義塾

昭和七年（民國二十一年，1932）春天，林獻堂長嗣林攀龍從英倫留學歸國以後，在與地方父老的閒談之間，決定籌組一能「使霧峰庄美化」、「使一般智識在與向上」的會社。不久「一新會」乃告應運而生，此後展開一連串的活動，如「土曜講座」、「兒童親愛會」、「通俗遶演會」、「漢文國語研究會」等等。

昭和八年（民國二十二年，1933）二月底，針對漢文國語研究的問題，林獻堂乃向有關當局提出「一新義塾」的申請，隨即在四月十日，有關當局即要求一新會加入台中州之「教化聯盟」，林攀龍則以「思官民合作之教化事業皆無有終之美」，故斷然拒絕之。昭和九年（民國二十三年，1934）五月初，因一新義塾申請認可之手續一直未下來，遂

在台中州高嶺視學來視察一新義塾時的溝通下，一新會乃於這一年的八月二十一日加入教化聯盟，開始接受有關當局的政策性指示，然而大部份的課程設計仍舊維時原有特色。

申請入學一新義塾的總共一百二十六人（女子七十餘、男子四十餘）全為霧峰當地的居名，分女子四組，男子二組，以漢文國語教授為主，由潘瑞安主講，另有算術、高等漢文、古文義等，授業年限四年。第一屆畢業生只有男子三名，女子十六名，是為社區地方教育的濫觴。第二屆一新義塾始業式雖然接著在昭和十二年（民國二十六年，1937）四月開始，然而七月以後，由於受到蘆溝橋事變的影響，整個活動才中止下來。一新義塾即後來萊園中學、明台中學的前身。

四、台中商業專修學校

昭和十一年（民國二十五年，1936），原與創設台中中學之一的林烈堂先生，在一批關心專業教育的日人邀請下，商議籌組新的學校，在文教局的核可下，於是年四月成立台中商業專修學校，為一乙種三年制學校，專門招收無法進入公立學校唸書的台人子弟。（**按：台中商業專修學校即今之新民商工學校之前身**）

五、台中縣立霧峰初級中學

戰後，原日據時期設置的霧峰公學交奉命廢止。民國三十五年（1946）三月初，林獻堂在請示當時台中縣長劉存忠核准建設為初等中學時，在獲悉行政長官公署有一區一中學之方針後，乃積極爭取設立台中大屯區縣立初中於霧峰鄉，後經林獻堂與地方熱心教育人士的奔走，遂獲准設立，名曰台中縣立霧峰初等中學。是年四月八日，以原一新會館為教室，再利用國民學校禮堂舉行開校典禮，有縣政府督學、大屯區區長、警察所長、教育股長等涖臨參加。林獻堂長嗣林攀龍被縣府遴派為校長，男女學生共有一百四十一名，林獻堂在當天的日記上感慨地記載著「日本佔領台灣二十年間未有創設台灣人之中學，大正三年余提議

招辜顯榮、林烈堂、林熊徵、蔡蓮舫、鄭振辰等發起人，對總督府交涉半年，乃將募集約近三十萬元寄付於總督府建築校舍，而設立四年制之公立台中中學校，其維難也如是，今日霧峰之建設初中，自交涉至開校不過三十餘日而已，其難易如此皆由政府對教育之有無誠意也。」。

初等中學校設立以後，雖有林攀龍的執掌校務，林獻堂仍不時到學校參觀，躬親大小事務，尤其是新校舍的闢建，特別值得一提的是，林獻堂從頭到尾所捐助的校舍營建費用，就不下數十萬元。另外，還曾利用個人名義向彰化銀行貸款建築校舍。

六、萊園中學

民國三十五年（1946）六月二十九日，林獻堂在初等中學校教室的營建過程中，就考慮選擇一寬敞之地，準備供建築高中之用。民國三十八年（1949）一月二十八日，由林獻堂三個兒子攀龍、猶龍、雲龍，還有侄兒林松齡，協議建設高等中學於萊園，隨後又有林階堂的加入，總共有六名董事。隨即在二月五日邀得陳空谷、伍長華、王泰岳等教員籌設高等中學，並名之曰萊園高中，林獻堂隨即支付一千五百萬元基金，並商得利用萊園園內的考槃軒、五桂樓作教室或宿舍。五月十九日，林獻堂在商得教育局將霧峰初中讓與萊園高級中學經營時，教育局乃同意兩者合併。是年八月，原台中縣立霧峰初級中學改制為私立萊園中學。這時萊園園內的考槃軒、環翠廬、五桂樓皆被充當校舍。後經林家頂厝四房的承諾，乃商得利用霧峰林家宅邸西邊，靠大馬路之建地，興建校舍與運動場。這時該校董事已擴充為十一名。然林獻堂卻在是年九月，因對時局的不滿而憤然離台赴日，於是整個重擔乃肩負在長子攀龍身上。

民國六十一年（1972），因學校原址逐漸成為商業重心，且為交通要衝，喧囂日甚。而且，校董事會經改組後，原捐獻土地者，退出董事會，經開會決定，乃將中正路校地退還原持有者，萊園中學整個遷往萊園，於是萊園乃在大量的挖填土方下大興土木，幾至面目全非。

綜觀萊園中學，原為台中縣的明星學校，管理相當嚴格，學校校產且有上百甲的山林地，曾幾何時，在升學競爭的壓力下，逐漸變為三流學校。校董事且再三更迭，已而近幾年就曾先後更改校名為「明台中學」，以及目前的「明台家商」。訪問地方耆老，咸認為林獻堂與林攀龍時代有興學之精神，所以能真正辦好學校，今日之景況已大非昔比！

第四節　林家對鄉土社會的關懷和參與

一、從擔任街、庄長到致力於地方建設

林獻堂於明治三十五年（光緒二十八年，1902）開始出任霧峰區長，貢獻心力於地方，雖則第二年即行辭官，卻也在明治三十七年（光緒三十年，1904）、明治四十二年（宣統元年，1909）重任與連任霧峰區長，有人以為當中「他的辭職正是他對日人殖民政府不滿的首次行動表現，然而在日人的壓力下，他仍不得不接受日人的任命」（張正昌：1981，40），當時真正的情形我們已不得而知，然而從林獻堂於昭和年間以後積極鼓勵二子猶龍、三子雲龍接任庄長一事，即可知他心中對地方大事的熱心與積極之一斑。像昭和六年（民國二十年，1931）六月二十三日，林獻堂即告以二子猶龍出任庄長之重責大任，謂：「汝若有決心為庄中之事盡力，雖多少犧牲亦所不惜，有這種之精神之亦無不可，若無此種精神，則不可受也」。昭和十年（民國二十四年，1935）九月以後，因為後任庄長問題，林獻堂且在地方父老的託付之下，由夫婦兩人極力勸說三子雲龍出任庄長，由此可見林獻堂是如何關心庄中之大事。

整個霧峰林家，打從林獻堂出任霧峰區長開始，前前後後林家也出了不少街、庄、鄉長，先後有林澄堂（1919,1,1～1923,7,1）、林階堂（1923,7,1～1931,7,1）、林猶龍（1931,7,1～1936,1,14）、林雲龍（1936,1,14～1940,1,14）、林夔龍（1940,1,14～1946,2,21），戰後還有林垂訓、林光正、林文寶等人的參與。

霧峰地方人士的一致看法是：憑藉林家的財富、聲望出來負責鄉庄

建設，當不無少補，而且變得是理所當然。也因此歷任霧峰林家的街、庄、鄉長，對於地方的基層建設，都或多或少會自掏腰包，傾全力而為，所以從學校教育、烏溪水害、廟宇的興築、馬路的開闢，都為地方造福不少。林家的熱心出任街、庄長；致力於地方建設、造福鄉里，這種為鄉、庄所作的貢獻，並不會因不同政權統治而有所差別。

二、農業的改良與農村的新契機

清季以降，霧峰林家原即佔有台灣三層土地制度中的最優越地位——小租戶[10]，而截至 1890 年以前，林家子孫即已承繼了將近二千六百甲的田地[11]，然而乙未割台之後，下厝的林季商內渡大陸，卻也處理掉不少的土地[12]，加上子孫眾多，因此截至昭和年間，林家頂、下厝（尤其是下厝）祖先所遺留下來的土地已所剩不多，林資彬索性跑到南投縣國姓鄉水長流一帶開墾早年林朝棟所遺留下來的一百多甲荒地，而昭和九年（民國二十三年，1934），大安產業株式會社（屬林澄堂）的所有地，也才只有三百二十一甲地（山林地六十三甲，田地二百五十八甲）。林獻堂到了民國三十七年（1948）也只剩下八十餘甲地而已（林獻堂：1937, 11, 13）。所有這些土地，幾乎都集中在霧峰鄉鄰近的大小村落，像丁台、萬斗六、土城、吳厝、蕃仔寮、坑口、柳樹湳、內新、詹厝園、夏田、溪心壩、五福、聚興、新田等地。少部分在彰化南郭庄、台中北屯、南屯、太平、大里、豐原三角仔、東員寶等地。

林家的這些土地，絕大部份是贌給佃人耕作，而坐收地租，賴以維生。林家各房各自有自己的賬房、家長，甚至是祕書來管理收租納稅之

10　按劉銘傳的規定，小租戶即為土地實際的擁有者，而林家所擁有的田地，幾乎都是小租權，事實上，林家的小租土地契約上雖也載明著舊有大租戶納大租的條款，然而林家卻在原擁有大租權的寺廟，拓墾者、原住民（即平埔族）等後代無力收租的情況下，省下了大批的租金，也因此林家佔盡了從土地本身所得到的利益，逐漸累積財富（參閱 Meskill：1979, 233）。

11　林家子孫於 1890 年之前，即已承繼了將近二千六百甲的稻田，且幾乎都是水田，大房（下厝）分得最多，約一千七百甲，二房（頂厝）分得約八百甲，三房則僅得一百甲以下，另有數十甲地作為甲寅公祭祀公業會的共同土地（參閱 Meskill：1979, 233）。

12　乙未割台之後，下厝的林季商曾處理掉（賣掉）從霧峰一直到台中近郊（今教師會館）的所有地，提供為國民革命的經費。

事。一般而言，作為地主的林家，並未對其佃農作苛酷的剝削，也很少聽到佃農埋怨林家之事，林家可說相當寬厚的地主。平時賑房除了專管租金是否到期和徵收賬簿的情形之外，也陪著主人出差巡視田園，參察穀物的成長情形，水災後土地的重新丈量工作、監督工頭和臨時僱工修築道路、橋梁與堤防，還有灌溉用水源的分派等等，尤其是對佃農平時生活上的接濟與照顧。因此從純技術觀點來看，林家與佃農之間有它相互依存的特別關係，尤其是林家在土地與水源的支配與保護兩相利益下，使得林家不僅在霧峰一帶擁有它封建傳統的極高威望，而且有其經濟上一定程度的支配關係。

昭和五年（民國十九年，1930）以後，日本政府為維護其國內稻米的逐年增產，抵制台灣稻米的傾銷，但另一方面也要確保台灣的糧食生產，遂藉興農倡和會之名擬進一步控制台灣稻米的生產，於是在水稻競作會、堆肥品評會、農事自治村等政策的推廣下從事農業的改良，但卻發生了米穀生產、控制與轉作的矛盾面，甚至激發昭和七年（民國二十一年，1932）七月底的反對限制台灣米輸出大會，最後並由林獻堂第十二位地主籌組委員，赴日從事反對限制台灣米輸入日本內地之運動，而霧峰林家在與當局一連串措施的配合之中，卻又有另外一番作為。

像昭和八年（民二十二年，1933）十一月七日，在一項為改善坑口村土地貧瘠、常年水患，以及地方交通、衛生、風俗、農事改良欠缺的情形下，遂有林獻堂、林猶龍等人以「坑口農事自治村」的施行，積極謀求全村的振興與福利，於是在配合稻米品種的改良，有對耕地利用作調整，並積極推動豬事業，還有堆肥豬舍建設參勵、深耕犁使用獎勵、共同水路設置、共同作業園經營、肥料施用的改善特用物試作、果樹試作、共同糧乾燥場設置、種糧貯藏倉庫建設、共同井戶設置、山腳地帶開拓等。特別是在林獻堂等人支持下有所謂「土曜講座」實施成人教育，為提高教育文化生活程度，另有簡易國語講習所的經營，並有對村民內外清潔的勵行和全村共同信號的信鐘設置。

　　「坑口農事自治村」的設立，為日本當局，尤其是興農倡和會得到
一個極具宣傳效果的樣板，然而不容否認的，林獻堂等人在這裡的努力，
尤其是「土曜講座」的積極教化，其態度源自「一新會」而且林獻堂也
在日記提到「以此為農事改良之模範村，蓋因土地磽瘠方見改良之功，
農民數少易於訓練也」（林獻堂：1933, 11, 7），可見林獻堂用心之良苦。

第五節　林獻堂家族與權力結構關係的對應

　　昭和元年（民國十五年，1926）以前，林獻堂因為民族運動的關係，
有機會接觸到許多日本政界的議員、學者、律師，像田川大吉郎、神田
正雄、板垣退助、矢內原忠雄……等，然而隨著台灣議會設置請願運動
的長期不被帝國會議採納，又經文化協會左右兩派的紛爭，林獻堂個人
遂在政治氣氛窒塞的當時，毅然出國作環球旅遊。及至返台以後，林獻
堂個人且針對與統治權力結構作了很大的轉變與修正。於是從林家宅邸
到萊園的園林裡，日本人上自總督府官員、州政府官員、地方官員到軍
人、特務，下至一般庶民，大量穿梭其間。林獻堂為何會有如此重大的
轉變呢？考其原因有下列幾點：

　　（一）台灣地方自治聯盟運動設立以後，考量以往在台日人的態度，
特別針對在台的民間日本人，期能分化敵人陣營，策應總督府內部的空
氣。

　　（二）戰爭期間，日本軍部法西斯主義的抬頭，乃遂行恐怖的政治
統治，甚至強逼「國防基金」。一般人迫於無奈，咬緊牙關，作些許的
妥協。

　　（三）戰爭末期，在所謂「同船共乘」的心態下，加上一般人期望「皇
民奉公會」能改變台人的地位，於是有赤誠奉公擁戴，甚至與戰時生活
結合者，並配合徵兵制度，調遣台灣年青人遠赴沙場效命，終而全島士
紳乃歸併到整個「皇民奉公會」的旗幟之下。

一、與歷任總督的關係

雖然林獻堂日記只有昭和二年（民國十六年，1927）以後的記事，然而從林獻堂自祖國事件後避居日本的三年活動中，即可看出林獻堂對伊澤多喜男、上山滿之進、石塚英藏、太田政弘、中川健藏等正任台灣總督有特殊好感。

一般而言，我們很難從可靠的資料判斷日據時代台灣人領導者對歷任總督在台的治蹟，究竟懷抱著什麼樣的看法，然而從林獻堂在日記裡描述與幾位總督的會面情形，卻不難看出，中川健藏與伊澤多喜男兩位總督對台灣的關心，且勉勵林獻堂的有所作為。其中，中川健藏總督對林獻堂談到「欲盡力於台灣須聯絡中央諸要人」，林獻堂即云「過去人物欲中止政治運動」，中川健藏則囑以「為青年之指導者亦是重要之義務」（林獻堂：1937, 5, 29）。另外伊澤多喜男則說到「先慰問上海祖國問題，次言會小林總督，松井大將談論台灣統治之意見，後言近衛公是其親友，不旦將往會之，對台灣統治欲詳述其意見，囑余供給其材料」（林獻堂：1937, 6, 3）。也因為兩位的如此關心，林獻堂在幾次往還之間，特別往會他們好幾次。

林獻堂晚年仍與長谷川清有幾次的面晤（林獻堂：1950, 4, 8）、（林獻堂：1951, 12, 20）。

至於現時總督的統治問題，從日記的記載裡，不難看出，中川健藏、長谷川清、安藤利吉三位總督與林獻堂的特殊關係。當然，從昭和十六年（民國三十年，1941）開始的皇民奉公會活動，由於「軍部推薦採用林某一派，總督長官亦表同意」（林獻堂：1941, 4, 16），因此長谷川清總督對林獻當便顯得特別親匿，尤其是在一次邀宴的信函裡，竟然自署小生（林獻堂：1941, 6, 22），是歷任總督未曾有過如此謙遜的。顯然其作為「予取予求」，卻利用林獻堂作為推動整個皇民奉公會運動主腦的政治手段罷了。這些總督當中，石塚英藏還特別於昭和五年（民國十九年，1930）於阿里山歸途來霧峰訪問，甚至最後一任總督也在戰爭結束

前夕，民國三十四年（1945）八月四日蒞臨霧峰訪問，其實說穿了都是一種政治性的拜會活動。

　　至於林獻堂的往會這些總督，自然有許多陳情、要求、建言，都是關乎整個台灣經濟、政治、農業、教育……等。像准許新民報發行月刊的事情，就從石塚總督陳情到太田政弘總督。對中川總督則有地方自治、義務教育、信託業務法（林獻堂：1932, 9, 16），台中第一中學增級之陳情（林獻堂：1934, 7, 7），陳情台中、埔里間允許通行汽車之問題（林獻堂：1935, 8, 7），請求開放花蓮港、台東之沃野，以資移殖西部農民（林獻堂：1935, 11, 5）。對小林躋造總督則有關台灣米穀統制問題（林獻堂：1938, 10, 3）。與長谷川清總督則幾乎皆圍繞在皇民奉公會志願兵的事情，另外還有義務教育、米穀制（林獻堂：1941, 1, 16）等。

二、與總務長官上下官員的關係

　　對歷任總務長官，林獻堂特別提到平塚廣義，說到「他為總務長官時對余亦不惡」，並對林獻堂從事民族運動有所忠告「須接觸各方面之重要人物，疏通意見，方不致有愛惡之事也」、「全所交遊偏於一部之人士，以惹一方面之怨，故如是之忠告焉」（林獻堂：1937, 12, 4）。

　　另外，現時總務長官來說，林獻堂於會見高橋總務長官時，在日記中談到「1.地方自治實現。2.初級中等學校之增設。3.嘉南大圳負擔過重，人民不堪其苦。4.青果會社荷受組合榨取機關廢除，末後乃言新民報社之日刊許可及大東之保護……」（林獻堂：1931, 2, 26）。訪森崗二郎總務長官時說到「信拓法」（林獻堂：1938, 11, 11）。至於皇民奉公會運動以後，不管是總督或總務長官以下官員幾乎都在利用林獻堂的社會關係，尤其是齊藤樹總務長官則兩次要求林獻堂作全島放送廣播，要求內台合作，全島為一家的精神（林獻堂：1943, 12, 1；1944, 6, 6）。林獻堂從兄林烈堂也於昭和七年（民國二十一年，1932）以後，參加過由平塚廣義總務長官主持的癩病研究會[13]。

13　林烈堂四子垂凱口述。

　　至於總務長官以官員，除了在地方建設、治安之事時，與地方知事、
州知事、警察署長、警察課長、警察局長有所密切的接觸之外，林獻堂
在文化協會夏季學校、一新會、一新義塾方面，特別與文教局長、教育
課長、地方課長有頻繁的接觸。另外，與軍方的接觸就很複雜，沒有切
身關係，所以從憲兵隊長，到陸軍少佐、海軍中佐、參謀長、司令官皆有。

　　尤其是在皇民奉公會運動以後，由於志願兵，還有軍隊疏散的問題，
才有更多且雜的軍隊往來於霧峰林家宅邸與萊園。

圖2

明治四十四年（宣統二年，1911）四月二日，梁啟超、湯覺頓、梁令嫻與櫟社諸友會於台中瑞軒，然後於台
中公園物產陳列館前攝影紀念。第一排坐者左一林階堂、左二林獻堂、左三林烈堂、左四鄭毓臣、左五梁啟超、
左六湯覺頓、左九陳質芬、左十蔡　連，第二排立者左一林幼春、左三莊伊若、左四陳槐庭、左五傅錫祺、左
六黃旭東、左七賴紹堯、左八王學潛、左九陳聯玉、左十一張子材，第三排立者左一施家本、左三張升三、左
五連雅堂、左六林載昭、左七林癡仙、左八陳滄玉、左十呂蘊白。（台中林寫真館、林獻堂照片、宅邸搜得）

第三章　戰後的政治變革與霧峰林家的轉折

第一節　日本投降前後的政治局勢

一、政治運動的急轉直下與內台合作誠意之考驗

　　昭和六年（民國二十年，1931），繼台灣民眾黨於二月的第四次全體黨員大會為當局所取締後，新文化協會的組成分子，也在六月以後，遭到相同的命運，再加上同年八月五日，蔣渭水的去世，這兩個組織實已形同消滅。整個台灣民族運動，雖則由林獻堂，楊肇嘉所領導的台灣地方自治社盟仍相當活躍，然而在日本整經備武的情形下，軍部的為所欲為，致發生了與林獻堂有關的「祖國事件」，以致台灣地方自治聯盟在昭和十一年（民國二十五年，1936）八月的第四次全島大會以後宣佈解散。至此台灣島內的民族運動告終，戰爭的空氣更為緊張。昭和十六年（民國三十年，1941）以後，日本當局因戰爭陷入膠著狀態下，亟需台灣全島人民的協力，共度難關，乃籌思組織皇民奉公會。在總督府與軍部的協商下，毅然決定以林獻堂一派作為運動中心（林獻堂：1941, 4, 16）。於是，總督及其以下的官員，無不籠絡與討好林獻堂，其目的僅只是為了利用林獻堂的社會關係，甚至找來林獻堂對全島廣播，宣傳內台合作，全島為一家的精神總動員（參閱第二章第四節三，2）。

　　然而，林獻堂本人想法如何呢？林獻堂以為奉公會已然成為日人對台人的動員攤派、配給等之傳達機關，若能善加利用，亦可藉此適當地表達民隱，多少可緩和一些內台人間的矛盾。另一種看法是，隨著戰爭的情勢發展，台灣總督府擬利用皇民奉公會之設置得到台人的普遍支持，台人之地位也可因此而稍作提升，是對雙方有利的發展。基於如上的體認，於是台人普遍以此為寄託，無怪乎，當昭和二十年（民國三十四年，1945）四月四日，林獻堂等人被任命為速敕選議員時，親朋好友、鄰里街坊皆為之道賀欣喜，寄以厚望。而總督以下官員更極盡其籠絡與討好之能事，為的是希望台人在戰爭中的支持及志願兵的征調。

　　然而事情的發展是否如此呢？事實上內台仍是「同床異夢」。早先陳炘在與本間雅晴軍司令官的討論衣服形式時，答以皇民係攸關於精神！不在於區區的物質。然而隨著志願兵制的推行，到一般的勞務，整個奉公會被指責充滿了官僚化，甚至強迫使用民地建築訓練場地，官吏與內地人指導者態度上也始終未曾改善，內地人的猜疑心仍然未能除去，以致台人在種種幻象破滅以後，奉公會也形同瓦解，到了民國三十四年（1945）六月中旬的戰爭末期，總督府宣佈解散此一組織。

二、戰爭末期台灣人的政治性代表

　　昭和十六年（民國三十年，1941）二月二十五日，皇民奉公會積極推展期間，本間軍司令官在林獻堂等人往會時，要求推薦皇民協贊會委員名單，林獻堂即列出包含他本人，林呈祿，羅萬俥，許丙，黃欣，林猶龍，林雲龍等，總共二十多人的名單。

　　後來，林呈祿擔任皇民奉公會的生活部長，且於六月十一日託林雲龍請示林獻堂生活改善應如何做起。陳炘當上中央本部的委員及同副部長，並擔任皇民奉公會台中州支部的生活課長。另外林茂生則擔任運營部長。林獻堂本人則擔任過大屯郡事務長，……等職。這些在皇民奉公會任職的人，幾乎都是當年台灣民族運動的一些健將。此外尚有林柏壽、林熊祥、林熊徵、郭廷俊、陳清波、黃朝清等人，也分別擔任奉公會的職務，然而基本上皇民奉公會仍舊是圍繞在以林獻堂為中心的團體。

　　同年十一月六日，台灣總督府發佈總督府評議員，其中有許丙，林呈祿、黃欣、陳鳳鳴、郭廷俊、鄭沙棠、陳啟貞、張蠹生、黃維生、林熊祥及林焰堂，總共十一名。雖然林獻堂曾力辭之，卻礙於非常時勢，且已經新聞報刊報導。遂默然接受（林獻堂：1941, 11, 6）。是為繼皇民奉公會以後，台灣人的政治性代表。昭和二十年（民國三十四年，1945）四月四日，總督府另外公佈簡朗山、許丙，及林獻堂三位當選為敕選議員。至此，整個政治性的運作，內台合作之間，不管日人誠意的欠缺，至少在上層階級所浮現的代表人物，已經固定地掌握住一些關鍵

性的人物。

三、南京受降典禮中的「台灣代表」

民國三十四年（1945）八月下旬，國民政府公佈由陳儀（原福建省主席）擔任台灣省行政長官，林獻堂等人（另有林熊祥、辜振甫、許丙、諫山參謀長、重永海軍少將、同由海軍中佐、須田農商局長）隨即於八月三十一日往上海、南京，歡迎台灣省行政長官陳儀，然而卻始終沒有見著陳儀。九月三日有藍國誠者來自台灣，言「蔣介石命何應欽電述台灣總督，託其招林獻堂、羅萬俥、林呈祿、陳炘、蔡培火、蘇維梁來南京」為接受南京受降典禮（林獻堂：1945, 9, 3），林獻堂因而得為參加南京受降典禮的台灣代表之一。

從將介石所擬的參加受降的台灣人名單，不難看出國民政府對真正能夠代表台灣人參加整個中國全境受降典禮的代表瞭如指掌，其對林獻常等人的重視也可見一斑。此代表名單的決定在陳儀長官尚未到達台灣之前，因此，國民政府對台灣的認識與了解，是透過不同管道徵詢而來更為難得。而台人對於南京受降，國民政府能請台灣人代表去參加，了解到祖國已經攤開愛的雙臂，歡迎這失落了五十年的孤兒，投入他的懷抱（葉榮鐘：1985，282）。然而日本軍方代表諫山參謀長不作如是想，諫山於九月八日受降前夕，特別交待林獻常等人無須參加，只要有台灣軍方代表參加即可。於是九月九日南京受降大典當天，林獻常一行六人即另作會晤賓客、參加宴席等活動。九月十日，在葛敬恩秘書的引導下，林獻堂等人往會何應欽總司令，在一陣寒喧後，何應飲即問以昨日受降典禮為何沒去參加，林蔵堂即以諫山之言告之，何應飲聞之頗為不悅，另出受降書示林獻堂等人，並特別引導參觀受降式的禮堂。林獻堂在見陳儀、參加受降典禮這兩項任務都落空以後，隨即於九月十日當天上午十時半出發回上海，然後於九月十三日回到台灣。

四、權力結構的交替

日本天皇於民國三十四年（1945）八月十五日中午宣佈日本投降戰

爭結束以後，一直到國民政府接收台灣為止，台灣的治安在民間所謂「治安維持會」下，雖相當平靜，然而面對睽別五十年的祖國中國大陸，以及一個陌生的國民政府政權，自不免有感到的生澀。於是，在台灣的士紳富賈之間，人人亟謀與國民政府官員搭上線，為的是想抓得一些權力與保有原先的政治優勢地位。

日據末期的一些御用紳士，像許丙、藍國誠、林熊祥、辜振甫……等，在八月十五日以後，即時常集會，討論面對新政權將作如何的調整、改變與適應。八月十九日由許丙、藍國誠從台北乘日本陸軍汽車來台中，邀林獻堂一同前往上海、南京，聯絡民國要人，林獻堂則問以動機為何，並謂事情須慎重，不可輕率（林獻堂：1945, 8, 19）。於是一行人前往會見安藤總督，以後陸陸續續有廖大春、林茂生、林熊祥、顏春和、陳逢源、辜振甫、簡道明等人來共商對策（林獻堂：1945, 8, 21）。八月三十一日，由許丙、林熊祥、辜振甫、林獻堂等人一起飛往上海，南京，在與張月汀、楊肇嘉等人會合以後，除謀積極與陳儀長官會面外，並聯絡國民政府要人作廣泛地溝通，但到後來仍未見陳儀長官的面，一行人旋即各奔東西。

十月二十四日陳儀長官到台履任，帶來一大批隨行人員，而這些人員，包括親戚、拜把兄弟、乾兒子、義子都有，這些人員是在經安排將在行政長官公署任職的人，於是從行政長官起以迄秘書長、九個處、四個委員會、三個局，全是陳儀自大陸帶來的。陳儀這種完全不顧慮採用台籍士紳、菁英的做法，不僅使士紳的願望落空；而陳儀任用的人員中，素質、水準參差不齊，更是後來「內台」不和諧的誘因，終至引起二二八事件的歷史悲劇。

第二節　戰後初期林獻堂等人對台灣前途的看法

一、日本投降前夕的情勢

民國三十四年（1945）六月，隨著盟軍對菲律賓諸島嶼的大反攻成功，日本即將戰敗的謠傳已然四起。林獻堂在是月中旬的日記提到「比

島（菲律賓）戰局，深恐皇軍失敗，戰禍及於台灣矣，秩序紊亂將何以維持焉！頗以為慮」（林獻堂：1945, 1, 12）。尤其戰爭末期物質的缺乏，佃人紛紛將米粟貯藏起來，以備不時之需，為此地主乃大肆搜索。二月上旬林獻堂日記即記載「搜索佃人藏票，問其何故，林登魁之女答曰：『日本將敗矣！不藏粟將何處得食』」（林獻堂：1945, 2, 5）。

隨著盟軍的大量轟炸，加上五月上旬軸心國德國的柏林陷落，林獻堂在日記裡提到「談論獨（德）伊（義）之事，深為日本帝國憂慮也」（林獻堂：1945, 5, 3）。五月六日台北神宮一部分被炸毀，五月三十一盟軍飛機在台北轟炸，造成總督府、公會堂受損，死者百數十名，於是日本將敗亡的消息，傳遍街頭巷尾。八月，美軍在日本長崎、廣島投下兩顆原子彈，日本已無力再戰，十五日中午十二點，日本天皇宣佈日本投降。林獻堂即在此日的日記上，對日本戰敗一事，發出如下的感歎，寫著「嗚呼！五十年來以武力建設之江山，亦以武力失之也」（林獻堂：1945, 8, 15）

二、台灣獨立運動的插曲

日據時期台人的政治運動，從政權的歸屬角度來會，大約有如下的派別：（一）承認日本主權，配合日本施政派，如辜顯榮等所謂的「御用紳士」；（二）承認日本主權，但主張台灣應自治，如議會請願運動、地方自治聯盟之政治活動，林獻堂可謂是此中的代表人物；（三）否認日本主權，主張建立獨立國家。這一主張以在中國大陸的左翼台人為主，後來的台灣共產黨甚至發表在宣言上。（四）否認日本主權，主張中國政府收回台灣，丘念台以及開羅宣言前後在重慶的台籍人士主張最力。（參閱《台灣總督府警察沿革誌——台灣社會運動史》；以及王子毅編《台灣》1944，重慶出版）

然而，局勢的曲折發展往往出人意表，日人戰敗後，各種政治派別的運動變化萬千，因而產生了流產的「台灣獨立」之鬧劇。

民國三十四年（1945）八月十五日，日本天皇一經宣佈投降以後，

駐台日軍的主戰派，日本軍參謀的中官悟郎、竹沢義夫兩個少佐馬上聯絡台灣土著資本家辜振甫、許丙、林熊祥等，於翌日（八月十六日）進行所謂的「獨立運動」，他們計劃藉由日本軍遺留下來的武器，準備與進駐台灣的國民政府軍作最後的決戰，以謀台灣另行獨立，然而這批人在八月二十二日與安藤總督會面時，安藤利吉立刻制止獨立運動的展開（富沢繁：1984，105）。

獨立事件煙消雲散的半年後，民國三十五年（1946）二月二十一日，台灣警備司令部拘留了參與獨立運動的林熊徵、林熊祥、陳析、許丙、辜振甫、簡朗山、詹天馬、徐坤泉、黃再壽、陳作霖等人，以漢奸罪名起訴，同年四月二十四日，餘了林熊祥、許丙、辜振甫、簡朗山四名外，全部釋放。至於這四個人，經軍法審判，判刑二十二個月，實際執行僅兩個月即加以釋放。

三、林獻堂主張聯省自治

林獻堂個人對台灣未來的看法，曾隨整個局勢的演變，而作過許多調整。首先，他認為聯省自治是救中國、救台灣的不二法門，他曾在戰後民國三十四年（1945）的八月下旬，隨同辜振南、林熊祥、許丙等人拜會過安藤總督以後，隨即在往會清水知事、石橋警察部長的時候，提到「中華民國有聯省自治之風說，若能實現，台灣亦為聯省之一，日、台協力自治誠為萬幸……」（林獻堂：1945,8,22）。一年後，民國三十五年（1946）八月上旬，林獻堂仍堅持聯省自治的理念，他在與丘念台等人籌組的「台灣光復致敬團」，由市參議員召開的送別會席上，演講時談到「非聯省自治絕不能救中國，亦不能救台灣，頗得全體贊成」（林獻堂：1946,8,6）。九月上旬，在赴陝西省黨部主席王宗山等八名之招待茶話會席上，林獻堂於謝辭上亦談到「共產黨之搗亂，欲以兵力平之，不如收拾民心而實行民生主義，欲實行民生主義，其初步必先行省自治也」（林獻堂：1946,9,10）。

戰後初期林獻堂對台灣前途謀以聯省自治的想法解決，頗值玩味！

其想法的背景是什麼呢？台灣剛光復之時，一般而言，在台的日本民間由於在台已久，與台灣人之間漸產生感情，而台灣人面對一個睽違五十年的祖國大陸，說實在的，還是有生疏的感覺，尤其自民國以來的內憂外患，著實令人有點畏懼，於是在日本少壯派軍人的煽動，以及辜振甫等人的附和下，才有「台灣獨立運動」的萌發。如所周知，林獻堂在早年頗受梁啓超建議的影響，因而在日據時代致力於台灣自治的運動，例如他對台灣議會請願運動，以及台灣地方自治聯盟運動，都投注了相當大的心力。他的內心雖知中國無力拯救台灣，雖然在表面上也未否定日本的主權，但無疑地，他對中國政權或文化，仍然是懷有相當大的期望。

因此，隨著情勢的發展，在面臨國民政府接收台灣後，二二八事變尚未發生之前。林獻堂仍兩度向中國政府提出聯省自治之說。從他的政治思想角度來考察，這可以說是他長久所主張地方自治的表現。至於他對於所謂的「聯省自治」之實質，到底瞭解多少？我們暫無由得知，在主張聯省自治之外，他又特別提到「日、台協力自治試為萬幸」（林獻堂，1945, 8, 22）。可見林獻堂是想藉日、台五十年來的默契，以共同協力建設台灣為自治為理念。及至行政長官公署成立以後，種種不盡如人意的處置，使得台人上下人心惶惶，這使林獻堂對其所提的「聯省自治」更為堅決。

為了消除行政長官公署與台灣民眾間的猜忌，加強與國府官員的溝通，民國三十五年（1946）八月上旬，由林獻堂，丘念台等人籌組的「台灣光復致敬團」的赴大陸時，林獻堂對中國猶未絕望，但同時對台灣又有執著的感情，因此提出「聯省自治」，主張台灣高度自治。

四、其他不同的看法、主張

日本剛投降後，台灣全島有六十餘萬日本住民，其中有二十餘萬解除武裝的現役軍人，國民政府軍又無法馬上到來，整個治安維持的問題頗堪掛慮，加上島民在這種真空狀態，人心難免不穩，以致有關治安維持的事，便成為眾所關心的焦點。在這種情況下仍有許多政治性社團與

組織，熱心地對日後台灣財政金融的發展全成建議等等，熱鬧非凡，茲將這些治安團體、政治組織，以及財經團體對台灣局勢的看法，及這些團體與林獻堂之間的關係分述如下：

1. 治安維持會

自日本投降以後，林獻堂面臨了來自各方面的壓力，有清水知事、石橋警察部長、宮ヶ崎憲兵隊長（林獻堂：1946, 8, 16），陳炘、齊藤、張文權、林衡權（林獻堂：1945, 8, 17）等，各自代表不同的組織與團體，要求林獻堂出面組織治安維持會。林獻堂乃在親朋好友的協議下，草擬完成治安維持會之綱領（林獻堂：1945, 8, 18）。然後在往會安藤總督時，總督雖也要求島民協力治安維持之事，但仍保證在他任中將持續維持治安，並仍要求林獻堂出為協助日台融合、日華親善工作（林獻堂：1945, 8, 20）。整個治安維持會乃變成地方上民間的自治式組織，卻也成為此一真空時期做好社會治安的調整與改善。

2. 其他政治性組織團體：

①有楊貴（逵）、李喬松等，持「解放委員會」之宣傳來找林獻堂，林獻堂則斥之「勿輕舉妄動，所謂解放者，對何人而言也，舊政府將放棄，新政府尚未來，而解放云云對誰而言也，此時惟有靜觀，切不可受人嗾使，以擾亂社會秩序也」不表贊同（林獻堂：1945, 8, 23）。

②有柯台山、林土賢等，擬請林獻堂作台灣重建協會理事長，林獻堂則力辭之，並說到「台灣事情余不欲為中心人物，以作徒勞無補於事也」（林獻堂，1945, 5, 13）。

③柯台山另於民國三十七年（1948）五月中旬，另謀組織台灣自治期成會，也擬請林獻堂為中心，林獻堂則辭之（林獻堂，1948, 5, 13）。

④有郭國基、洪約伯出面邀林獻堂出來組織台灣國民黨，為林獻堂所婉辭（林獻堂：1945, 9, 18）。

⑤另有林熊祥、黃純青、杜聰明等擬組一新政黨，且邀林獻堂出為黨魁，林獻堂斷然拒絕，並說「因衰老、不堪負此重任也」之話（林獻堂：1945, 9, 24）。

⑥林新乾擬邀林獻堂出為組織破落戶防衛團，也為林獻堂所拒絕（林獻堂：1945, 9, 25）。

⑦另有黃南鵬等擬邀林獻堂參加，要求蔣總統使台灣成為高度自治之地區，有若英國之對加拿大也，也為林獻堂拒絕（林獻堂：1951, 4, 5）。

3. 財政金融團體

民國三十四年（1945）九月中旬，有管治、黃木邑、陳重光、林坤鏡等人來訪問林獻堂，其中，陳重光力言，台人應組織一金融團體以抵抗浙江財閥，不然將來必大受經濟之壓逼也（林獻堂：1945, 9, 12）。九月下旬，在一次台中樂舞台的講演會結束以後，於醉月樓洗塵宴會上，林獻堂會鼓舞民間結團體集資本以作將來之用。陳炘則於宴畢後，提議組織一資本一億萬圓的企業公司，當場五十幾個出席人士皆成為發起人（林獻堂：1945, 9, 20）。陳炘也就因這一件事，而觸怒了某些人，然後在二二八事變後，遭受謀害。

另外林獻堂胞弟階堂則另謀籌組「光復有限公司」，林獻堂則以時機不對，並指出「因日本公債券在台灣數十億，不知省政府對此之辦法如何，若無定之方針，經濟界必起動搖，得此事決定然後企圖未晚也」（林獻堂：1945, 11, 18）。

由以上可知，林獻堂在戰後不久抱持聯省自治的理念，故不參加和自己立場不同的政治團體，但對日後台灣經濟情況則相當關心。不過，林獻堂這一心情，在二二八事變後，有了很大的轉折，但仍堅持台灣自治的理念。

五、林獻堂出國前後對台灣前途的看法

1. 出國前

民國三十八年（1949）七月，林獻堂出國之前，適逢大陸情勢相當緊急的時候，共黨軍連戰皆捷，國府軍則節節轉進，台灣島民在一片「恐共」的氣氛籠罩下，加上台灣有託管之議，因此人心惶惶，林獻堂則說到「目前非急行之不可兩點，一防共之團結，二自治之實施，囑其託張勵生勸告陳誠主席」（林獻堂：1949, 7, 7）。而在此前一天，有一美國人勸誘本省人應奮起抵禦共軍之侵略，故欲請李良榮來訓練台灣軍隊，以為防衛台灣，美國願意以經濟、武器相助云云。然後在約見林獻堂時，問到台人是否還希望受日本人統治，林獻堂則答以絕不可能，如果有的話，一定是下等之愚民，其次問到對於現時政府的觀感，林獻堂則答說「頗靠不住，但希望其改革」，進一步問到台灣人的希望如何？林獻堂則答說「主權仍屬中國，而實行台灣自治，作世界之自由貿易港」，最後並籌組織防共之團體（林獻堂：1949, 7, 6）。

2. 遠行日本之後

由於外在客觀環境的變化，使得林獻堂赴日以後，有針對台灣託管及其未來的前途，作一些想法上的調整，尤其在面對權屬問題時，他基於大陸戰事的失利，一般對共產主義的恐懼，及整個世界局勢等幾個因素來考量。於是民國四十一年（1952）二月上旬，在林獻堂被問到有關台灣人的希望時，說到「希望獨立如菲律賓」（林獻堂：1952, 2, 4）。這一說法正與民國三十八年（1949）十二月上旬台灣獨立黨人洪耀甸向麥帥提出的陳情書「言台灣如菲律賓受美國保護而獨立，其軍事、商業種種之利益」（林獻堂：1949, 12, 8）若合符節。站在當時台灣的局勢變化來看，隔著台灣海峽，即有新建立的共產政權，而為確保台灣在託管、獨立下能夠一勞永逸，唯獨託付美國保護傘下，才能穩定台民，林獻堂會有如此的想法，大約也只有在當時主，客觀環境下的一種權衡吧！

第三節　二二八前夕的政治變局

民國三十四年（1945）十月五日，由葛敬恩（行政長官公署秘書長），范仲堯（警備總司令部副參謀長）等先遣人員於台北設立「台灣前進指揮所」，作為接收日人在台資產的準備工作。隨即在十月十七日，在美國軍艦與飛機的護航下，大批國軍（107 師與 170 師）乘坐美軍運輸艦駛入基隆港，歡迎民眾卻為他們怪異的裝扮而目瞪口呆。隨而一切接管工作準備就緒以後。十月二十四日，行政長官陳儀才抵達台灣，翌日（十月二十五日）舉行台灣，澎湖島地區的日本軍及其補助部隊的投降儀式，至此台灣才正式由國民政府接收。

一、行政長官公署的表現

受降典禮結束之後，陳儀行政長官隨即成立「台灣省行政長官公署」，並積極進行有關的接收事宜。台人卻在長達五十年的隔閡，亟思擁抱祖國的溫馨時，有太多太多的幻想與美夢，以致當接收者以高姿態出現，而又不察民意時，台人的酣夢才逐漸清醒，開始建議與批評接收當局，然而卻一而再，再而三遭當局的拖沓公事、積壓不處理，終於爆發歷史的悲劇「二二八事變」。如果仔細地分析事變發生的原因，則有如下幾項：

1. 觀念、思想溝通上的不良

台人在日據時期，從議會請願到地方自治，不斷地為爭取本身的地位而奮鬥，並在皇民奉公會時期達到最高潮。然而陳儀長官，未能體察民意，馬上進行逮捕所謂的「御用紳士」以及「漢奸」。事實上有些皇民奉公會的人士，乃是源於統治者的一種調和作用，且當時台人都是日本籍，與內地所謂「漢奸」不同，如何能以漢奸作論斷？葉榮鐘就曾據理力爭「所言大不近人情，台灣受日本統治，何人不對日本幫忙，故政府三月發佈漢奸條例，不適用於台灣……自毀台人為漢奸」（林獻堂：1946, 10, 3）。因此在執行時，頗多爭執與議論。

另外，當時台人文化智識的程度，並不輸給國內，行政長官公署的官員仍以鄙夷態度對待台人，因此造成許多的誤解與偏差。林獻堂對於台人的角色與地位特別敏感，民國三十四年十二月下旬，林獻堂針對有關上海市政府沒收蘇柴林自動車會社的批文「朝鮮、台灣在日本統治下，我國未有明文承認其為中華民國之民，暫時作敵產處理」時，特別提到「若然不知何時方有明文認台人為中華民國國民也」，文末尚且提到陳儀長官言此批文大錯特錯，已逕行向行政院抗議（林獻堂：1945, 12, 23）。又如彰化市韋市長在一次演講時，觸怒了許多人，「韋市長演說，言台灣人已失漢民族之文化，因不解國語，而又不能寫漢文也，座中聞者多不滿，余與得中略述反對之意見。」（林獻堂：1945, 12, 16）。諸如此類，造成台人在心態上的不平衡，甚至覺得從日人統治到回歸祖國後，台人仍然只是次等國民，受到令人不平的差別待遇。

2. 無視民意

戰後不久，許多日據末期被日人徵調到中國大陸的台民，戰後分別滯留在上海、廣東、海南島各地，林獻堂有鑒於此，三番兩次受託向陳儀長官請求支援，卻音信全無，林獻堂為此相當不高興。另外對於米糧的徵收，如蔡繼琨少將的強取各地米糧，引起林獻堂強烈的不滿，這一連串的施政，更激怒了民眾，造成這種情況的原因，緣於陳儀長官漠視民情，任用非人，當時駐韓大使邵毓麟，上官雲相將軍都對陳儀的統治表示遺憾！

3. 社會脫序

行政長官公署接收台灣以後，整個強權壓逼的形象，予台人深痛惡絕，尤其貪污之風氣，時有所聞，加上治安的無法維持，以致盜竊亂賊盛行，施政且不著重點，辦理日產接收時又有劫掠，中飽私囊之嫌，因此不到半年，全台惶惶然，社會秩序脫軌現象時有所聞。林獻堂在民國三十五年（1946）二月下旬的日記裡提到「林熊祥、林熊徵、陳炘、許丙、

辜振甫、簡朗山……等為漢奸問題被警備司令部調查室拘留，聞之頗為愕然，全台盜賊橫行不能治，以莫須有之事虐待紳士，台灣統治之黑暗從此更甚矣」（林獻堂：1946,2,21）。四月上旬且有「新生報昨日登載陳長官告示，四月二十日起至五月二十日止，須是土地申告，若不申告，政府即為管理云，此其蓋欲平均地權，以現在經濟之不安，何能決定土地價格，不過徒使紛攪而已」（林獻堂：1946,4,7）。於此可知整個社會的脫序情形相當嚴重。

二、南京致敬團的上下溝通

台灣民心的憤恨，國民政府不是不知道，只是不以為意，或以係台民頑強天性誤導使然。民國三十五年（1946）二月，蔣委員長雖曾委派李文範先生為宣慰特使蒞台訪問，效果並不大。直到丘念台（是時出任閩粵一帶台籍同胞，台灣黨部執行委員），於民國三十五年（1946）二月回台以後，才深感事情的嚴重性，覺得有進一步互相溝通的必要，於是經由丘念台的積極奔走籌募獻金，並力邀全台士紳組織台灣光復致敬團，以作為中央內部溝通的橋樑。林獻大堂即於日記裡寫著「丘念台及范光城、李德松五時來訪，蓋為謝恩團寄付金之事，並勸余代表往南京會中央諸要人，庶免在台灣受壓逼」（林獻堂：1946,6,7）。於此見得致敬團的歷史任務。

對於整個致敬團的組成，陳儀長官還有他個人的意見，他以林獻堂曾受命擔任日本貴族院議員為理由，表示反對。最後在林獻堂答應不出任團長的組團條件下方才成行。長官公署卻又以多項限製作為條件，即勿談政治，勿赴盧山謁蔣主席，勿赴陝西祭黃帝陵等方允成行。

光復致敬團最後終能順利達成目的，此一歷史使命，不獨達成內外的溝通，且對台民重回祖國懷抱心情的流露也作了一番表白，以致於民國三十六年（1947）二二八事件發生以後，中央諸官員即以為致敬團的表現，深信台民絕不致於叛國倡亂，而力斥陳儀長官與長官公署的誣陷，並認其必定是官方的一些不當措施所為也，最後中央並派白崇禧部長來

台宣撫以及調查，並謀解決之策。

　　林獻堂於白部長來台以後，先後有兩次機會告以事變的原因，白崇禧自是相當重視。第一次是在三月十七日白部長剛來台，於台北會面時，林獻堂提到「一、國內歸來軍屬被虐待而出報復。二、青年失業，物價騰貴。三、野心分子從中煽動。四、學生純真易於誘惑。五、貪污官吏被民眾厭惡」（林獻堂：1947, 3, 17）。第二次是在三月二十三日，白部長抵台中訪問時，親自拜會林獻堂時所徵詢的意見「一、人事之關係，長官公署九個處長，其次科長無一本省人，縣市長有四五人皆重慶同來者。二、接收日人之工廠、礦山及各種會社皆為公營事業，多半停頓，以致生產少而失業者多。三、海外歸來之青年有三、四萬人，皆無事業而政府不為設法。四、米及物價騰貴無從糊口。五、中以下之外省人多貪污、不守法，使本省人看不起。六、共產黨及野心家之煽動。」（林獻堂：1947, 3, 2）。林獻堂前後兩次的應詢答覆之語，與最近監察院所公佈的陳年舊文件—台閩監察使楊亮功的二二八事件調查報告，在關於事件發生原因的觀點上，有頗多相似之處。

三，寬大為懷，抑或有代價的交換？

　　林獻堂於民國四十年（1951）一月中旬日記裡的略歷提到「二二八事件發生，適財政廳廳長嚴家淦來台中視察銀行，是時甚危險，余極力為之保護，幸得平安無事，台中亦不至慘殺事件，因是得蔣總統之信任，命余為省政府委員」（林獻堂：1951, 1, 12）。也就是說，林獻堂是在二二八事變時適時保護了當時的財政廳長嚴家淦，嚴家淦因而在日後對霧峰林獻堂族系表達了相當的致意[14]。然而僅這樣的保護嚴家淦一件事是否即可讓國民政府官員如此對台中特別寬大為懷呢！這是值得懷疑的，尤其是中部一地適為台共及所謂「野心煽動家」之大本營，如此不免看輕事實。

14　根據霧峰地方人士的說法，二二八事件時，林家子弟曾盡力保護嚴家淦，日後，在林獻堂、林階堂、林攀龍、林猶龍等人的喪禮時，嚴家淦均到場，且位列家屬席。

若我們深入解析，則可發現到，林獻堂等人在民國三十五年（1946）的光復致敬團一行，其實已經作好了相當的朝野溝通，更尤甚者，他們也花了大把大把的鈔票作為捐獻，因此致敬團予整個國民政府對台灣的了解實有相當大的幫助，否則白崇禧國防部長也不會一到台灣，就逕行向林獻堂等人徵詢意見了。

林獻堂一行是在民國三十五年（1946）八月二十九日出發，原稱為謝恩團，後來改稱「台灣光復致敬團」，他們先後拜會了有蔣主席、五院院長、國防部長、中央諸官員。其中於九月十三日往會陝西省副長官於於達中將時，捐贈百萬元以作為傷夷軍人救卹金；另往會陝西省主席祝紹周時，捐贈百萬元以作教育費；並在隨後走訪陝西省黨部時，亦捐贈五十萬元以作黨員救恤。九月十四日在當地易俗社為觀歡迎台灣致敬團演出「秦腔戲劇」時，捐贈二萬元。九月二十九日另捐贈給中央黨部一千萬元。最後在揭見蔣主席時，先由丘念台讀頌詞，再由林獻堂獻長方形之旗，上繡「國族之光」及獻金五千萬元，有台灣財政處長嚴家檢收執回條，蔣主席除慰謝遠來之勞，並在午後茶會中間及常會陳長官否，林獻堂則答曰日常會，並說到願列位幫助之，最後還特地邀請蔣主席到台灣視察（參閱林獻堂日記）。

事實上，南京致敬團前前後後在與中央諸官員的溝通時，也適時表達了一些民間疾苦，詳列如后：

①台灣接收日人財產，政府欲經營者留之，不用者賣與民間經營，可以增產，可救失業者。（財政部長俞鴻均等，1946, 9, 1）

②海南島同胞之救援，吾人團結方有力量可以作事。（謝南公、李子奇等，1946, 9, 1）

③言農倉與組合之不可分離。（社會部長谷正綱，1946, 7, 21）

④以于右任頗誠實有古道之風，請其往台灣以其清風掃盡貪污之塵。（監察院長于右任，1946, 9, 21）

⑤漢奸條例之不適用於台灣。（高等法院，1946, 9/28, 10/3）

⑥言陳儀長官所用不得其人。（國民政府吳鼎昌，1946, 9, 28）

⑦失業及物價騰貴。（蔣主席，1946, 9, 30）

⑧告以陳儀無視民意。（上官雲相，1946, 10, 3）

　　蔣主席隨後於是年十月二十日來台視察，林獻堂等人也曾到台中飛機場往送，這種朝野的溝通方式，使得二二八事件發生後，國府官員對台民與整個行政長官公署之間的芥蒂，能夠作最佳的處理，而致敬團一行，前後花費六千多萬的捐贈款項，這代價不能不說相當的高。

圖 3

大正十四年（民國十四年，1925）二月
十五日，第六次台灣議會設置請願活動，
請願團於日本東京時，台灣留學生於火
車站前的歡迎場面，照片中央未戴帽立
者左一葉榮鐘、左二楊肇嘉、左三林獻
堂、左四邱德金。（東京梅田寫真館、
林獻堂照片、宅邸搜得、林垂訓保管）

第四章　林獻堂的感受與回應

　　早在民國三十八年（1949）九月初，林獻堂於台北賓館接受陳誠主席邀宴的茶會席上，說明將有遠行日本之舉（林獻堂：1949, 9, 3），嗣後即謠言四起，或謂其往日本運動台灣將來「託管及反對託管、自治、獨立」之可能（林獻堂：1949, 9, 9）。亦有謂彼「帶使命反對託管」（林獻堂：1949, 9, 12），林獻堂雖經修書說明，然而親朋好友仍勸其暫緩行動，林獻堂卻斥之荒謬，力言「蓋為視察日本之經濟及對日之貿易，又因頭眩尋良醫，診察病源」（林獻堂：1949, 9, 12）。

　　而民國三十八年（1949）九月二十三日，與秘書林瑞池隨同觀光團赴日本，然後暫留療養。林獻堂恐有負省政府委員之職及文獻委員會主任委員之職，乃皆為之辭退，不得。同年十二月十五日，陳誠請辭台灣省主席，十二月十六日行政院改任吳國楨為台灣省主席，省政府委員改組，林獻堂方得解任。孰料吳國楨主席旋於同年十二月三十一日以電話通知林獻堂，將預聘為省政府顧問，林獻堂請辭，職是之故謠言蜚語百出，有謂林獻堂之辭退公職是已加入共產黨，或謂是參加台灣獨立運動黨派。俗話說人言可畏，林獻堂本有意於民國四十年（1951）十月以後回台灣[15]，卻為流言所傷，有家歸不得，其內心之黯然神傷自不在話下。

一、林獻堂避居日本

　　林獻堂選擇於民國三十八年（1949）九月下旬前往日本，雖經謠言四起，林獻堂仍執意赴日，在日記中有一句頗奈人尋味的話，他說「余為此時正好機會，若遲則不能乎往矣」（林獻堂：1949, 9, 13）。蓋此時，中國大陸正值國共談判破裂，美國調停失敗，局勢頗緊急，而台灣的地位與前途堪慮，國聯且有託管的看法，以致隨著大陸的節節敗退，美國務卿復於同年十二月十一日發布白皮書決不干涉中國之內戰，致台灣將於短期內受中共攻擊之說遍植民心，林獻堂乃趁此混亂局勢隨觀光團赴日。

15　林獻堂日記 1951. 6. 30「余預定十月歸台，此家屋欲賣出，使…………託其周旋」。

　　林獻堂等人到了日本之後，由於日本正在聯合國佔領之下，客觀環境複雜，想搞台灣獨立運動者便想利用林獻堂的社會地位來達成目的，隨後在一連串邀宴、拜訪、糾纏中，林獻堂在日本加入獨立黨之說不逕而走。雖然林獻堂在民國四十一年（1952）的日記曾寫下「希望獨立如菲律賓」，有台灣獨立的想法，卻有它當時特殊的背景條件，但從他避居日本頭幾年的日記來看，他確實不是日本的台灣獨立黨派成員。對於當時的的謠諑，我們不能不為林獻堂叫屈。

　　譬如在民國三十八年（1949）底，有齊藤守者為台灣獨立運動，擬邀林獻堂參加，卻為他所拒絕（林獻堂 1949, 12, 12）。民國三十九年（1950）初，日本華僑民報也曾刊載林獻堂之來日本，蓋為獨立而來運動也，甚至罵他為台奸（林獻堂：1950, 1, 2）。台灣獨立黨洪耀甸且於民國三十九年（1950）元月下旬擬拜訪林獻堂（林獻堂：1950, 1, 23），為林獻堂所辭退。林獻堂且在稱後，於民國三十九年（1950）三月以後，與廖文毅有往來，但僅止於一般交往。民國四十年（1951）二月，林獻堂且在日記裡提到，有人來報告「日本特務報告盟總，言先生與謝南光往來，恐亦是赤化之流」，林獻堂即辯稱「余與謝南光相識三十年前，彼為學生時也，豈有與之往來便同思想，實為可笑」（林獻堂，1951, 2, 6）

　　在林獻堂加入共產黨或支持台灣獨立之謠言四起時，民國四十年（1951）六月即有日本警察署長、涉外係長、巡查部長來調查，林獻堂特為之說明「余非獨立黨領袖，並示以三月二十三日蔣總統之復信，他等深信不疑」，並表示「余數回被獨立黨招待為陪，遂被人疑為獨立黨員」（林獻堂：1951, 6, 4）。真為環境逼迫使然也。

二、林獻堂避居日本的真相

　　林獻堂在日本雖未加入台灣獨立運動，但他離開台灣避居日本，遲遲不歸也是事實，以下探討其背後的理由。

（1）身體毛病確實不少

林獻堂到了日本以後，雖會隨旅行團玩了幾天，但十月三日即往箱根的後藤醫院接受注射，晚飯後並有按摩，如此連續兩天。十月五日起床後，旋即發生頭暈，心臟急速跳動的現象，中午心臟跳動方鎮靜，晚上繼續接受注射。十月八日已能外出散步，惟仍天天接受注射，此後頭眩乃漸愈，但仍未痊癒也。十月十三日腰疼漸愈。截至十月二十日以後，即不見有注射、按摩之記載。但十一月十七日早晨起來復覺頭眩，而且還有腹瀉的現象。

十二月一日凌晨三時心臟復再震。另從民國三十九年（1950）一月九日開始痔瘡出血，元月二十五日再經醫生診察，據病因在於心臟肥大、脈動二百，醫生特別為之注射六種混合之藥劑。是為血壓高、頭眩、心臟衰竭、腹瀉、痔瘡、容易疲倦、老人性攝護腺肥大，諸種疾病纏身，因而不得不往日本求醫。

（2）為流言是非所迫

林獻堂日記裡不時提到一些流言，影響他的心緒，例如：

①民國三十八年（1949）十月下旬，有美國記者欲訪問有關傳聞說林獻堂與新政府（共產政權）共得組織政府之謠言（林獻堂：1949, 10, 25）。

②有劉啟光自台灣來，對林獻堂談到「蔣渭川提三十人之名單於蔣總裁、言此輩為害於台灣，我與先生皆在內云云」（林獻堂，1949, 11, 8）。

③「謠言蜚語百出，謂林獻堂之辭退公職已是加入共產黨，或言是加人獨立黨，令人聞之不快，故不得不仍滯留於日本也」（林獻堂，1951, 1, 12）。

④「楊宗誠來訪……，為垂凱之妻秀麗所囑，告余勿歸也，言前日

憲兵警察誤聞先生歸去，包圍飛機場，似此形勢劫請緩歸為妥」（林獻堂：1951, 8, 26）。

於是本來擬定身體諸病痊癒後即將回台的計劃，一延再延，甚至最後只好無奈地客死他鄉。

（3）對當時政治局勢的不滿

林獻堂對當時政治體制的不滿，這是自戰後到二二八事變前夕，整個未嘗彌補的傷痕，其日記即於民國三十八年（1949）十二月底記載「美國極東部長來台灣視察之報告，言台灣不能再守過六個月，謂官吏之貪污，軍官之對立，士卒之腐敗，其所批評大約無錯」（林獻堂：1949, 12, 29），另外「陳儀……十一日在台灣銃斃，蔣於十日自成都來台灣，即批准越日執行，蓋恐共軍攻台被其釋放也。陳儀接收台灣未曾舉行一事為台之利益，因是人民甚不滿，以致二二八之暴動，儀不返省籍是而行虐殺林茂生、陳炘、施江南、林連宗外千餘名皆死於彼之毒手，彼固應受之報，茂生等有知，當含笑於地下矣」（林獻堂：1949, 12, 20）。

另外，對於當時實行正殷的土地改革製度，林獻堂也相當的不滿，不僅如此，從早先的大戶餘糧收購、二五減租、到三七五減租，林獻堂都表現了相當的不滿。

像大戶餘糧收購政策，由於當時糧食局長李連春的威逼太甚，使得林戴堂相當惱火，曾說「省委決議大戶餘糧若不賣出者，欲以非常時違反糧食管理規則治罪，治之實為無理取鬧，託其告魏主席不可聽李連春之意，而亂為也」（林獻堂：1948, 2, 13），「李連春催促納大戶餘糧，若再置之不理，將提出告訴云云，聞之頗為不快，所謂餘糧者，有則賣與糧食局，無則無辦法也」（林獻堂：1949, 7, 28），林獻堂弟階堂即曾被檢查官召喚過（林獻堂：1949, 2, 24）。因此，林獻堂對李連春懷有相當的惡感，視之為官僚權勢壓逼的代表人。

　　再看他對二五減租的批評，「一方面增稅，而又以賤價買粟（百斤粟一千六百五十元），若然地主皆將破產矣」（林獻堂：1948,3,1），「地方有賣名者，鼓舞佃人抗納租穀，若然則地主不能租稅，影響莫大焉」（林獻堂：1948,7,10）。林資彬的太太吳素貞則自行調整租佃關係「水長流之租谷，與佃人約束減三成，其餘可如數收入」（林獻堂：1948,7,13）。可見林獻堂對當局橫徵暴斂，以及所謂的「地方賣名者」——即台共與左派人士，表示相當的不滿。

　　對於三七五減租，林獻堂怨言也頗多：「佃人並無要求政府欲命令地主減租，不知田賦亦欲減少否，若不減少殊不公平」（林獻堂：1949,2,14），「三七五減租其標準若無正確，是使業佃紛爭了」（林獻堂：1949,4,24），種種土地改革的措施，令地主階級無所適從。林獻堂胞弟階堂即表示「不願以定之標準辦法，欲直接與佃人減額多少」（林獻堂：1949,5,14）。顯然，林獻堂及其家族對當局三七五減租政策的施行方式與過程，也頗有怨言。

　　以林獻堂如此的大慈善事業家，經這一連串的折騰，也告捉襟見肘，其感慨自不在話下。他說「余因三七五減租，財產已減百分之四十，而教員月給增加三倍，一高一低恐將來之維持費有許多之困難，故不敢積極進行」（林獻堂：1949,7,31）。

三、自我放逐

　　雖說民國三十八年底，三十九年台海局勢緊張，台灣前途的未卜，然而民國三十九年（1950）七月中旬，省主席吳國楨仍不忘託人勸說林獻堂回台（林獻堂：1950,7,15）。另有瞿荊州為代表台灣參加日台通商條約代表團成員之一，亦勸告林獻堂回台，日記中載「勸余歸台，言先生若在台灣，一般人心較為安定」（林獻堂：1950,8,25）。接著在民國四十年（1951）三月由行政院長陳誠、省主席吳國楨、總統府機要室秘書葉實之，去函日本，希望林獻堂在病癒以後能夠儘速歸台（林獻堂：1951,3,22），總統蔣中正先生且於三月下旬的覆信中提到「獻堂先生惠

鑑：展誦二月二十六日來書，藉唸貴恙日臻康復，深慰系懷國步方艱，諸賴共濟，一俟全癒，尚希早日返台，是所企盼，專復順頌時祺，蔣中正啓，三月二十三日」（林獻堂：1951, 3, 29）。陳誠院長與吳國楨主席不時託人轉告林獻堂回台，楊肇嘉民政廳長（林獻堂：1951, 10, 8）、彭孟緝司令（林獻堂：1951, 11, 14）、丘念台（林獻堂：1953, 7, 5）、財政廳長嚴家淦（林獻堂：1953, 9, 2）等人的造訪，無非關說林獻堂早日返台，林獻堂並未接受。

在勸說不成後，逐漸地傳出來自國府恐嚇、威逼的流言，並衝著林獻堂的子嗣而來。如民國四十年（1951）十二月下旬，林獻堂即在日記載明「接金海來信，請余於年內歸台，不然猶龍彰銀之地位亦是危險，嚴家淦財政廳長對吳三連市長言，蔣總統、陳院長、吳主席對林老先生皆有好意，歸去可以無患矣」（林獻堂：1951, 12, 21）。但到了民國四十二年（1953）七月，丘念台、翁瑞淡、李文蔚來訪時，卻說明了以下事實：「總統府最近對先生突然惡化，王世杰言先生親國府乎！反國府乎！須表示明白，葉實之言空氣不佳，非努力疏通不可，丘意勸余歸台，非是不能保猶、雲兩兄弟事業，請細思」（林獻堂，1953, 7, 5）。丘念台且在次日對林獻堂提到「省黨部某人言七月十五日將派人來對付林某，黃某云」，林獻堂則百般無奈的說道「歸台之事是余本懷，本預定明年實行，今突然抱病，冒炎熱而歸以求人諒解，若能諒解其善，若不能諒解，未免犧牲過大也」（林獻堂：1953, 7, 6）。林獻堂內心的掙扎不可謂不大，原本欲暫避風頭，出國養疴，卻在環境逼迫，流言中傷之下，終至客死異域，真是始料所不及。

林獻堂後來選擇了自我的放逐，然而他對台灣的情結，卻始終不能釋懷，我們可以由日記看出他對鄉土的關懷、台灣政局的關注、國際現勢的了解[16]。可是病情的加劇，加上非本人出面能夠解釋的流言中傷情形

16　林獻堂對於鄉土、社會的情感，表現在對地方實質建設、教育，還有農村的改善，特別熱心，尤其在與台灣總督、總務長官的溝通上，更可見其為鄉土之殷切。戰後，在有關私立中學的創辦，內台之間的調合上，林獻堂的表現也是可圈可點。

林獻堂雖於民國三十八年（1949）九月下旬離台赴日，其日記中對台灣情事的關懷，對霧峰鄉莊

下更難返國，還有民國四十三年（1954）二月其胞弟階堂的病逝，民國四十四年（1955）七月次公子猶龍的急病去逝，整個精神受打擊之慘重，亦加遽他的病情。民國四十五年（1956）一月以後，林獻堂的病情惡化，身體逐漸削瘦，同年九月八日即病逝於日本東京。在他半生奔走憂勞於台灣民族運動的努力下，最後竟客死於異鄉，行文至此，不禁攤筆為之長嘆。

霧峰林家族系於林獻堂赴日前夕，仍有林珠如女士（林攀龍太太）、林吳帖女士（林資彬太太）於民國三十六年（1947）底膺選第一屆國民大會代表，任職國會議員。林鶴年且在日後，於民國四十年（1951）台灣地方自治實施以後，連續出任台中縣第一、三、五任的縣長，其對政治的熱衷，竟演變成政治勢力、派系的鬥爭，造成今天台中紅、黑兩派的纏鬥，為整個家族新一代的肆應。

大事，甚至兒孫的前途，皆在筆墨中流露無遺。尤其在民國三十八年（1949）大陸情勢緊急的時候，台人對共產政權的恐懼，遂有國聯託管，台灣獨立之聲音，林獻堂則在一次美國領事館人員的訪問中提到「問台灣人之希望如何，曰主權仍屬中國，而實行台灣自治，作世界之自由貿易港，問共產黨侵入將何以禦之，曰政府不信任台人實無辦法，問若政府能信任，汝將組織防共之團體乎！曰此實目前最急要之事，但未得政府之命不敢擅自為之……」（林獻堂：1949.7.6）。他甚至後來還有「希望獨立如菲律賓」的想法：林獻堂之所以對台灣的前途有這樣的看法，都有它當時的背景和條件。此外，像民國四十四年（1955）四月下旬，有總統府、省政府將移轉台中之事，林獻堂即在有移往霧峰的傳言中間，表現的非常憂慮（林獻堂：1955，4／27，5／27，6／5，6／15）。由此，在在均可見其終生對鄉土有一種不可割捨之愛。

圖 4

民國三十五年（1946）十月廿日，蔣主席蒞台巡視一周，於廿四日的中部訪問時，林獻堂
特別在台中飛機場歡送，留下這幀難得的鏡頭！（台中縣黨部會執行委員劉鳳儀於同年十月
三十一日贈此照片給林獻堂，目前為林龍明所收藏）

圖5

大正十三年（民國十三年，1924）二月
十八日「治警事件」發生以後，部分獲
宣告不起訴處分者由台北監獄釋放的情
形。照片底下的説明可能有誤，蓋因蔣
渭水等十八人仍繼續置留台北監獄等待
公判，而林獻堂且在列隊之內，因此以
所謂脫帽、戴帽來區分，顯然非常含混。
照片前排坐者左二即蔣渭水夫人陳精文，
後排立者左五林幼春、左十三王敏川、
左十一林獻堂、左十六蔣渭水、左十八
蔡培火。（台北西門町折井寫真館、林
獻堂照片、宅邸搜得、林垂訓保管）

一個日本海外殖民地的原鄉都市風格型塑過程

——日據時期台中市的「京都」風格型塑

摘要

　　本文為就日據五十年間台中市的都市建設與發展過程，作一個經營理念與現象背後的分析，透過（一）政策與上位計劃，（二）都市發展與常民生活，（三）現象與徵候閱讀等三個層次來剖析四個不同時期台中從一個全新定位，京都風格的開發，內陸都市性格的確立、到戰時皇民都市的更具體實踐，來看此一台灣地理中心在形塑區域中心過程，為政者與精英份子的理念思考，其對台中都會的風格形塑過程。

　　關鍵詞：原鄉、京都、台中、都市型塑

CREATING AN OVERSEAS HOMELAND：

TAI-CHUNG'S KYOTONIZATION DURING THE

JAPANESE COLONIAL TIME

Tsu-Chang Lai

ABSTRACT

This paper attetnpts to understand the process of city form-shaping for Tai-Chung city: how Tai-Chung city accepted its role as the governor's new homeland; how Tai-Chung city was treated as an overseas homeland and constructed accordingly; how Tai-Chung city was planned as another Kyoto. There were four periods involved：the initial development, creating the Kyoto spirit, the forming of the geographic center of Taiwan, and the development of an over-seas colonial center. The paper tries to show how the governor and elites' concept and imagina- tion also influenced the shaping of the city.

Keywords: Homeland, Kyoto, Tai-Chung City, Urban Reformation, Urban History.

一、前言

台中市是台灣最早實施歐美現代都市計劃的都市，且其都市發展的前重心都在日本據台的 50 年內，到底日本人賦于台中都市什麼樣的性格，使她能從幾個小寒村，加上營建一半的台灣府城遺址中慢慢整合調整，脫胎換骨成為中部首埠，其各層級政府的謀略與計劃是如何派令，尤其整個都市的發展與來自內部底層常民生活反應，其所凸顯的社會現象與都市徵候閱讀，恰讓我們從幾個不同歷史階段可以一窺其堂奧，作為日本海外殖民的都市空間形塑過程，台中剛好可以見證其背後的意圖與指涉。本文即嘗試從三個切面角度，也即（一）政策與上位計劃，（二）都市發展與常民生活，（三）現象與徵候閱讀，來審視、觀察幾個不同階段的都市歷史變遷，剛好掌握了（1）1910 年以前（2）1910-1925（3）1925-1937（4）1937-1945 等四個截然不同的時空分期，是為本文的旨趣。

二、全新都市開發過程的定位

1910 年以前的台中市，日本人先是看中了原「省城」所在的台灣地理中心位置，其佈置重點，剛好可以作為區域中心的塑造，在許多措施與政策引領下，影響了都市發展與街道生活，都市之實質建設乃在舊城牆聚落摸索中逐漸成長。

（一）逐漸調整的都市定位

1. 中部行政中樞的形塑過程

明治 28 年（1895）6 月 17 日台灣總督府始政式舉行以後，台中被劃分在台北、台灣、台南三縣中的「台灣縣」轄域範圍內，縣廳原設在彰化，同年 8 月 6 日將縣改為民政支部，支部廳舍仍設彰化，一直到同年 12 月 5 日才移東大墩。明治 29 年（1896）3 月 31 日台灣民政支部改設合中縣，轄下有彰化、苗票、雲林、埔里社等幾個支廳（篠原正巳，1933：118-121），自此台中成為中部的首善之區，雖經明治 34 年（1901）11 月 9

日的廢縣置廳，特別是行政轄域調整後衹剩台中、彰化兩地（台中市政府，1982：34），然其作為中部行政中樞的都市定位乃被確立下來。

2. 二旅團的中部重衛駐紮地

明治 28 年（1895）8 月 27 日日本陸軍第二大隊攻進台灣城以後，即開始佈署本區的守備工作，經全台底定，禁衛師團本部主體回國，中部地區乃在明治 29 年（1896）5 月 12 日另由步兵第四、九大隊，砲兵第二大隊，工兵第二中隊，守備騎兵第二支隊，步兵首備隊等組成台中混合第二旅團（為三大隊）進駐台灣城作成中部的守備駐紮地，由於軍隊數相當多，使空間不大的舊省城台中市所在一地，成為禁衛森嚴的重衛駐紮地，雖經明治 37 年（1904）日俄戰爭的軍隊調離，兵員減少泰半（氏平要等，1933：125-128），然集中駐屯舊省城東北角的三大隊守備，卻成了台中市區的一個重要守衛駐防。

3. 新市街的市區改正建設

早在明治 28 年（1895）首任「台灣縣」轄域的地方首長兒玉利國即曾由其個人提出圓形市街的台中都市建設理念方案（笹森儀助，1896：25），其積極重視可想而知。迭經明治 29 年（1896）11 月下旬，台灣總督府民政局特聘其國內內務省衛生工程顧問巴爾頓（W.K. Barton）來台規劃北、中兩地下水道改良工作計劃；另與民政局技師濱野彌四郎提出一份「台中市街區劃設計報告書」（公文類纂 1896：42），有對台中市街提出一份台中都市改造圖與說明。一直到明治 33 年（1900）1 月 16 日才由台中縣提出「台中市區改正圖」的告示，為台灣第一個都市計劃的實踐開始，其有經明治 34 年、36 年、38 年等陸續的調整，工程則從明治 36 年 1903）以後，包括有道路開闢、護岸工事、橋礎工事，以及新舊市街的接續工事等（氏平要，1933：281-283）。

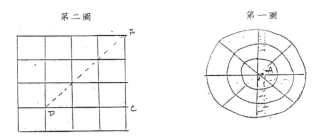

圖1　W.K. BARTON 與濱野彌四郎針對放射狀道路與棋盤道路所作比較分析
詳見「台中市街區劃設計報告書」

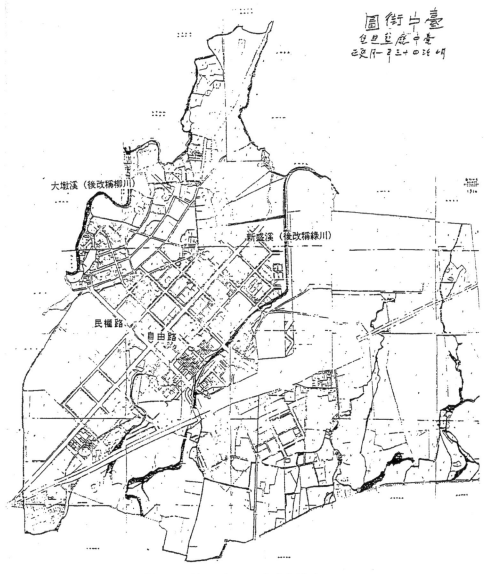

圖2　明治 43 年 1 月台中街道改正圖

4. 縱貫鐵路台灣中心點的地位提昇

明治 41 年（1908）4 月 20 日的「台灣縱貫鐵路全通式」完工慶賀大典，特別假台中市舉行，且擇台中公園作為典禮會場，島內、島外人仕有九百多人參加，台灣總督佐久間左馬太並親臨會場，日本皇親閑院宮亦蒞臨參加，堪稱日本始政以來的大事；台中公園且在池亭、凱旋門式入口上大事粉妝，配合娛興節目與晚間煙火，提燈遊行，造就了台中市街空前的盛況，並吸引中部各地人潮的匯聚參觀（總督府交通局鐵道部，1910：506-548）。台中市即在有關當局的引帶下，逐漸引領風騷，並形塑全中部的首埠都市，其空間定位朝向區域中心之考量。

（二）日本和風都市生活的開啟

1. 日人的移住與和風的盛行

明治 28 年（1895）秋天以後，大量日本人移住台中，是年年底，民政支部且由彰化移台中以後，乃有大批日本官員進駐於此，加上第二旅團的進駐，迨至明治 42 年（1909）日本人與台灣人的比例竟達 5：6.4 總人口數為 11526 人（篠原正巳，1980：144），也即十年內，台中人口迅速成長八倍，尤其是日本人。

由於大量日本人移住，街上開始出現日本人商店。先是有飲食店，繼而有料理屋、雜貨、被服、公共浴室、旅館、旗亭等，於是官舍與雜貨、家屋混雜其間，市街遂慢慢繁盛起來。日本內地型家屋也從零星的出現，到蔚為風行（氏平要等，1933：67-68），和風味道逐漸在台中市街蔓延開來。

特別是明治 30 年（1897）的暴風雨後，大量內地人組合的住宅興建，除作為新市區設計，成就日本人家屋成為台中市普遍的建築形式之外，其街面與巷弄內部的規劃，也逐漸以里坊巷弄的日本式「町並」作為主軸（氏平要，1933：329）。

2.現代化設施與公共建設

配合地方士紳的捐建，原大墩省城東北端之砲台山與林家花園土地，開始營造近代都市公園，其尤被視為一種都市公共服務本質的設施，提供都市過度群集生活下的娛樂休閒公共空間，以能緩和機械化的日常作息，美化都市市容，且有緩衝隔離災禍、避難、建地控制、社教文化等機能。（藤森照信，1990：171-4）

另有配合地方殖產興業，在今台中火車站邊興建物產陳列館，為作地方土產與商品展示的陳列所。再將大墩街傳統路口魚菜市場整理為臨時市場，並積極改建為新式消費市場（即今第二市場）（氏平要等，1933：69）。明治34年（1901）前後並有大量新式商社的進駐（島田定知，1901：168），明治39年（1906）七月台灣銀行台中支店的開始營業，明治40年（1907）地方士紳集資開設的彰化銀行，也由彰化改遷台中營業（台中市政府，1990：47）。其他尚有測候所、病院、警署巡查派出所、監獄署、電話交換局、郵便電信局、地方法院等（賴志彰，1991：63-64）。也即明治時期的台中市，為夾擠在日本和風的直接移植，以及包裹在現代化背後的行政管理需求下一個新式都市的營造。

（三）在小心翼翼中行塑獨特地方風格

1.行政官廳的土地交換

日本人一到台中之後，在接收舊省城的官有地上，獲致20萬坪的公有地，許多行政官廳即在此作規劃，然因土地有的零碎細分，無法有效利用，使得交換，切割土地〔交換引地〕成為明治28年到明治34年間，許多公家機關營造的敷地調整，像警察署、監獄、電話交換局……等（賴志彰，1991:63-64），於是一棟棟大型行政官廳便陸續出現在街頭與路邊，且絕少侵擾到一般私有地，僅由和緩的協商交換、調整，作都市土地的最經濟，有效利用。

2. 列紳的特許與恩寵

日本剛領有台灣時，總督有藉食鹽專賣、鴉片鑑札等的發行予特許零售商的選定，乃將部份特權（包括被允許吸食鴉片及分享專賣利益）賜給部份台灣人（縣報與工商名冊）；另有透過「揚文會」來籠絡全台知識份子（吳德功，1946：24-25），並以紳章表揚一批批親日或附日的個人，還特地印行「列紳傳」作為良民與新仕紳的拉攏，皆為統治初期的一種恩寵手段，目地不外是拉攏與和緩上下之間的距離。

3.「旗亭」新文化風格的型塑

日本人剛來台中時，先是有經營飲食店、料理屋等的店舖，剛開始時祇有在小北門街、舊街等地少數幾間，店家會在門口插旗子作記號，所以一般泛稱「旗亭」，配合和風文化的女人陪酒，加上「貨敷座」（一般妓女戶）也混雜其間，所以總括來稱之為「遊廓」，為熱鬧氣氛中的些許花月場所脂粉氣。明治34年（1901）前後為台中遊廓最風行的時候，台中幾成不夜城，「城城旗亭夜夜歌」可以用來形容，加上台人仕紳也逐漸混雜其間，於是酒酣耳熱之際，一種新的地方文化風格於焉誕生（賴志彰，1991：100-101）。

小結：

改隸初期，日本人原是以「地理中心」積極謀劃台中地域，因此乃將中部的行政重心與三分之一的重衛配置在原舊省城所留下來的大片署地。台中市乃在一個全新的「市區改正」下積極脫胎換骨，其空間經營為交雜在一個歐美現代都市計劃與和式建築、旗亭文化等強勢文化所帶動的曖昧，於是一個新開啟的日本和風文化便逐步在台中市街掀起。

三、京都風格都市的開發

1910年以後的台中市，是許多公共投資建設紛忙的歲月，新的市區計劃在配合實際營造過程不斷的修正，逐漸釐出一條屬於自己的路。這

其中泰半為官方的積極與企圖心，為來自日本內地「京都」都市空間形式的模倣，台中即便在如此大小建設過程中尋訪出一條屬於自己的路，並樹立獨特的都市風格與形象。

（一）官方的積極與企圖

1. 市區計劃改正的如火如荼進行

延續自前階段的街道改正，明治43年（1910）一月的台中市正面臨縱貫鐵路擬通過市中心的再調整。從地圖上可窺知，今天的台中火車站前正呈現一片混亂，然可以確定的是舊省城的陰影已然拋開，台中正待新的發展突破，加上是年八月的大水災，整個台中市幾乎癱瘓（氏平要等，1933：286），因此新的市區計畫變得相當迫切。

明治44年（1911）以後的市區計畫，在街廓大小的設定、河川的調整、道路寬度的分級等逐漸確立下來（氏平要等，1933：287-290），整個台中市區的建設才得以更大刀闊斧的進行。

2. 公共設施的積極興建

大正三年（1914）以後，台中市區同時有許多公共工程在進行，其中花費最鉅的當推水道整流工程，為將原新盛溪（即綠川）與大墩溪（即柳川）作一整流與護岸工程。特別是新盛溪流過火車站前的一段，原先並不整齊，甚至還有亂流，經幾次的道路施工，乃將不必要的迴流埋掉，經整理地下水道、護岸與橋礎才得以確立下來。

其它尚有給水工程、台中醫院工程、台中廳舍工程與火車站新築工程等，也即整個都市活像一個營造工地，到處都有工事在進行。

3. 經濟特許下青果組合的空間凝聚

台中州下的產米一向高倨全島總產額的二分之一（新民報1928.3.18）；香蕉產量單就台中縣且高居全島產額的半數以上，大正時期

的生產量更佔全島產量的 80% 以上（黃永傳，1949：51-52）。至於糖業，其雖不是大宗，倒也在明治 43 年（1910）以後，於水稻作田區開始經營糖廠，並在今台中後火車站一帶形成重要地方產業（台灣總督府殖產局，1927：367），這些產業在資本企業發達下，藉由凝聚積累逐漸形成獨占。官方且為其中的支配者，並在大正三年（1914）成立台灣青果物移出仲買商組合會，且有一檢查所（亦有稱集貨市場）設在後火車站的花園町，透過這些層層行銷與管制，形成中間的剝削與壟斷下的榨取。

（二）一個京都風格的都市經營

1. 火災之後的重建

由舊大墩街逐漸斬往西南方向發展的新市區，於明治 38 年（1905）六月的新町大火災，將 34 間的草屋頂日式建築全部燒毀（篠原正已，1980：170），許多日本內地人乃逐漸遷往東南邊的新開發市區（也即今火車站前），加上縱貫鐵路開通以後，火車站預定地附近乃開始繁榮，配合明治 41 年（1908）十月在新盛溪與火車站旁第一消費市場的興築，新盛溪的拉直調整，幾條依附在新盛溪的新盛橋通（今中山路）、櫻橋通（今中正路）、干城橋通（今成功路）乃逐漸成為鬧市，新盛橋通且發展為日人集中區，干城橋通則為本島人集中區。

2. 町並特色發展下的街廓開發

1910 年前後的台中，沿新盛溪新築的幾個街區，除沿續自原來街道的開發，其由街道所圍的街廓，乃逐漸發展成各自內部的十字交叉與內迴路交集的街區，也即藉由「申」形的小巷弄街道網路設計來連通，使每一個街廓有自己的內部獨立系統，形成日本式町並街區的格局，其大街道來說，還有由行道樹作成人車道的分離，中央為車道，兩側有人行步道。

3.台中公園內台中神社的揭示

明治43年（1910）的台北官幣大社台灣神社蓋好之後，由當時的台中廳長與內地人的奔走，乃擇台中公園內營建一千三百坪的台中神社。大正元年（1912）十月底完工，包括本殿、拜殿、社務所、鳥居等（氏平要等，1933：705-706），為一座北朝南的儀典性空間，剛好位在台中公園東北角，且為地勢較高的小丘原上，可以俯覽整個公園，作為台中地區日本內地子民的參拜，信仰寄託。

（三）形式的模倣與抄襲

早在明治43年（1910）三月初，英國駐日大使來台中參觀，即在遊覽台中公園後，極力推崇此地為「台灣的京都」。當時的廳長枝德二剛好陪侍一旁（氏平要等，1933：87），於是這麼的一句話，竟成為枝德二廳長日後對台中都市性格塑造的思想泉源。

1.地形地勢的相倣

台中地區受過日式教育的老一輩，幾乎也對台中地形與京都地形有似曾相似，倣彿之感，同為座北朝南的都市，京都北邊有鞍馬山，有如其父母山，東邊則由比叡山、大文字山、東山等串接的高聳群山，西邊側由愛宕山往南逐漸低平，接連有嵐山、小鹽山、高雄山等，極南且有低矮的屏山，市區還有鴨川、桂川兩條由北往南流的河川，市區街道且為棋盤式規劃；至於台中市，北邊豐原背後公老坪的觀音山，有如其父母山，東邊則有暗影山、金字棟山、大橫屏山、火焰山九九峰等串接的高聳群山，西邊則有低平的海岸山脈，西南邊則有大肚山橫擺，極南邊更有八卦山屏立，市區河流也是由北往南而流，祇是皆為曲流且不穩定而已，其相倣可見。

2.河川的整流、拉直與命名

早在明治43年（1910）一月以前，今天台中的綠川即已被修整成一

條穩定的河流，祇是配合火車站的規劃，南北兩端還相當混亂，及至枝德二廳長來之後，除繼續在西岸種樹，並進一步將河流截直之外，大正元年（1912）十月，且由佐久間總督特別為新盛溪改名為「綠川」（氏平要等，1933：47），大正四年（1915）的市區改正上，幾個都市改正委員且進一步將俗稱大墩溪的河流改稱「柳川」（氏平要等，1933：48）。於是這一東一西的綠川、柳川，不正有如日本京都的鴨川、桂川嗎？配合地形與棋盤格局的街道規劃，其不與日本京都相像，也彷彿了；台中「小京都」之名乃不逕而走。

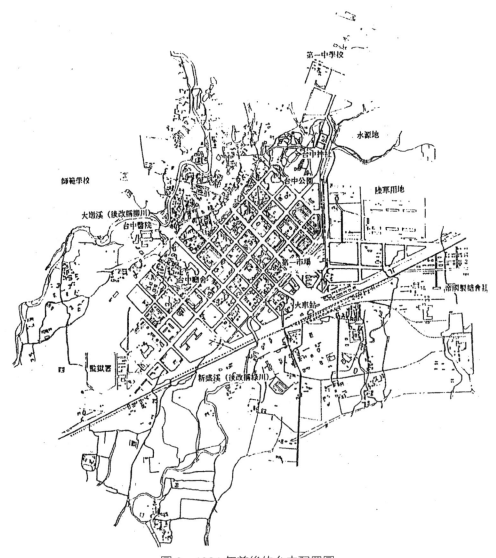

圖 3　1921 年前後的台中配置圖

3. 台中公園水亭的形式歸屬

早在全島鐵道開通時，原台中公園的水池中央，原祇是作一簡單水亭作為日本閑院宮殿下的休憩場所，為做天幕形的暫時建物，後來為留下作紀念（橋本覽康，1930：161），其後且進一步倣此天幕作成水閣建築設計，其日本風的味道相當濃郁，配合紅屋頂白牆壁又予人東方印像，也有似日本石燈，尤其在大正時期成為台中都市的印記，卻為不爭的事實，今天其成為市徵記，其意義深長。

配合台中公園內 1902 年招魂社的昭忠碑遷建於此，1907 年兒玉源太郎總督石像的樹立，1912 年後藤新平男爵銅像的塑造，甚至 1912 年台中神社的興建，以及配合每年的所有紀念植樹（賴志彰，1991：148），使原本一個悠閒的休憩性都市公園，形塑如此肅穆氣氛的可以，如此公園其教化沐浴皇民之意識與用心自當最清楚不過了。

小結：

大台中平原地形地勢的與日本京都相倣，使地方為政者在所謂內地情懷下，積極以京都風格去形塑台中此一亟待開發的處女地，且擬權充為在台內地人中心，在綠川、柳川與里坊街町式的棋盤都市格局鋪陳下，一個「小京都」即孕育而生，雖台中公園水亭有形式上東方歸屬之議，然公園內部神社儀典空間的強化，其教化之心不證自明了。

四、內陸都市性格的再確立

日據昭和以後的台中市，在前階段的定位腳步之後，都市有一再的計劃擴張，配合社會的紛忙與活潑，尤其是各階層人士在殖產興業政策下，有許多產業組合與市民團體的活動穿梭，地區子民已開始從中試鍊出一個完全屬於自己的方向。

（一）殖產興業下的官商共治

1. 殖產興業政策

大正 13 年（1924）以後，拜州廳與市役所在政策指引下支持殖產興業，配合本島人商工業者與內地人商工業者的利益交換，使地方工商業大大的振興與鼓勵，並能帶動人潮與市況。其中有由市役所主辦，州廳或商業資本家的背後支持，像大正 13 年（1924）七月的全島副業獎勵展覽會（篠原正已，1980：132），大正 15 年（1926）3 月底的台灣中部共進會（台灣日日新報，1926：3.10-4.18）；另有由民間工商團體主辦，市役所、州廳或相關單位的輔助，像昭和 4 年（1929）的台中納涼市，其即為一種振興市況的「嘉年華會」，也即一般所謂的「商展」，商業色彩相當濃厚（民報 1929.6.30）。上述這些作法無不是對農業殖產的振興，帶動工商業的繁榮。

2. 公園新設指定

緣自現代化都市的綠地要求，昭和 6 年（1931）以後的州廳有進一步對台中市區的綠園地作新設的指定，除原台中公園之外，加指定六處，為綠川、柳川兩岸，鐵路邊，與今城隍廟北側和福音街兩側等（台中市報 1931,12.32。第 368 號）。昭和 7 年（1932）再指定水源地與野球場畫作公園區（台中市報 1932.3.20。第 391 號）。昭和 10 年（1935）基至再新設 12 處公園（台中市報 1935.1.11。第 639 號），於是一個充滿綠意的新都市輪廓逐漸成形。

3. 市區的進一步擴充

都市的急速膨脹，迫使州廳在昭和 5 年（1930 以後，不斷調整新的計畫，藉道路變更，公共設施用地的擴張調整、都市計劃範圍的擴大，使昭和初年的台中市區建設涵蓋範圍，逐漸擴大到北屯、何厝、賴曆廊、太平外圍、內新、樹仔腳、南屯外圍的田心子等處（台中市報 1930.6.12。第 391 號）。昭和 10 年的再一次擴張，甚至涵蓋及北邊的賴

厝廊與後壠子邊緣，東面則到東勢子邊緣，西側且涵蓋整個公館，至於南邊則涵蓋部分頂橋子頭的地域，其都市成長之快速可見，計畫上另加設十二所公園，一所職校，公墓用地等（台中市報 1935.1.11。第 639 號），這是反應在空間實際需求與計畫供應間的調整，台中州廳在昭和初年為都市計畫擴充之紛忙也可見。

（二）商肆氣氛營造下的都市振興

1. 納涼市與城隍祭典的振興市況

昭和 4 年（1929）六月下旬的台中納涼市，為以台中實業協會（日本內地人商工業者）為名主辦，透過邀集本島人商工業者，經市役所、州廳或相關單位輔助，所作的一種振興市況的「嘉年華會」（民報 1929.6.30），以及昭和年間每年的城隍祭典，其所舉辦的城隍過境與日本神社神輿出巡，由於藝閣兩邊皆可作廣告，因此有眾多工商團體參加，另於州廳前搭建有評判台，再邀知事、市尹或工商會會長作評審，並頒獎，其行列隊伍延長有兩三台里（約九百公尺），配合鑼鼓喧天，使全市幾近沸騰，家家戶戶且沿街祭拜，路旁圍觀的群眾也使滿街有如人海（賴志彰，1991：172），這些都是地方殖產興業推廣的一些手段和方法。

2. 空間需求與供應的問題

大正 10 年（1921）以後，台中的市況日漸繁盛，空間的問題也日漸層出不窮。先是商肆繁華之後，店舖的租賃有因區位、私人把持壟斷，搞得民怨四起；又州下各郡、街、庄道路網的統整，本是作為連絡、疏通與運輸之用，然在經費（從土木橋樑、拆遷補償、到人夫等）負擔上的不平衡，加上路線所經過的田園、家屋、其人民皆有怨言，而自動車會社的最大獲利，卻又成為整個開發上的眾矢之的。另昭和年前後的住宅需求，有因「大家主」（擁有許多房產）之哄抬，雖經市役所出面，且由公家建設市營住宅，然仍是粥少僧多，或者是祇蓋日本和式房子，根本不適本島人居住（賴志彰，1991：173-174），上面是昭和初年的相關空間問題。

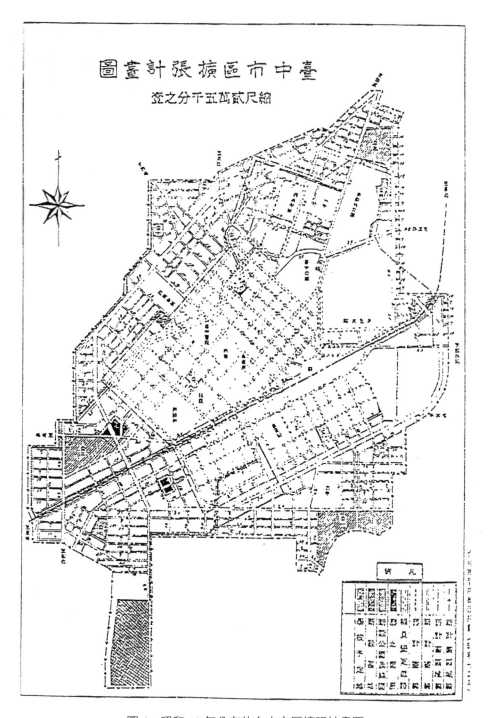

圖 4　昭和 12 年公布的台中市區擴張計畫圖

3. 社會運動蔚為燎原

大正末年以來，長久積累的農民問題，從製糖會社與日本資本家的

土地獨佔，到組合、會社的中間剝削，在經大正 10 年（1921）以來的台灣近代民族運動的發軔，農民受到文化協會所領導的民族啟蒙運動之後，開始有所覺醒，乃在大正 12 年（1923）以後，陸續有抗爭的行為與運動產生，並有逐漸燎原之勢，昭和 2 年（1927）且達到最高潮，有大鬧台中警察署，有包圍州廳（民報，1928.1.1），有全島農民組合大會的在台中舉行（篠原正已，1980；134），許多集會結社、演說、社會運動且都集聚到台中市來（賴志彰，1991；167）。從官廳、廟宇、到旗亭、酒家，使昭和初年的台中市顯得相當熱鬧。

4. 人群在空間上的區隔

昭和年間的台中市街，逐漸有以大正橋通（今民權路）、新富町（即縱貫路，今三民路）與鐵路區劃出南邊的行政空間與北邊的商業空間，行政空間主要是以台中州廳、台中市役所、大屯郡役所為核心所集結的十數處相關行政辦公處所，配合三所學校，加上更南邊的官有宿舍、辯護士宿舍，形成以日本內地人高級住宅之聚集區域，而北邊的商業空間，卻又以新盛橋通（今中山路）與干城橋通（今成功路）區分出內台人不同性格的商業空間，前者以和洋雜貨、吳服、雜貨為主，而且還有以鈴蘭花造形的街燈加裝路兩旁，遂有謂鈴蘭街，後者以農業機具為主，且比較平實，為明顯的內台空間區隔。

（三）內陸型都市的展開

1. 市街町通的命名

早在大正二年（1913），台中州廳即曾以台中公共團，也即內地日本人的民間社團為核心，對台中街的町名作為認可（篠原正已，1980：204），為以日本內地式的町名稱法來命名。大正 15 年（1926）三月廿八日，州廳再對台中市區地番作整理及町名改稱的實行，其為配合中部台灣共進會的舉行。其中為使東西兩塊區域的連通，乃有對穿越綠川的橋特別命名的道路，從北到南分別是干城橋通（成功路）、櫻橋通（中

正路）、新盛橋通（中山路）、榮橋通（民族路）、大正橋通（民權路）
等，其中大正橋通是作為通往南台中的主要孔道，並經台中州廳，台中
病院北側。町名為以大正橋通作為南北境界的對稱區隔命名，並以面對
大正橋通的近遠命名丁目，北邊有到七丁目，南邊則到九丁目的，為以
南北縱向長條形的町區劃，東西向則以馬路兩旁作為界線。至於新的町
名命定則仍是以日本內地式的町名稱謂，至此整個台中市街可以稱得上
是真正的日本內地式的市街了。

2. 醉月樓帶頭的酒家文化

政治思想開放下的集會結社，從開會、演講到聯誼會，其公開活動
場合相當多，然卻以旗亭、酒家的次數特多，有福來閣、永樂樓、聚英樓、
醉月樓等，其中醉月樓獨領風騷，光是大正 14 年到昭和 7 年，找得到的
記錄就有 15 次（賴志彰，1991：191），其在酒爾耳熱之際的開會與聚眾，
為嚴肅的運動注入另一種活潑生命。不祇在中上流社會尉為風氣，許多
千百人以上的會議、委員召開、同業組合等都在此有一較緩和的調處，
此一緣自日本內

3. 日本內地人主導的空間實踐

早在大正四年（1915），枝德二擔任台中廳長時，即有全部以日本
內地人為組構的都市計劃委員命定（氏平要等，1933：48），大正九年
（1920）的地方官制改正，有所謂市制的施行，開始有州協議會，市有
市協議員的設置，而市協議會議員中，二十個名單中日人竟然佔有十三
個，又都是清一色資本家與實業家（日報 1924.8.24），這些人且都擠身
市區計劃委員，涉及地皮炒作、房地產炒作、土地開發、自動車業者對
道路開發的優先權等；其中赫赫有名者即彰化銀行常務董事坂本素魯哉、
帝國製糖會社的負責人松岡富雄、台中信用組合的神原辻太郎、台灣新
聞社的山移定政等（賴志彰，1991：188-189）。其為日本內地人主控的
空間實踐不證自明。

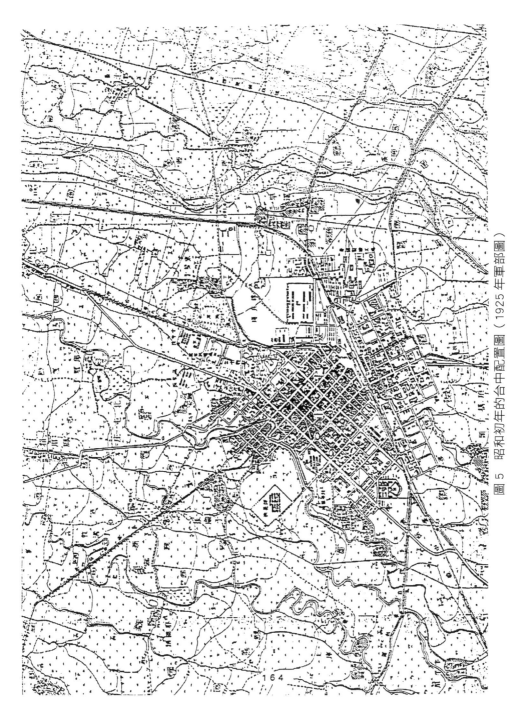

圖 5　昭和初年的台中配置圖（1925 年軍部圖）

4. 混雜在迎神賽會中的神社神輿出巡

　　台中神社每年固定的神社祭是在 10 月 28 日，然是項活動大部分祇有日本內地人參加，部分御用紳士以及被指派的公學校學生則點綴在一

旁。於是在許多日本內地人帶頭的商工業者要求下，乃有與城隍祭典的迎神賽會一起熱鬧的構想。以而在每年舊曆六月十五日的迎城隍，其所舉辦的城隍遶境，即特別安排與日本神社神輿的一起出巡，在鑼鼓喧天的遶境隊伍中，使日本神猶能享有節慶年俗般的熱鬧氣氛，這也是透過有心人士的安排與設計。（賴志彰，1991：182）

小結：

於是在大正 15 年（1926）以後台中市的都市經營裡，其混雜在地方政府的殖產興業政策，納涼市、產業共進會，與資本家操縱的城隍祭典上，加上文化啟蒙以來的社會運動勃興，倒也使得整個台中地域夾擠在紛擾的商業利益紛忙上，然其背後卻襯托出一個完全內地型都市的模樣，台中人卻也在此一模式下，有一新的性格試煉。

五，皇民都市的更具體實踐

昭和 12 年（1937）以後，隨著中日戰爭的上揚，台灣所處的東亞戰略地位與台灣本島人的角色伴演，成為日本帝國相當在意經營的一個地域，尤其延續自前三個階段的和風沐浴，台中市街與其所處的周緣地區，即便在新的政治氛圍下，有一全然不同的都市空間轉化，為一更全方位的皇民都市改造。

（一）戰時的皇民塑造與動員

1.戰爭名下的企業統制與經濟緊縮

昭和 12 年（1937）中日事變之後，台灣經濟隨即在以戰時特別狀態下，施行有關經濟統制的法令，為透過昭和 13 年（1938）10 月經濟警察制度的實施，積極從事取締違反經濟統制的工作，並全力從事及其他主要物資的配置，是在戰時物資供應的「軍事第一」要求下，亟力推行物資統制或工資物價統制（文獻委員會，1977：588-589）。因而台中州下有關帝國製糖會社的兼併，為日本財閥在此一時勢下所作的資本獨佔與

壟斷，而有關米穀的強制繳收，卻也在所謂「戰時食糧報國運動」包裝下，有其合理化。推一步在所謂獻金、金屬回收下，徹底地經濟搾取。而隨戰爭的進行，原料供應不足，民生物資供應也逐漸短缺，物價則節節攀升，使經濟每況愈下。

2. 工業化與南方進出的空間改造

昭和 16 年（1941）以後，隨著太平洋戰爭的爆發，特別是「戰時體制」的加強，台灣已不僅為南進跳板，且成為南侵之「兵站基地」，也即是常作一條「不沉的航空母艦」，以而透過「皇民化」的運動，積極鉗制台人，作為戰時新體制的總樞軸，以利於志願兵的召集，甚且動員「工業化」，為「南方進出」作準備，台中在此一時勢下乃積極營造飛行場、新高港與工業化。

先是昭和 11 年（1936）前後，日本陸軍在西北方 3.6 公里處的水湳興建一台中飛行場，昭和 15（1942）以後，另由海軍在更西北方 11.8 公里處的公館一地，興建臨時降落場的豐原飛行場。新高港則計劃相當久，正式開闢則為昭和 14 年（1939）以後。昭和 15 年（1940）七月以後，甚至將海岸都市一起合併規劃新高市，擬作第二個台中市，並計劃由台中市開一運河經南屯直通台中港市，並另闢寬敞的台中港路，且準備在上面架有軌電車，配合紡織工業與南台中的大型汽車修理場，機械器具工業（賴志彰，1991：224-225），台中市有如一蓄勢待發的南方進出大都市。

3. 皇民的教化與強制

隨著戰爭的開展，皇民化運動有更積極推展，除一般志願兵制度與奉公班的義務勞動之外，台灣總督府亦且在「皇民精神的涵養」、皇民信仰上，透過各種方式，企圖從精神上來個總動員，其無非是為皇民的教化積極運作，昭和 11 年（1936）11 月的軍旗奉送迎，昭和 12 年（1937）12 月的南京陷落戰時捷報提燈行列，台中一中的精神強步、台中州下的強步大會……等等（賴志彰，1991：227-229）。另透過台中神社的遷

建，特別是申請列格國幣小社，說是「為有益民心的歸一，振作強化國體，……將神社的社格有相當的提昇，才有一篤定的祭祀中心，可淨化生活，導向內台如一的境地，並圖謀鍊成的皇民的資質」，另說到「皇化沐浴，咸感興奮盡忠報國赤誠」（深川彰，1943：227-229），其意義頗深遠。

（二）皇民都市的建設

1. 大和村的建設

昭和 10 年（1935）以後，市中心區的內地人家屋與宿舍已不敷使用，昭和 11 年（1936）10 月乃有由台中州內務部長佐治孝德所發起的中產階級住宅興建，透過勸業銀行、台灣商工銀行與產業主事等的積極，取得市中心西北邊區後壠子一帶的三萬五千坪土地，經採合作社的方式興建，由於時值戰爭時期，佐治孝德亦且提到「此南方之島中樞部位的台中市街，為表現真正日本精神偉大模範的內地式村落，使成為皇民奉公運動的帶頭心願」（郡茂德，1942：5），配合月例會、慶弔申合、家庭防空群、率公班、婦人奉公會，以及其他的友誼活動與技藝班等（郡茂德，1942：2-9），以及成員清一色為內地人中流以上階層，且為官衙、會社之職員，難怪台中市民銜以「大和村」名之，台中市的西北邊區，突然開發出這麼一塊比合中公園還大的內地人中心，豈不相當突兀。

2. 台中神社的遷建與國幣小社的列格

早在昭和 11 年（1936），台中州下即有官民（內地人）計畫並在新高町 141 番地（今台中孔關位置），遷建舊有台中公園內的「台中神社」，幾經戰時的物價波動與物資統制上的困難，其動土興築則一直要到昭和 15 年（1940）春天，同年 10 月下旬完工，一座三萬餘坪的台中新神社即使在戰時的台中，聳立在市區的東北角邊區，同年十一月下旬，另經內閣總理大臣東條英機裁可核准列格國幣小社（賴志彰，1991：211-222），為繼台灣神社（台北圓山）、台南神社、新竹神社之後的第四座

國幣神社，時值戰爭時期其意義顏深。

3. 市營、民營住宅的郊區化

昭和 6 年（1931）以後，隨著先期都市計畫發展的飽和，市役所、州廳，基至日本內地人在許多台中市區的建設上，有逐漸朝向郊區、分散化的趨勢，先是昭和七年（1932）以後，市役所在新高町的商業學校（今台中商專）前營造三十五戶木造平房住家，昭和 9 年（1934）1 月，同一地繼續再營造十二戶，另於川端町師範學校（今台中師大）前營造二十戶的木造平房家屋，第三次為昭和 12 年（1937）以後，進一步營造甲種住宅十棟二十戶，乙種住宅十五棟三十戶（篠原正已，1980：218），這是市營住宅的郊區分散情形。另有林階堂於昭和 10 年（1935）前後在公館地區（今台中監獄北側營造五郎住宅，而昭和 12 年（1937）以後所營造的大和村，則也在師範學校西側的後壠子地區營建，也即民營住宅且都向郊區發展。

4. 休憩公共設施的郊區分散化

公共設施來說，昭和 7 年（1932）3 月的公園新指定，即是在原水源地北邊計劃野球場，經昭和 9 年（1934）11 月動土興建，昭和 10 年（1935）3 月底竣工。甚至昭和 10 年（1935）1 月所公告的台中市區擴張計畫中，其十二個公園新設與綠化，則全部位居市區的邊緣角落。再者昭和 15 年（1940）以後遷建的台中神社（改稱國幣小社），也是在考慮原公園位置的侷促，另於野球場北邊來營建。而昭和 6 年（1931）前後於大肚山上所營建的高爾夫球場，於今王田、成功嶺一帶所作的跑馬場，都是郊區化現象的擴大（賴志彰，1991：226）。

（三）皇國精神與和風意識的潛移默化

1. 市名所印記

昭和 12 年（1937）二月中旬以後，台中市役所有透過土木水道課經

台中市報向各界廣徵「台中市名所印記圖案」，作為名所舊蹟的宣傳用，
且可供視察記念使用，經各方擁躍參加，在得獎的名單裡，赫然發現台
中公園竟成為眾多競逐者心中的台中印記，雖然另有水源地聚水塔、行
啟紀念館、湧泉閣、公園內北門樓，然畢竟少數，一、二等賞皆頒給台
中公園的印記（台中市報第 1005 號，1937.12.11），由此可知此一混淆在
東方印象中的和風水亭，竟已然成為市民不可廢滅的台中印記。

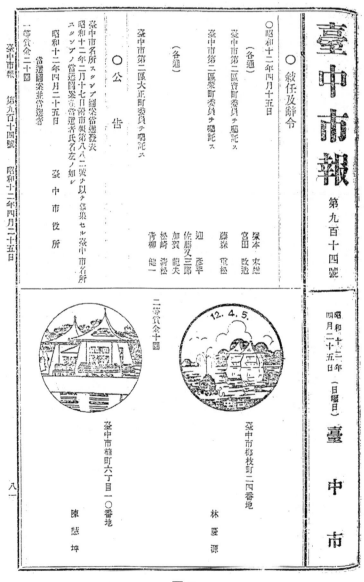

圖6

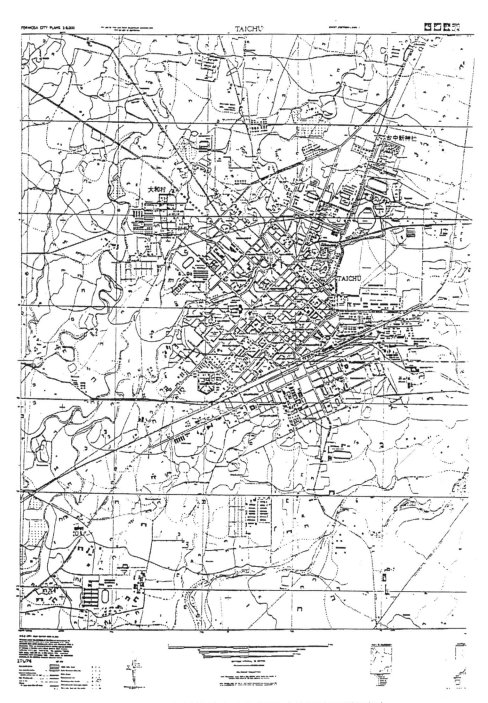

圖 7　1943 年前後地台中配置圖（美國陸軍測量部）

2. 精神再教育與動員

昭和 11 年（1936）八月以後，從小學校、公學校的所謂「廣播體操

會」開始，即有所謂國旗揭揚、皇居遙拜等（市報 818 號，1936.8.7），九月十八日且有所謂「滿州事變五周年紀念日」，要求中、小、公學校學生參加，除一般紀念演講會外，尚包括演習、訓練、神社參拜與旗行列、陸軍墓地參拜……等（市報 828 號，1936.9.16）。另有「軍旗奉送迎」、「國民精神作興詔書御渙發紀念日」、「支那事變，皇軍攻陷南京，戰捷祝賀旗行列及戰捷祝賀會」等，這些都動員了相當多中、小、公學校學生參加，不祇繞市區遊行、合唱軍歌、三唱萬歲、皇居遙拜，且還得在台中神社前高呼萬歲（賴志形，1991：208），其為透過軍事統制與皇民體制的包裝，作為大東亞戰爭的精神再教育。

3. 郊區化與南方進出中心的塑造

從市營、民營住宅的郊區化與休憩、公共設施的分散化，台中市在戰爭時期的急速擴張，為包裹在支配力相當強烈的前衛都市計劃法令制度，其在中國東北哈爾濱的都市計劃即有類似的作法。進一步在台中飛行場與台中港的發展中，其作為南方進出的兵站，蓄勢待發，為一重要的中繼站，那麼空間的無限制擴大，自然隱含在整個戰時總體戰中的一環。

小結：

戰時的台中，有隨日本戰事的需要，積極圖謀開發作南方進出的都市改造，因而從台中飛行場（水湳、空軍專用），豐原飛行場（清泉崗、海軍專用），到新高港的開發，甚至新高市的都市計劃，台中市已開始有自己的進出孔道，都是為南進兵站基地作舖路，也隱含在支配力強烈的先進都市計劃理念。另外透過台中神社的列格「國幣小社」，以及民間日本內地人大和村的精神附和，台民在和風薰陶下，在「皇民沐浴」下，除作精神總動員之「徵兵」目的，已然處在大時勢下的特定環境。

六、結語

就日本殖民地台灣來說，領台初期，台中才祇是建設一半的省城廢

墟，其可塑性與前瞻性是無限的，而它所在的台灣地理中心位置，又剛好于一個新的執政者，有許多的預期與想像，那麼經走過五十年歲月的台中，回顧一下它的種種建設與發展，它其實是交織在一片混雜的意識作用中。

a. 全新都市改造中的下意識與潛意識

從兒玉利國政治性控制理念的同心圓都市，到以永續發展的計劃性市街區劃，其中巴頓等人的衛生下水道的理念，以及重衛考量的永久兵營用地，還有交織在「小京都」理念下的綠川與柳川建設、旗亭與和風建築的潛移默化，內陸都市的里坊町通理念，皇民意識推展與戰時都市的南進中心考量，這裡面潛藏許多的下意議與潛意識的建設，是統治者有心或無心的結果，是逐年累月積累下來的，總括來說，台中在全台灣的都市經營裡，它仍是較有日本風味的。

b. 混雜在文明開化與殖民體制的公共設施空間安排

明治維新以後，日本的全盤西化理念，為交織在一片西歐文明開化憧憬之中，即便混雜著現代化的「企圖遠大」、「將來」、「計畫經濟」等理念，然對殖民體制下的政治絕對優勢，其要維持長久統治的手段與方法，如何「控制」駕馭便相當重要，於是所謂的「計畫性」便潛藏許多的背後目的與意識，像不同體制下的公共建設認定，國語傳習所、公學校、監獄所、裁判所、電話交換局、官廳等，皆為意識型態控制的場所，而在重衛防備考量下的練兵場與兵營，其更是武力箝制的具體明證，在一個現代化都市公園裡，卻又搪塞許多的紀念碑、銅像與神社，其意議型型態的控制更是清楚，所以是混淆的。

c. 地理中心所塑造的一個區域中心

然就台中市這五十年來的建設，其在交通、建設、經濟發展、農業、工業等開發上，無疑的，台中市能從清末彰化縣城外幾個分散小聚落逐漸凝聚成一個大都市，且其剛好位在中部的山海河交界，作為區域中心，

自然有有它一個地理上的便利，這是今天台中作為縣市、彰化、南投等地的都會中心，日本人大力建設下來的一個成果，其考量無疑的是被肯定的。

d. 台中—京都的新舊理念混淆

雖然地形上的相倣，然日本京都一個千年古都的型塑絕非幾句話可以公斷。而論台中市的建設，理應在更長遠的考量上，就今天大台中平原（包括豐原、神岡、潭子、大雅、烏日等）作一個更全盤的計畫，五十年如何去應對千年古都的建設累積成果，回顧今天市中心區的狹小街道與綠、柳川的建設，其雖有舊都的風情，在與四周環境接合上，仍是牽強的，尤其在與鄰近小都市接攘上更是紊亂，毫無計劃可言，那麼這個倣京都的地形，其不如日本京都的發展也是可預見的。

總而言之，在象徵與意識作用下，台中原作為全台日本人中心的形塑，有它和風的薰陶與皇民的積極作用，可惜的是日本人才祇給它五十年的建設，未能持續相循，要不然台中應該有另外一番不同的發展與光景，幸與不幸就不得而知了。

參考書目

1. 篠原正巳編著，（1980），「台中—日本時代の五十年」，東京：鈴木製本株式會社

2. 氏平要，原田芳之等編纂，（1933），「台中市史」，台中：台灣新聞社

3. 深川彰編，（1943），「台中神社誌」，台中：吉林商會

4. 笹森儀助，（1896），「台灣視察論：台灣視察日記」

5. 總督府交通局鐵道部，（1910），「台灣鐵道史」，台北：總督府殖產局

6. 島田定知，（1910），「日本名勝地誌」

7. 賴志彰，（1991），「1945年以前台中地域空間形式知轉化—一個政治生態群的分析」，台北：台大建城所碩論

8. 吳德功，（1946）「台灣遊記」

9. 黃永傳，（1949），台灣之芎蕉，《台銀季刊》，2（4）

10. 台灣總督府殖產局，（1927），《台灣糖業概觀》

11. 橋本覽康，（1930），《少年日本地裡文庫—台灣》

12. 文獻委員會，（1977），《台灣史》，台中：省文獻會

13. 郡茂德編撰，（1942），《大和村建設志》，台中：大和村建設委員會

14. 藤森照信，（1990），《明治の東京計畫》，東京：岩波書店

福佬客的帶狀村落：
彰化八卦山山腳路民居的調查報告

摘要

　　本文係針對台灣彰化八卦山山麓地帶特殊地理環境下的聚落生活，提出一個地域性的文化總結。沿著今山腳路帶狀展開的姓氏族群聚落生活空間，從大村鄉南邊，經員林鎮、社頭鄉，一直到田中鎮南邊，甚至還延續到二水鄉的北邊，綿延有十六公里之長，聚落係為護龍多院落的建築布局，在集體農莊的大家族生活下，講究風水地理，複雜的宗教信仰，生活空間安排特殊，形成多重庇護的圈域等。本研究進一步比對語言、生活習性、農家經濟、特殊信仰、女性的特殊角色、原籍的追蹤，可以確認為八卦山麓聚落是福佬化了的客家人民居。

　　關鍵辭：民居、聚落、福佬客、多重信仰

＊收件日期：1997 年 6 月 3 日；通過日期：1998 年 7 月 20 日

Hakka-Fukienized Linear Villages：

A Survey on the Vernacular Architecture

of Mt. Pakua,Changhua

Lai,Chi-chang

ABSTRACT

This essay deals with special geographic environment and daily life within the settlement,trying to make a broad regional and cultural conclusion.

These linear villages present multiple sideroom,outspread long and wide front elevation,along the road paralleled to Piedmont of mountain.The boundary from soth of Ta-Chun township,across Yen-Lin township, Se-Tou township,to South of Tien-Chong township,even though continue spread to north of El-Suei,continues spread almost 16 Kilometer.

These villages represent multiple sideroom of architectural layout,and farmhouse's big family daily life,also the requirement of Feng-Sui complexity of religion,including the worship of ancestor and god,special arrangement of every-day living space,and the protection of multiple surroundings to environment.

Furthermore,according to the linguistic form,daily habits,agricultural economics,special religion,women's special role in family,original ancestral home district from mainland China.For sure all the inhabitant here belongs the Hakka-Fukeinized group.

Keyword: vernacular architecture,settlement,Hakka-Fukienized pcople, Multiple religious belief,Taiwan Changhua.

＊ Received：June 3, 1997. in revised form：July 20, 1998.

前言

　　在台灣彰化縣東側邊的八卦山麓，也就是縣 137 號道路（俗稱山腳路）的兩旁，從大村鄉南邊，經員林鎮、社頭鄉，一直到田中鎮南邊，甚至還斷斷續續延續到二水鄉的北邊，綿延有十六公里，其民居與聚落型態屬多護龍多院落的簇群建築布局，為全台灣少有的聚居形態。歷來之相關研究也指出它的特殊性。早在民國 39 年（1950）一月，即有陳棋炎、戴炎輝在《台灣文化》季刊雜誌中指出大村鄉靠近八卦山麓，田園毗連，村落多為聚居式，家族團體的活動相當活躍，家產還是家長和家族的共有財產（戴炎輝，1950：43-53；陳棋炎，1950：55-67）。民國 48 年（1959），聚落地理學者陳正祥即已在《台灣地誌》中，針對本研究範圍提出「該溪（濁水溪）以北到大肚溪之間，亦即員林、彰化和鹿港一帶之平原，為過渡地帶，村落多成帶狀排列，可稱為『連村或帶村（linear village）』」（陳正祥，1959：2567）。這是集村、散村[1]以外的另一種聚居形態，是台灣全島相當特殊的人文地理風貌。民國 62 年（1973），中央研究院許嘉明且在濁大流域人地研究計劃中提出「彰化平原福佬客的地域組織」，本研究區即涵蓋在該調查範圍的東側邊，文中且明確指出福佬化了的客家人，因分類械鬥、少數族群的弱勢，乃聚集一隅，並有強固的村落地域組織與活動（許嘉明，1973：165-188）。民國 64 年（1975）前後，陳其南在《家族的形成與土族社會》中，還強調彰化平原靠近八卦山麓地帶為漳州人或潮州人地區，且有就祖籍之縣或鄉集居的傾向（陳其南，1987：130-150）。許多相關研究指出，八卦山麓為特殊族群的聚集，且村落的帶狀聚居形態於台灣南北可謂獨樹一幟，然其相互關係的討論，以及更深入的生活了解卻闕如。因此本調查報告即針對環境、人群、集居方式等特性，討論其之必要相關性。

1　一般聚落地理學者有把村落規模聚集百人家，甚至數百家者，稱為集村（compact village），而村落頂多十餘家，少則一二家，零星分開散佈者，稱為散村（scattered village），台灣南部屬集村性質，北部則屬散村性質，至於彰化一帶，則稱過度型的連村或帶村（linear village）。

一、特殊地理生活環境

八卦台地位處彰化縣域的東側，為全境唯一的丘陵台地地形。台地由北往南縱貫延伸，有數條東西走向的活動斷層穿越其間，形成斷層崖。若干小溪切割其間，使山麓地帶充滿湧泉，地下水位也相當高，水資源豐富，成為民居生活的有利條件。於是從早期平埔族群的社域選擇，經漢番交替村的調整，到漢人拓墾的最後根據地，使得八卦山麓地帶的民居與聚落，依藉特殊自然地理景觀，在時空的堆疊下，塑造出其他地方相當不同的生活環境。

1. 地形特徵

八卦山台地，南北全長 32 公里，東西寬四至七公里，其走向從北段的北北西到南段的南北至南南東，中央部份狹隘，且向東凸出，兩端較寬闊，特別是南端。

八卦山台地據地質學家的說法，八卦山台地在一百多萬年前原本和大肚山台地相為連接，為大甲溪、大肚溪及濁水溪所共同沖刷的「山麓線以下所堆積之合成沖積扇」，其後，再由於地殼的造山運動，使此合成沖積扇逐漸向東傾動，形成隆起、褶曲、斷裂、侵蝕等，繼而又發生斷層，才將兩台地切割成若干地塊，大肚溪則從中切穿而過，八卦山台地乃成為獨立的地體構造。

八卦山台地地勢南高北低，從 440 公尺降至 200 公尺左右，最高點為 442 公尺。在南部偏西，南端之坡度係向東北傾斜，形成濁水溪與大肚溪之分水，北段則隱沒入台中盆地，西麓為斷層崖，被若干小溪切割，而於山麓線產生合成沖積堆。該台地西側之山麓線，大部份皆近似直線狀，產生許多明顯的三角面地形，可證明縱貫斷層的存在。台地北端及西側斷層之邊緣，偶露出礫層下之砂岩層與頁岩層，其中赤水坑及松柏坑之西，有數處發現斷層之露出部份。

　　台地西側，從北端的三家春開始往南，一直到田中街東南邊的香山一帶，其地形等高線皆為較緩的山坡地地形，其中三家春以北較平坦，屬緩降地形。然從黃厝以南，一直到南邊的香山，其山坡地等高線的摺曲線有較陡的走勢，從 14 度到 16 度，且有小溪切穿其間，形成許多小溪谷，尤其是員林百果山以南一直到許厝寮一帶，其地形紋理層次較多，而且山坡地坡度變化亦不大，為民居與聚落較適宜定居的地方，本研究區之重點即在此一範圍內。再往南北延伸，即一般所謂的「山腳路」、「137 號道路」沿線。

2. 山溝、坑谷交錯的小地形變化

　　八卦山台地西側山麓的地形變化，尤其是黃厝以南一直到內灣、香山一帶，坡度較適合民居，然其高度與摺曲線卻不盡相似，幾個區段形成不同地形變化。南邊田中東側，即清水岩以南一直到內灣、香山一帶，坡度變化為在 100 公尺到 60 公尺以下；社頭東側，即清水岩以北一直到百果山一帶，坡度變化為在 160 公尺到 40 公尺；至於員林東側，即百果山以北一直到頭厝間，坡度變化為在 80 公尺到 40 公尺之間；然東山以北則緊縮在 60 公尺到 40 公尺以下間。上述地形區塊的區隔，為大小溪流（包括野溪）穿切的河谷，在地形上造成割裂，也因此在整個調查區域內，有二十到三十個自然區塊的集居聚落與庄頭。此外，由於野溪、易沖刷的礫石層充斥其間，地形切割所形成的區塊，隨時因颱風、雨季而有所變化。

　　由於大小溪流截斷，加上坑谷的區隔，早期山麓邊的這些集居聚落直接由兩側平原帶的市集或大庄頭間產生東西橫向的連絡，而南北上下兩個庄頭之間的連繫卻比較少，只有小田埂路穿雜其間作為通路。由日據初期的地形圖可看出，三塊厝以北到埤仔頭間，其南北連繫依賴西側水圳旁的田埂路；柴頭井以北的三塊厝間，則於家宅前的小便道作南北連繫；至於許厝寮以北到柴頭井間，南北連通的便道便穿插在民宅中間，藉大小巷弄穿接，經湳雅下村落時，便道還轉到宅後的東側邊；許厝寮

以南一直到香山，南北連線便道又往西移，與水圳會合。簡言之，野溪、坑谷的穿切，使南北關係薄弱。

日據中葉以後，整個八山麓人口增加，以及對外關係開發，大小便道穿插在八卦山麓。所有聚落間除來自內部巷弄間的連繫以外，對外流通關係產生了複雜的變化，埤仔頭一帶於東西兩側皆有小便道，犁頭厝以南則移往西側邊的水圳旁，三塊厝以南則改在庄落前，柴頭井以南再更換到庄落後面，於湳雅中又出現前後兩條小便道夾擠，往南一直到許厝寮則又穿插在民宅中間，許厝寮以南則又往西側的水圳邊移。

中日開戰以後，昭和 17 年（1942）前後，日本軍台灣陸軍司令部鑒於太平洋戰爭之局勢緊迫，為防空疏散之需，在台灣各地，尤其是鄉村與偏遠地區，大肆闢建防空疏散道路。在軍司令部策劃下，乃沿八卦山台地的山麓，闢建連絡二水與彰化間的公路，透過國民義務勞動（其時稱為公工）方式興築，自昭和 17 年夏間，經兩個多月才告完工。此蜿蜒公路原稱為「陸軍道路」（蔡炎城，1983/1991：95-98），至戰爭結束後，才經地方政府改稱「山腳路」，道路管理上則以「137」號稱其名。

公路的路線規劃，基本上是依循舊有的小便道或庄落間的巷弄連接，黃厝到東山為利用庄落間的小巷弄連接；江厝一帶則移往村落後方；三塊厝以南則又移往村落前方，一直延續到湳雅上；石頭公一帶則又交插在庄落間；潮興以南，經許厝寮、埤斗、太平等村落，公路又改走庄落後頭；至於普興以南則又改走庄落前方，路線的安排雖曲曲繞繞，然而卻造就了山麓一帶民居南北連絡、往來的交通較方便的道路。

雖然山腳路的南北連貫道路打通了，然而大小野溪與坑谷間的切割，仍無法在地坪高度上統整一致，村落間的路面，無法在坑谷間平坦接續，以致於整條山腳路上高低起伏之處無數，其後雖有橋樑鋪設，然仍不敷使用，由於太多的野溪水流狀況不穩，車行極不便，大客車、貨車與連結車尤為困難，早期因地形變化所造成的區隔於此可見。

3. 從舊地圖與史籍推論八卦山山腳路一帶的開發

在本研究範圍內，截至清康熙末年，才只有大武郡社、大武郡、大武郡塘等漢人開發的記載（康熙《福建通志》〈台灣府圖〉、康熙高志〈台灣府總圖〉、康熙〈台灣輿圖〉），這是依附在平埔族大武郡社的農業資源開發。而有關山岳的記載，有大武郡山、水沙連山、寮望山等（1717，康熙諸志〈諸羅縣圖〉）。清雍正初年，開始有燕霧鋪的出現（康熙《圖書集成》〈台灣府圖〉），為漢人積極開發北麓的記錄，乾隆初年又有員林仔的出現（乾隆劉志〈台灣府總圖〉）。乾隆 12 年（1747）本區只有山岳的記載，有燕霧山、大武郡山、貓霧山、寮望山等（乾隆范志〈台灣府總圖〉）。到了乾隆中葉，本區漢人活動已相當熱鬧，有林厝庄、赤土崎、內庄、犁頭厝、三家庄、枋樹林庄、黃厝庄、東山庄、柴頭井、楠仔庄、大武郡汛、舊社、邱厝等，有關山岳的記載則有水沙連山、大武郡山等（1751，乾隆〈台灣輿圖〉），全面性的漢人農業開發已經形成。

清中葉以後，道光、同治年間另有枋橋塘（或枋橋頭塘）與赤土崎，有關山岳的記載，道光 16 年前後只記載白沙坑山、大武郡山，而同治年間卻記載了有八卦山、白沙坑山、燕霧山、大武郡山、同安嶺、赤土崎等（1830-36，道光彰誌〈彰化縣圖〉、1862，同治《籌要》〈彰化縣圖〉）。光緒初年，由夏獻綸審定的〈台灣輿圖並說〉中〈全台前後山分圖〉的〈彰化縣圖〉中，本區即有記載赤塗崎庄、三家春庄、中庄仔、蓮水池塘、員林仔汛、燕霧汛、枋橋頭街、大武郡塘、大武郡社、石厝仔、二八水庄等，有關山岳的記載有卦山、同安嶺、施厝坪等。光緒四年（1878）的全台前後山輿圖裡，本區記載有赤土崎、三家村、東山庄、員林仔、蓮花池、枋橋頭、舊社、社頭街、東螺塘、沙仔崙街、二八水庄、施厝坪等，有關山岳的記載也是有八卦山、同安嶺、施厝坪等（1878，光緒戊寅，〈全台前後山輿圖〉）。至此，本區的漢人農業開發形態已告底定，庄頭村落分佈也相當均勻。

在日據初期，明治 30 年（1897），本區即有了埤仔頭庄、犁頭庄、

黃厝庄、山底庄、菜公堂村、林厝仔庄、出水庄、柴頭井庄、林厝庄、潮興庄、許厝寮庄、埤井庄、大平頭庄、王爺廟、內灣庄等（1897，〈台灣輯製圖〉）。至於明治37年（1904）的堡圖，本區範圍內即有埤仔頭、犁頭庄、黃厝庄、東山庄、三塊厝、番仔崙庄、挖仔、菜公堂、柴頭井、下約厝、下豹厝、湳雅下、湳雅中、湳雅上、湳雅庄、石頭公、石頭公庄、潮興、許厝寮、埤斗、大平庄、普興、姜仔寮、內灣等（1904，〈台灣堡圖〉）。到了大正14年（1925）的軍部圖，本區範圍內有埤子頭、、犁頭厝、黃厝、東山、三塊厝、挖子、番子崙、菜公堂、柴頭井、下約厝、湳雅下、湳雅、湳雅中、湳雅上、石頭公、潮興、許厝寮、埤斗、大平、普興、內灣等（1925，〈台灣軍部圖〉）。這也就是，日據初期時，本區的庄頭在穩定中持續成長，甚至還有在街政轄域上一拆為三的分治現象。

戰後，本區由北到南有黃厝、北邊田頭、五房田頭、南邊田頭、北中山、中山、圳岸腳、三塊厝、挖仔、何厝、大厝內、大宅、崙仔底、柴頭井、魚池內、崎仔腳、田中央、月眉池、龍井、湳雅、水井、平和村、仁和（石頭公）、朝興、許厝寮、埤斗、平和、太平庄、復興、內灣竹圍子、新庄、香山等，這些聚落有姓氏開發的庄頭，有地形變化特色開發的庄頭，甚至還有地理形勢上的區位安排之庄落開發。

由上面的老舊地圖與史籍記載，可以窺見整個地方的發展脈絡以及自然地理的特色。參考一份日據初期台灣總督府民政局殖產部礦業課的台灣全圖記錄裡，彰化八卦山台地山麓一帶的庄落，相較於平原帶的開發，山腳路一帶顯得擁塞與綿密，而且還能南北線性延伸開來。它能在有限的山坡地上營建民宅與開發村落，顯有其背後的原因與特殊意義。本研究即針對等高線40公尺範圍內的山麓地帶，北起黃厝南邊的北邊田頭，經東山庄往南跨越大村、員林、社頭、田中等四個鄉鎮，然後在等高線60公尺左右的內灣、香山等地打住，探究形塑此一地域性建築特色的背後動力。

二、特殊族群凝聚

走在八卦山麓的山腳路上，普遍使用福佬話，加上直接接受了漳州府祖籍，原本以為它是一般的閩南人村落。然而，穿梭在堂屋與房舍間時，卻為其語音、女性持家的特殊角色，甚至在家族力量的凝聚上，形成特殊的族群團聚力量，使我們有必要斟酌其族群祖籍。

1. 族群再界定

一般將台灣漢人分成漳、泉、客三種人群（陳漢光，1972：85）。在刻板印象中，又將客家人歸納為廣東人，一般的解釋則以客籍居民來得最晚，人數也最少，為弱勢族群；並提出由於平原部分早經漳泉居民盤據，客家人只好往沒有人去的山區，或人家不要的荒地，所以歸結客家人皆分佈在山區邊緣或台地（陳奇祿，1972：130-131）。許嘉明則進一步認為其多係來自廣東省原操客家方言的居民，由於已經過福佬人的同化，乃稱之為福佬客，並且指出其福佬化程度相當徹底（許嘉明，1973：165-187）。

然事實果真如此？在台灣的閩粵移民中，講客家話者，一定只有廣東人嗎？客籍居民來台的確比較晚嗎？客家人甫一來台即因平原部份無立錐之地，即逕行往山區或人家不要的荒地去嗎？然而，彰化八卦山麓一帶的居民可卻相當不一樣。

2. 語音再斟酌

山腳路一帶的居民，在一片「尋根」與「追本溯源」的熱潮中，於返鄉祭祖後，由來自原鄉的客家話與客家風俗習慣比較，才證實自己原為客家人身份，著實讓當事人相當的錯愕。經相當的討論後，當事人才從依稀記憶中，尋回部份語言的差異。經實際田野調查比對，一些語言上的語音與稱謂差異，多少讓這種隔閡得到些許解釋。

大村黃厝的黃姓族群，以及北邊田頭黃宅，在稱「叔叔」時，皆習

慣以「阿叔」稱謂，為客家人的稱法，而附近賴氏居民以稱黃姓為「客底」。員林番仔崙黃姓的曾祖父輩還會講客家話，其可見一斑。社頭與田中的劉、蕭兩姓，其在傳統母親角色的稱謂上，上一代的人有稱「阿ieya」（許是姨之稱謂），經查證苗栗縣客家人也是如此稱謂，而台中縣石崗鄉社寮角一帶的客家人則是稱「阿ya」，其音域相當接近。另稀飯（或粥）有稱「mai」，常常（或時常）則有稱「東東」，蠶的稱法為「gysur-a」，壁虎有稱「gari」……等，這些是點滴捕捉到的語言差異，有必要近一步釐清，然可以感受到「r」音與「ya」音的綜合，前者有與彰化縣永靖鄉客家人的音域接近，後者又接近台中縣東勢一帶客家人的音域，顯見其語言上的特徵有待斟酌。

3. 女性持家的特殊角色

八卦山腳路上的幾個不同姓氏族群中，很多是女性持家或綜理家族大小事宜，在移墾社會過程中，東山曹姓即由七世祖曹應祿之妻何慈發率四個兒子來台墾拓；三塊厝江姓則由江東興之妻劉氏率子講、曉、札、調、親等五個兄弟來台拓墾，其家產也曾由廖氏掌管收租（參考地契）[2]；南邊田頭賴姓也由邱溫惠媽帶領子孫來到八卦山麓；田中鎮香山里的陳答一族也是在十二歲時由媽媽從碧峰村帶來；另員林鎮北中山的黃宅，其也是由黃媽吳迅帶子嗣前來[3]。由此可知其女性角色吃重。再者，在祖

2　地契原拷貼於修德堂公廳，內容詳如下：

「親立典田契字九胞伯士參有承租父遺下應份鬮書秧田壹坵坐址在東山庄大厝前其田東公路西至圳溝南至功侄元，知田比至堂侄元墻田四至界址分明併帶大圳，岸上竹木在內原無配納大租今因男元禮婚娶之銀費用托中就典胞侄元度仝妻廖氏出首承租自為己業，當日會中言議出得時值典價銀肆拾大員正銀契即日會中兩相交收足訖其田隨即踏明界址交付與元度仝妻廖氏掌收租保此秧田明係胞伯士參份下鬮書物業與兄弟侄人等無下併無重張典掛他人亦無來歷不明等情如有此情係參一力極當不干典主之事明約此田自壬未年十二月典起限至丁巳年十二月取贖若是新期無痕取贖此田仍歸典主掌管收租胞伯士參斷不敢異言生端滋事，此係二比甘願各無反悔口恐無憑親立典田契字壹紙併帶上手契壹紙付執為欵即日仝丁收過契面銀肆拾大員足再廢批明上手契尚缺壹紙連在公厝契難以分拆後日拆出不得藉此生端再暢批明此秧田若胞伯土參自己不欲耕作不得贖回再典他人已願　　道光二十七年歲次丁未十二月日親立典田契字人胞伯士覽　為中人房弟士江」

3　員林鎮地中山黃宅在其正堂大廳內有一紙說明作為家訓：

「迅媽登程往異鄉，各從勝地立綱帶，吾思外境猶吾境，你在他鄉即故鄉，且久莫忘親命語，晨昏當薦祖茶香，願從丐地垂麻慶，三七男兒總熾昌」

先牌位上，有子嗣女性皆位列先生之旁，而且地位相同。目前許多家族仍為女性持家或綜理事務，像三塊厝江家、江厝、大厝內張宅、朝興翁家、內灣陳家……等，顯見女性地位之重要。另朝興翁姓族譜有記載，當年第九世大頂公來台時，妻房在大陸，「所以純惠媽在大陸不能奉名神位」，於此也可知其是根據妻妾在家裡的重要性或意義來定位。

4. 族長等主事與仲裁

即至今日，社頭漁池內劉宅仍有族長設置。日據以前，社頭、田中的劉、蕭姓皆有族長的設置，其專為處理族中之紛爭或仲裁，像民國45年（1956）前後，崎腳劉家在有關屋後相思樹買賣處分之事，即由劉永府出為處理[4]，是為族長的身份代表。像月眉池與崎腳兩組劉姓建築組群，族中大佬即一再吩咐，左右兩翼的房子，只要子孫不夠助住，即可砍伐一部份竹林，另蓋新的縱向護龍，唯屋頂高度不可超越正身「公媽廳」的屋身與屋頂。其它像石坑趙家、林厝詹家、三塊厝江宅、朝興翁宅等皆有類似的長老身份，代為公斷家務。然近來，受到社會組織法，以及家族成員擴大的影響，民國83年（1994）2月以後，崎腳劉家因為寧遠堂年久失修，擬重新整修，即成立有主任委員一名，副主任委員二名，執行委員二名，總有五位的家族成員代表，是為新的肆應。

5. 重功名與頭銜

幾乎每個家族都會以子孫的功名利祿成就為榮，調查範圍內的山腳路一帶至少就有五對旗杆，其為清朝科舉功名表徵，南東山修德堂江宅有「選魁」牌匾與旗杆座；平和大厝底蕭宅有蕭輝烈的貢生牌匾「選元」（嘉慶12年）及旗杆座；月眉池劉宅有「選魁」牌匾及旗杆座；南東山江厝北邊的林世彰堂也有林孚選的貢生牌匾「選魁」；中東山曹金鳳進

4　崎腳劉家寧遠堂大廳有原公告有一紙如下：
「維寧遠堂廳堂民國三十一年改建至乎十餘部份有破損爰族親聚議源商結果　贊同修繕因令資源
　族親商議後　聚後面之相思樹出賣得款壹萬肆仟玖百肆拾元　充作修繕經費有餘者後面之荒
　地載種極稷荔枝龍眼等之果樹造產以期收入　修繕部分廳堂隔作兩間及大門之改修水口水溝
　之改修等為廳堂之清雅起見　府榮廳內任何人不信是不偽之物　吾籌商　劉永府」

士則有牌匾「選魁」（嘉慶 17 年）及旗杆座等。日據以後，科舉功名取
消以後，取而代之的是文官的任用資格，內灣陳宅即有陳茂經於昭和 12
年 11 月考上高等文官的牌匾，類似這類牌匾三塊厝也有。光復後，一度
由博碩士學位的照片取代，然近年來大廳的牌匾卻有了新的尊寵，家族
子弟在外謀生，賺得一些錢，或生意興隆，即會寄回來匾聯，像月眉池
劉家的廣化堂上有雙之機車行的劉勝雄所贈牌匾。於拜訪諸多民宅中，
家族成員也會津津樂道，家裡出了民意代表、農會理事……等，特別是
內灣陳宅，其在公廳上有直接把子孫的博碩士貼滿側牆壁，子孫還強調
家裡出了幾個醫生、幾個博士、幾個高等考試及格，這些事例皆成了家
族的光榮與尊寵。

6. 輾轉遷徙偏安

　　山腳路上的族群，大都不是直接來到八卦山麓的。泰半為從鹿港上
岸之後，先在平原帶找個棲身地，然後視治安與環境，再作調整。少數
有從南部北遷的，其中的原因為墾拓過程中，泉、漳、客族群在土地利
益上的侵奪，客家人為其中的少數族群，因此一再遷徙。社頭一帶的劉
姓族群，於康熙中葉，從原鄉南靖過來時，經由兩個路線，其一是由鹿
港上岸，經埔姜崙、埔心、關帝爺廳，來到枋橋頭、新厝，最後才來到
山邊的湳雅、崎腳[5]；其一是由嘉義外海上岸，然後經民雄，最後才轉來
彰化依親，來到山邊的月眉池與家族的其它成員毗鄰而居[6]，其中枋橋頭
與新厝是他們的中繼站，也因此今天新厝都還有劉家的「公厝」。社頭、
田中一帶的蕭姓，於雍正、乾隆年間，經鹿港上岸，然後大舉入墾彰化
東南邊緣的大武郡社域，其中部份族支有遷往埤斗，最後才來到水井、
平和、石坑、朝興等山麓地帶，因此在鴨母湳池有最早的家族宗祠（即
「芳遠堂」，屬共同的宗祠，一般稱大宗），另卓乃潭（有書山祠）與
埤斗（有斗山祠）則為轉進的根據地[7]。朝興翁姓，於乾隆年間（1757）
來台，先是往名間鄉大車路一帶開發，1789 年被同庄蔡姓欺侮，乃遷居

5　崎腳劉家族譜，另口述自劉永府及其它劉家子弟。
6　月眉池劉家族譜，另口述自劉家子弟。
7　蕭氏族譜，另訪談自蕭姓子弟。

大武郡武東堡潮興庄定居[8]。南邊田頭賴姓一族，也是由鹿港、經大村鄉的港尾、大港墘，最後才輾轉來到山邊[9]。石坑趙姓則在乾隆中葉由鹿港上岸後，先入墾今大肚，最後再輾轉經彰化市，來到社頭石頭公[10]。員林江姓來說，三塊厝江姓，於乾隆初年由鹿港上岸，先是在浮圳一帶落腳，最後才來到山腳路上；其他江姓也是輾轉經浮圳再遷居山麓[11]。內灣陳姓來說，為道光初葉才入墾，先是在湖水坑一帶墾闢，後輾轉遷徙至內灣[12]。員林挖仔何姓，於乾隆中末葉來台，於十一世時何雲族支移大村鄉犁頭厝，其後再輾轉來到更南邊的挖仔一帶[13]。黃姓來說，北邊田頭與東山兩支，也是輾轉經港尾，來到山腳路。林厝詹姓則為經員林，再轉到山麓[14]。最特別的是東山曹姓，於康熙中葉由鹿港上岸後，直接入墾山麓地帶，然其墾殖範圍卻從今東北里延伸到中東里[15]。

在這些山腳路的居民，泰半經過平原帶的幾處中繼站，都是在今縱貫鐵道邊，也就是在平原帶與山麓的交接處，水源最充足的地方，像港尾、浮圳、枋橋頭、新厝、鴨母湳、卓乃潭、埤斗⋯⋯等即是。然因族群的不斷擴大，加上移民入墾日增，乃就近遷往山麓邊，成為一再遷徙模式所形成的偏居一隅。

7. 調息族群械鬥與土匪侵擾

彰化縣域的族群分類械鬥由來已久，最早為清乾隆 47 年（1782），止於道光 24 年（1844）；其中稱影響較大的有四次，據彰化縣志所載，乾隆 47 年、嘉慶 11 年、14 年等三次，屬於泉漳人社群間的械鬥，另一次是道光 6 年的泉粵械鬥（周璽，1823，彰化縣誌，544-588）。械鬥之產生原因不外是會匪煽亂，或是社群間的小誤會或是衝突，然最後必導

8　翁氏族譜，另訪談自翁姓子弟。
9　訪談自賴姓子弟。
10　趙氏族譜，另訪談自趙姓子弟。
11　江氏族譜，另訪談自江姓子弟。
12　陳氏族譜，另訪談自陳姓子弟。
13　何氏族譜，另訪談自何姓子弟。
14　黃氏族譜，另訪談自黃姓子弟。
15　曹氏族譜，另訪談自曹永利及其他曹姓子弟。

致焚殺劫掠，甚至造成壁壘分明的清界行為，而客家人總為少數族群，且散居各處與漳泉人雜居，於清界時變成為匪徒劫掠或焚殺的對象，發生在道光年間的泉粵械鬥，即為其中最慘烈的。研究區內，在挖仔東南山區，或菜公堂、柴頭井東側邊，本有一泉州厝，然已不見泉州人縱跡，據聞即是在族群械鬥下逃離。另彭城堂劉姓也是稍晚才來到林厝山腳路，其土地購自詹姓。振興里張宅原也是

從溝皂里搬過來的。黃可六族支的房產則是向羅姓所買，江夏堂黃宅則由埤斗經詹厝厝，於道光年以前來到林厝里發展，這些事例到底與械鬥、紛爭有多大關係呢？有一點可以確認的是，上述家族皆為廣東潮州客籍人士，且為最晚到山腳路來的。而朝興翁姓則在名間鄉大車路被蔡姓欺侮才搬來的，時間為乾隆末年。大村黃厝村賴、黃兩姓的土地買賣紛爭，竟發展為族群械鬥，賴姓人士還有人被殺死，使得日後賴姓子孫在嫁娶上，拒絕了黃姓。東北里林姓家族還獲八卦山東麓過溪的霧峰林家允諾保護其安全。

研究區內還有匪亂的侵擾，像黃厝賴姓人士即提到，來自西螺半天鷹的土匪頭目率眾來侵襲；港美村一帶，水錐的賴姓土匪；住大路邊名「貓仔 ni」的土匪，都對山腳路一帶有所侵擾。即便較晚搬來的大邸黃可六族親，也指證歷歷，說到為怕土匪搶劫，家裡還有四支鎗，右內護龍有一支鎗，右外護龍則有三支鎗，其戒慎恐懼可見。值得一提的是黃厝的賴姓人士，曾於日據大正四年（1915）參與礁吧哖的抗日事件，且有多人犧牲，時至今日，賴姓族人還自喻為「舉紅旗」造反。

正因為族群械鬥與土匪侵擾的移墾社會，山腳路一帶相沿多年之地方平靜與安定才更令人珍惜，成為最平和的安居地，它建構了充滿衝突的移墾社會所亟需的調息。

8. 從單姓村落到聚族而居

山腳路調查範圍內的村落，有因單姓而聚集成村，甚至以姓做為村

落的名稱，由北到南分別有大村鄉的「黃厝」、員林南東林的「江厝」、員林仔附近的「何厝」、社頭湳雅田洋間有「呂厝」，還有在田中南邊有一個未正式登載的「陳厝」，這些都是因為單姓聚集而得名。另外，同姓的親族，會在同一區內集結，互相照應，團結力量，像南靖施洋劉姓即從社頭北邊的埔蓁林開始，往南有漁池內、月眉池、崎仔腳、田中央、北勢頭，甚至在龍井村還有劉氏家廟，一直往南到湳雅大坑，其範圍之大，南北長 1680 公尺，著實驚人。至於蕭姓，分佈在平原帶，從社頭北邊的鴨母湳池往南，經社頭、舊社，到達田中的卓乃潭，再往東延伸到埤斗，繼續往山腳路延伸時，雖不完全在線面上形成大塊聯結（中有翁姓、趙姓、呂姓夾雜），卻也在水井、平和、石坑、朝興一帶，形成 1900 公尺帶狀延續，往南雖然在埤斗一帶還有蕭姓族群，然其延續自平原帶，與山腳路的關係不大，其北邊緊貼著劉姓的地界，往南則連接陳姓的地域。陳姓則從山湖村往南，經許厝寮、清水岩，跳開埤斗，還有平和、太平庄，穿過復興，到達內灣、香山，族群建築斷斷續續，都可達陳姓地界，南北延伸有將近六公里之長。

　　至於社頭北界，往北延伸至員林，一直到大村南界，姓氏族群的集結規模較小，只有北邊的曹姓與黃姓稍具規模，然不到 300 公尺。無論大小，這些都是聚族與圍族而居的聚落。據訪談得知，他們是為了在地方械鬥與治安維繫上，使族群得以凝聚，而且，這是長時期調整的結果。

9. 小結：從平和客、永定客、詔安客、南靖客，到潮州客

　　從語言語音、生活習慣中的特殊單姓聚族而居、女性持家或女性為主的特殊角色等，種種現象，說明山腳路的族群為不同於平原靠海的泉州人及中北部平原帶的漳州人，那麼他們到底是什麼樣的社群呢？據長庚堂江宅的人士回大陸省親的結果，竟然發現原鄉平和縣的江姓是住山邊，而且是說得一口「客家話」，並且是以純客家人的方式過生活，一時之間頗使省視之江姓人士錯愕。類似這種的情形，社頭劉家、蕭家的祖籍地，漳州南靖施洋，其實也都是客家人地域。再者，山腳路上的角

頭廟，你也可以看到祭拜「三山國王」，像龍鳳山寺、圳安宮、忠聖宮、大田宮、興安宮……等。大村與員林交界的五房田頭與南邊田頭間，即有一座祭祀三山國王的小廟，那麼，事實已經很清楚了，他們其實就是客家人，或許在歷史遷徙過程中，由於不同族群間械鬥與紛爭，加上以往少數族群的遭受歧視與迫害，以及生活在閩南人中，早已遺忘了自己的語言，或是在多數族群的社會意識形態壓力下，不太願意去承認自己是客家人。長久以還，也就忘掉自己原就是客家人，一般在人類學上有謂這種福佬化嚴重的客家人為「福佬客」，也就是說，時空改變中，這些族群早已失卻原客家人的身分與表徵，再衡諸蕭、劉兩姓，其漳州南靖施洋原鄉居住地原本就靠山區，已經相當接近潮州地域，此外，林世彰堂族親的詔安籍原即是客家人的一支，而三塊厝江貽謀族親的永定籍身分，也是客家人的一支，至於彭城堂劉姓，黃、詹、張三姓等，其原籍則為廣東省潮州府。因此彰化八卦山山腳路聚落調查範圍內的這些族群，其實是福佬化了的客家族群。

三、民居空間形式

從大村鄉南邊，經員林鎮、社頭鄉，一直到田中鎮南邊，綿延 16 公里的八卦山麓，有六至七十組龐大的多護龍或多院落庄落。雖然，在山腳路兩側有不同等高差的錯落，以及，在四處拉開了較明顯的距離：其一是員林鎮湖水里的挖仔一帶（有 650 公尺寬距），其二是員林鎮林厝里的林厝仔一帶（有 650 公尺寬距），其三是員林鎮林厝里的柴頭井一帶（600 公尺寬距），其四是田中鎮平和里與太和里中間（即平和到太平庄間有 1900 公尺的寬距）。它們因地形陡峭，移墾較晚，為雜姓村落，建築型態十分簡單，所以這幾個地方並沒有採集樣本。然而就整體山腳路墾拓過程與地方開發來說，這些村落並不影響山腳路地方特性之表現，這也就是說，研究者調查的這五十七座民宅，在八卦山麓的帶狀連續地景形式展現上，仍是頗具代表性的。

1. 山麓下的帶狀居住模式

研究區的範圍從大村鄉的黃厝南邊開始，起自北邊田頭、五房田頭、南邊田頭等三組庄落，再經東山、圳岸、三塊厝、挖仔、何厝、大厝內、大宅、崙仔底、柴頭井、魚池內、崎仔腳、田中央、北勢頭、月眉池、湳仔、水井、平和村、石頭公（仁和）、朝興、許厝寮、埤斗太平庄、普興、內灣、後庄子，一直到香山等二、三十個聚落（按：大小庄落類規模不一，甚至有些有登錄，有些沒有，甚至有些聚落還分頭前、北邊、南邊，因此聚落數目無法確切計數），由於其民居空間普遍圍繞正中央的堂屋祖業為聚攏，形成多護龍、多院落的龐大組群建築組合，所以在山腳路兩旁依山麓地形，形成帶狀村落，特別是員林鎮的北東山與三塊厝，社頭鄉的協和村與湳雅村，田中鎮的平和與太平庄等三個區塊最是密集，為沿山腳麓排排座線性展開，其單座建築面闊可以從 20 公尺到 175 公尺，絕大多數集中在 65-89 公尺之間，平均值為 80.79 公尺，相當龐大，幾處密集連接著的，竟可以延續達 320 公尺（像三塊厝），這些建築組群分列八卦山麓的東西兩側，有綿密接連，有斷斷續續的，其中以東側依山起築者居多，由是在八卦山山麓一帶，形成帶狀聚落的特殊景觀。

2. 莿竹環繞的圍場與地形變化的庄頭

本區的每一棟民宅有莿竹叢植圍繞，俗稱「莿竹圍」，其規模與形貌恰能對宅邸形成保護作用，甚至在兩棟民宅之間，莿竹尤能成為緩衝空間或界線，社頭鄉協和村一帶即有厚達 110-185 公尺寬的莿竹圍作成界線隔離的領域或有包被感的空間圍場。另外，在地形變化下，本區所處的八卦台地西坡地勢相當陡峭，小地形起伏變化大，因此沖蝕現象頗為嚴重，有許多溪谷水流切割整個台地，且其流速短且急，每逢暴雨即會挾帶大量砂石而下，因此歷來即有所謂的野溪整治，為藉上游的攔砂壩來減少淤砂，於是民宅、聚落皆避開野溪谷地或流域的沖積扇面。所以本區從北到南即有由土地公坑—佳柔坑（北邊田頭、五房田頭）、大樹坑（南邊田頭）、油車坑（北中山）、土地公坑（中山）、出水坑（中

東里）、柴坑（南東里、東山）、錦安坑—大崙坑（三塊厝）、麟鱗坑
（挖仔）、湖水坑（大宅、林厝仔、柴頭井）、埔蔘林坑（魚池內）、
滴水坑（崎仔腳、月眉池、湳仔、水井）、湳雅大坑（平和、石頭公）、
石頭公四坑—石頭公三坑—石頭公二坑—石頭公小坑—石頭公大坑（朝
興）、雞心坑—苦嶺坑（山湖村）、番仔坑—南投坑—針湖坑—芋仔坑
（許厝寮）、清水岩坑（埤斗）、太平坑（平和）—（普興）復興堤防
等溪谷切割成二、三十個自然區塊的集居聚落與庄頭。

3. 背山面水的空間形式

　　八卦山台地高亢陡峭的地形起伏，使得山麓的單座民宅、庄頭或小
區塊的聚落都很容易對應到屋背的任何小山頭，其或有些微的小地形變
化，然民宅的配置對應屋後的高聳山尖的理念，仍然很清楚的表現出來。
山麓沖積上的民宅，普遍位居在 35 至 55 公尺的等高線上，至於屋後的
山尖，從北邊黃厝，東山的後山 719 公尺標高，到南邊內灣一帶後山的
902 公尺標高，再比對西側平原地帶的平坦地形，在配置上很容易展現前
低後高的地理形勢。

　　八卦山台地就其山巒起伏形式來說，因台地之活斷層群散佈，加上
台地表面覆蓋紅棕壤土層，其下還有很厚的礫石層，雖挾雜薄的砂岩與
頁岩，然皆容易被風、雨、水沖蝕，使得整個地形雖丘陵累疊，層層重重，
一說山形呈頭高大、尾低小的形狀，另有說側望如旗，若從正面望之，
其形又若覆釜、覆舟、半圓形的山巒，然由於山坑、野溪、排溝等的作用，
地形的起伏變化隨大雨沖刷表土、地震的崩塌、水土保持的不穩定、颱
風的災害等，改變山形走勢，甚至彼消我長；因此山形的摺曲，隨時扭轉，
山尖山形也不會永遠固定，所以坑谷的名稱多過山名，山名較著者北起
彰化市的八卦山（舊稱望寮山），員林的百果山、社頭的牛公嶺、橫山、
田中的鼓山、弓鞋山，二水的獅子頭山、墓埤山，另有許多因應此一地
形的地貌，像彰化市的水越台，花壇的虎山巖，社頭的清水岩等（鍾義
明，1988：114），然無論如何，這些巒頭山形係供屋後屏障與辨位之參考。

圖 1　彰化縣社頭鄉湳雅村月眉池劉家建築組群屋頂平面圖

　　至於屋前、門前的狀況來說，則又可對應到豐沛的水資源，員林街東側屬石筍埤圳、五汴分圳、番子崙圳、番子溝圳、三條圳等範圍，社頭街東側則屬香山圳與八堡一圳本圳等的範圍；研究調查範圍內甚至還

有八座民宅在其屋前挖掘有水池（按：日據初期研究區內的大小水池至少有十六個），皆為風水池的處理。

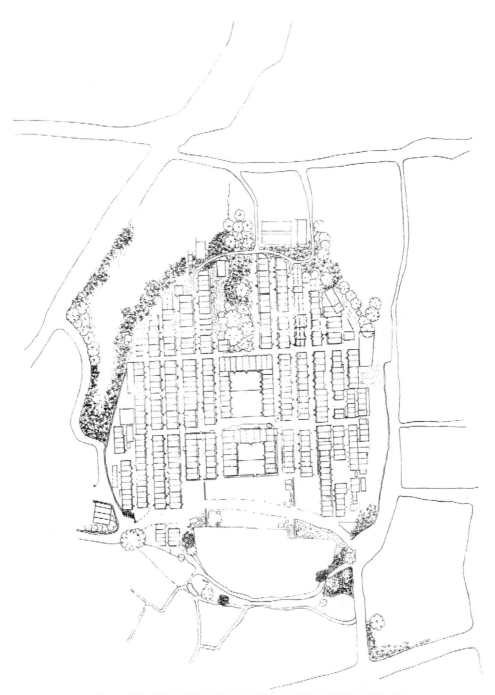

圖 2　彰化縣社頭鄉湳雅村月眉池劉家建築組群平面配置圖

4. 多護龍、多院落、或左右不對稱的平面布局

　　研究調查範圍內的民宅，其建築平面格局若不是表達在左右多護龍的組合，就是前後的多院落多進門道的組合，也有兼及多院落與多護龍者。單院落多護龍者有 16 座（佔 28%），其護龍最少五條，最多竟有達15 條者，平均起來也將近有八條之多。多院落多進門道者有 41 座（佔72%），兩落者有 23 座，三落者有 13 座，四落者有 3 座，五落者有 1 座。至於其護龍數最少者為三條，最多竟高達 16 條之多。至於左右兩邊的對應，有 37 座（65%）建物沒有對稱，雖大部份只相差 1-2 條護龍數，然竟也有左右不成比例者，像大村五房田頭賴宅即是左三右六，員林中東里曹宅榮德堂即左三右七，田中平和里陳宅為左五右二等，為相當突兀的處理方式。甚至，大部份多院落的民宅都有在前後形成不對稱的護龍數，特別是二落以上規模的民宅最不稱齊。究其原因，為分房持家下的不同發展速度、土地大小的限制，以及地形落差的區隔等使然。這就是有關山腳路一帶民宅平面布局的特色。

圖 3　社頭鄉湳雅村月眉池劉家及四周田園整體環境形勢

圖 4　社頭鄉湳雅村月眉池劉家屋前、正身大廳正前方，圍牆上有天宮爐

5. 堂、宮、廟、宗祠多重混雜的神祇信仰

沿著八卦山山麓的山腳路來說，到處可見道觀、佛堂、宮、廟，兩野溪坑之間的沖積扇台地即有一座宮、廟、寺，或者是以聚落、村莊為單元，從北到南有：五行宮（黃厝）、忠聖宮（南邊田頭）、圳安宮（圳岸腳）、鎮興廟（南東里）、天化宮（三塊厝、挖仔）、南賢宮（湳仔）、天聖宮（北勢頭）、龍鳳山寺（石頭公）、福天宮（仁和）、泰安宮（平和村）、大田宮（山湖村）、清水岩寺（許厝寮）、順天宮（太平庄）、興安宮（普興）、福隆宮（東源里）、善德禪寺（內灣）等。其中天聖宮、大田宮、興安宮等甚至還與家宅大廳混用。這些宮廟的距離有從 375 公尺到 870 公尺都有。另外壇、佛堂、小祠堂也到處林立，祭祀範圍就比較小，為小單座建築或數座相連建築群集，從北到南可以看到觀聖堂、鎮興堂、增盛堂、天化堂、彭城堂、玉修堂、廣化堂、悟修堂、東聖堂、聖玄堂、明玄堂、萬善堂、慈濟堂等，規模都不大，比較像家庭式的神壇或道場。至於家祠堂，則每組建築物皆有一共同的祭拜處，尤其二水一帶的家祠堂還每戶都分開供奉與祭拜。再者，像南邊田頭賴宅、崙仔

底黃宅、北勢頭劉宅、崎腳劉宅、月眉池劉宅、石頭公趙宅等，皆以將爺廟當作為家宅入口大門外的守護神。其它尚有樹公（中東里、圳岸腳）、石佛公（圳岸腳）、大聖公（南邊田頭）、土地公、石敢當、百姓公……等。

6. 多圍水田、屋前禾坪、宅後果園與山林的農事耕作空間形式

調查範圍內的農事耕作，主要有田與園的兩大分類，大致說來西側較平坦地形皆為水田用地，東側丘陵崎嶇地形則為山林果園的種植地。這也就是說，員林員東路以南一直到社頭湳雅國小、湳雅橋之間地域，有將近五公里（4750）長度，全部皆以山腳路區分西東兩側的田與園，其主要涵蓋三塊厝、挖仔、何厝、出水、林厝仔、柴頭井、漁池內、崎仔腳、月眉池、湳仔等，其中崎仔腳、月眉池、湳仔三地且還往山腳路以東——等高線 35.5 公尺處退縮，盡闢為水田地。至於北邊與南邊的情形，其水田皆分佈在山腳路以西更平坦的土地，出水坑以北在等高線 25 公尺以西，出水坑以南在等高線 35 公尺以西，水井、石頭公以南則在等高線 42.5 公尺以下，湳雅橋以南可以說根本就是沿八堡一圳本圳的東西兩側分佈，總括的說，此一分界線主要仍是以民宅起築的界線為劃定，也即屋前外圍有水田，宅後則有大片的山林果園。至於丘陵地的栽種，黃厝、東山、三塊厝一帶，主要是以鳳梨、龍眼為主，以南的地域則有橄欖、荔枝、龍眼等。調查範圍內的 57 棟民宅中，有 39 棟（占 68.4%）俱有內、外兩重的禾坪或稻埕，其進深有從 25 至 50 公尺不等，內小外大，並由一圍牆或不同高度的地坪作出區別，其餘皆為單一禾坪，面積可也相當大，有從 17.5 至 25 公尺不等的進深，說明偌大禾坪的需求為山腳路這一帶的地方特色。以上為宅園前後的空間配置。

四、宅相與民居生活特質

從這些民宅在整個八卦山麓的地理空間配置特性展現，經資料的彙

整，再透過比較分析，並輔以採集到的契字文書，以及口述訪談資料，
進一步討論其常民生活的特質，為家宅裡裡外外的生活空間之展現。

1. 形家風水上的環境對應與宅相

八卦山台地的巒頭，風水解釋上，說明其左右為平原（左為南投盆
地，右為彰化平原），背後是海，前面為隔著清水流的竹山丘陵，於是
南高北低，東西傾斜的地勢，活像一隻由海裡爬出來的大龍蝦，而溪水
則由南邊湧來，有若蝦鬚。玉山的龍脈向北轉西，再由西方衝起這隻自
北南向而高的大龍蝦，其蝦頭則朝南仰望祖山，為巽乾方向之橫貫。因
此整體觀之，八卦山台地之龍脈拉得相當長，地局也夠大，美穴名地相
對的也應該很多，民間普遍流傳的即有二水的獅子頭、飛鳳形、松柏坑
的牛穴，田中之鼓山（桃形山），社頭的鷹形山、清水岩，員林的百果山，
芬園的倒飛鳳、蛇穴，花壇的虎巖，八卦山之毛蟹穴、風爐穴、虎形、
金梭形（土名柴梳金），快官之毛蟹穴……等（鍾義明，1988：112）。
那麼身處如此漂亮龍蝦龍脈之軀背的山腳路來說，這些民宅與聚落理當
也得到福蔭，透過形家風水在環境對應上作一比擬，其在宅相的配置即
有許多的重視與安排。

山腳路上的這 57 座民宅，絕大部分都左座山觀局上形成建築座落，
配合地理紋脈形成前低後高的宅相。首先，在地脈走向上，可以區分出
三個走勢，坐東向西或有稱偏一點南、北者佔 37 棟（佔 65%），坐東北
向西南者佔 15 棟（佔 26%），座北朝南或稍偏一點西者佔 5 棟（佔 9%），
這中間有三棟民宅在宅相上無法作一般解釋，即畲仔底黃宅、龍井村呂
宅、新庄陳宅等，因為它已經脫開地理紋脈走勢，其餘都充分掌握到地
理的脈勢。再者，在地形落差變化坡度的掌握上，最緩的是 0.73°，在北
邊大村鄉黃厝一帶，最陡的是 4.01°，在社頭鄉水井、石頭公一帶，總平
均坡度達到 2.06°，其在八卦山麓能順應地形，掌握如此低緩坡度變化，
為居室環境的有利條件。像北邊田頭黃宅、五房田頭賴宅、永利堂曹宅、
譙國堂曹宅、東山林宅、東山江宅、三塊厝長庚堂江宅、餘慶堂江宅、

大厝內張宅、崎仔腳劉宅、田中央劉宅、月眉池劉宅、水井蕭宅、大厝底蕭宅、石頭公蕭宅、石頭公趙宅、朝興翁宅、山湖陳宅、鴻門巷陳宅、清興路陳宅、香山陳宅、香山蕭宅等 22 棟民宅，都是在座向與落差變化上掌握得相當清楚，建築營造皆依地形的曲繞走勢而配置，並且，屋後還對應小山頭，其中東山江宅、月眉池劉宅、水井蕭宅等還跨 7 到 12 公尺的高程落差變化，宅相更是氣度恢宏。

　　進一步來說，這些依地形處理的座向，還有依形家風水的地理宅穴取出名號，像五房田頭賴宅說是「毛蟹穴」，南邊田頭賴宅說是「五鬼搬運」。而從北中山到中山的後山，據說即有一條長一公里的「蛇穴」，三塊厝長庚堂江宅說是「墨池硯池穴」，林厝里彭城堂劉宅說是三個生肖，崎仔腳劉宅說是「螃蟹穴」。月眉池劉宅說是「土虱穴」，石頭公趙宅說是「船穴」等。這些都可進一步說明其附和形家風水，也可看出山腳路兩側居民對地理堪輿的重視。

2. 從精神到實質的防禦手法

　　山麓一帶的民居，由於處在農業移墾時期不同族群的利害衝突，不管是水源的多寡、地界的爭議，甚至還有土地的侵奪等，皆有拳腳相向以及械鬥紛爭，像北邊田頭黃宅即有與五房田頭拼鬥的事例，就是為了土地買賣所結下的怨，另有地方流氓、搶匪，與政局不安下的匪亂，逼使同姓族群在共同精神與相互防禦上多所準備。因此家族藉由媽祖信仰的吃媽會（社頭與員林一帶為大二媽會，田中一帶為湄州媽），帝爺公的拜拜（社頭山區與田中、二水一帶），自家私設的神壇，與幾家共有的寺廟共同形成守護，特別是家宅入口設有「五營」鎮守，或四方「土地公」的守護，家宅裡面分「祖先」與「神明」兩種不同的祭拜，甚至還分廳奉祀，透過層層的精神庇護網絡，使山麓一帶的居民得以保平安。而在實質防禦上，由外到內，更有種種保護措施。由最外圍的山溝護欄、土窟與圳岸角，到綿密的多重莿竹或果樹圈圍，進而在入口處營建山門或門道，作為管制，甚至還有藉內外兩重埕作一界分，造成前低後高的

有利形勢控制與周密防護，以形成最佳的防禦網。

3. 圍族而居、牽親引故的族群村落

山腳路上的民居主要有五大姓氏族群，也即曹、江、劉、蕭、陳，其泰半為同世系，也即來自某一代的同一祖先或是兄弟，其來台時間則有先後，甚至是互相提攜或引薦。曹姓有兩大支派，也即庭顯公與庭鳳公，其中以庭鳳公發展最迅速與龐大。江姓來說，有三個族支，來此時間也不一致，然卻互相引帶。劉姓更是傳奇，其有經枋橋頭、新厝，再轉往八卦山麓，下分六個族支，也即北勢頭、田中央一支（興明派下）、湳雅（天佳派下）、月眉池（天極派下）、漁池內（天聖派下）、崎腳（天開派下）、崎腳內（天闈派下）等，然移居時間則不盡相同，尤其天極派下為輾轉經嘉義民雄過來，興明派下則相當晚近搬來，然這些居然住得如此近，形成相當大的姓氏族群。蕭姓來說，其雖有書山（蕭奮派下）、斗山（蕭滿泰派下）、湧山（蕭孟容派下）三派，然原先僅前兩派在社頭、田中一帶發展，湧山派則於日據初期再由南投、草屯搬來，蕭姓三族支齊聚在山腳路一帶形成第二大族群。陳姓來說，其派別就很多，然卻也能在山腳路南邊（也即田中、二水一帶）形成會聚，也是圍族而居的事例。另外北邊尚有兩個賴姓族群隔鄰（五房田頭與南邊田頭）而居，三個林姓族群的毗鄰，黃可六的兩個族支也相鄰，皆為共同利益或安全形成一有利的團聚力量，在山麓邊區地帶形成族群凝聚的不同圈域。

4. 產業共生的集體農耕

山腳路一帶的同族共業共營生的觀念相當重，其中以劉家的幾個族支最為明確，像月眉池族支，其有四大房，家族共有產業由四大房輪流耕作，四年一輪，收成之後歸各房所有，然農忙收割與曬穀時，卻是四大房族親共同出力，或互為照顧小孩，互相有個照應。而崎腳族支也有類似的作法，只是整個家族早在日據大正年間已作分割處理，只剩後山的經營與管理，其它家族雖已分產，然在收割農忙時，內埕、外埕也可

見整個家族的紛忙。崎腳劉家在每家的後院，或靠山的地方，有自己的
「大灶」或「加工廠」，作為生產龍眼干的小工作廠房，互相支援，於
是每年的七、八月龍眼收成以後，整個家族也是裡裡外外忙碌著；家族
裡還有藉龍眼樹的花來養蜂的，因此另有蜂蜜的採集工作，具相當特色。
另朝興翁姓的內外埕內，也時常扮演集體農事的操作，除自家農業收成
以外，常看到各式各樣的家族集體勞動，像替外面廠商剝檳榔，或簡單
的食品加工。月眉池劉家與種德堂江宅還在家宅前的風水池上養魚。其
它各族支也有依賴大片祭祀公業會的田園，凝聚整個家族的能量。同為
山腳路的其它族群，也都藉集體農耕的農事操作方式維繫著整個產業的
共產共生關係，使家族關係得以再生產，也使力量得到進一步的凝聚。

5. 多重與多神信仰

山腳路上的民居，其在神明信仰上，表現出一種多重、多神的信仰
方式。一般福佬人（即閩南人）的信仰方式為在正廳牆上掛上一紙觀音
媽漆仔，其上彩繪有觀世音、媽祖、灶神、土地公等神像，另於神案右
側邊再供奉祖先牌位（列祖列宗在一起），相當簡單也很清楚。然山腳
路一帶居民的信仰方式，除前述分廳祭拜祖先與神明之外，其神明廳居
然有多尊神祇，也即燒磁、泥塑或木雕像等神像，少則2至3尊，一般
為5至6尊，最多居然有10至20尊（像崙雅巷崙安堂、田仔底大田宮……
等），出現最多的為媽祖婆、土地公、帝爺公，其次為關聖帝君、三太子、
三山國王，其餘的則見諸各式各樣的神，像西天大聖、知府王爺、華陀、
三藏法師、彌勒佛、濟公、薩山祖師、鎮武大帝……等諸神。有從南投
民間請回來的，有到外地割引香火時，特別從別的廟請回來的，也有因
以前在北部做生意拜過，返家攜帶回來，總之林林總總塞滿神明廳的神
龕，佛像與一般神明也放在一起，甚至正神與一般神，或邪神也都不區
分，劉、江兩家甚至將觀音媽漆仔與神像並置。

奉拜的方式來說，如果供奉的神明太多，或有主要的奉拜神明，常
另有「神明廳」的安排，後者常成為私人的神壇，像浮州林姓順德堂即

有圳安宮（第一落），三塊厝江姓餘慶堂有鎮興堂（第一落），崙雅黃宅有崙安堂（第一落），北勢頭劉宅有天聖宮（第一落），月眉池劉宅有廣化堂（第二落），山湖村鴻門巷陳宅有大田宮（第二落），復興陳宅有興安宮（右護龍，另左護龍有聖母堂）等。至於如何分派空間，林厝詹姓河間堂有將第一落正廳安排為「神明廳」，第二區正廳安排為「公媽廳」；水井蕭必讚宅則將第二落正身作為「公媽廳」，第一落右內護龍作為「神明廳」；平和大厝底蕭宅則在正身安排「公媽廳」，右內護龍安排「神明廳」；石坑蕭俊南宅則將第一落正身安排「神明廳」，一落左內護龍安排「公媽廳」；石坑趙宅則安排第一落為「公媽廳」，第四落為「神明廳」；其安置並沒有一個通則，很多是問神明而得來的結果，也有是相延續使用下來的習慣。

　　信仰圈來說，山腳路一帶的信仰組合相當複雜，不只跨區域，甚至還多重疊組。平原帶延伸至員林南邊山區，整個社頭、田中中北邊，全部都在社頭鄉枋橋頭天門宮的七十二連庄媽祖信仰圈內。田中鎮一帶屬湄洲媽次級團體，員林南邊山區與社頭鄉北半邊一帶屬大二媽的次級團體，社頭鄉東南半邊則另屬舊二媽的次級團體。另山腳路一帶與八卦山南邊東麓的集集、名間同為帝爺公（玄天上帝）的信仰圈，而帝爺公的生日，即成為山麓一帶歲末最重要的慶典活動。山腳路上間隔 375 公尺至 870 公尺即有一座宮、寺、廟，或以姓氏、村落、兩野溪坑間距作單元，其祭拜諸神就不一而足了，從福德正神、媽祖、城隍爺、觀音佛祖、關聖帝君、太上老君、玉皇大帝、五顯大帝、三帝公、三太子、如來佛祖、三山國王、石佛、到祖師公（慚愧祖師），為小地域團體的信仰。各族群間還各另奉自別處（北、中、南皆有）的神明，而多神明的祭拜現象，於各家「神明廳」內為數眾多的土偶神像擺設，即可了然於心。再者，社頭眾多劉家、石坑趙家、崙雅黃家等皆有五營將爺廟，安置在房宅外側入口處，許多家族還習慣以「土地公」廟作為田界與地界，再配合自家「公媽廳」內的諸多祖先牌位祭祀之庇護。山腳路一帶民居算得上護衛周密了。

　　至於偌大族群人數如何祭拜，一般是以輪流方式來祭拜，像內灣長庚獻瑞陳宅的祭祖即如此安排，每年的2月12日由派出所前的族親祭拜，13日由橋下的陳聲揚派下祭拜，14日由瑞成公派下祭拜，15日由陳西洋私房祭拜。或者是誰先到誰先拜，像南中山的江厝即是如此。也有在大廳前埕安排桌椅，其場面就很壯觀了，整個「埕」塞得滿滿的，然倒也沒有爭執或吵架之事，可見整個大家族在信仰祭拜時所肯定的和諧關係。

6. 可擴建的建物成長觀念

　　來自各個族支的繁衍擴大，原有家宅空間乃不敷使用，而原有建物的左右與後方卻保留有大片竹林、果園、相思樹的植栽空間，其為緩衝發展的空間，於是在人口不斷擴張下，為保有正身大廳的儀典性地位，只能往兩側或屋後增建，向左右兩側加蓋新護龍，往後往上加添第二、三，或更多的院落，整個建築組群有如一個有機生命體，不斷隨人口增長擴大，可以往外圍砍掉些許林木植栽，即可新蓋房舍，藉由共有土地來解決族人的居住問題。唯一的禁忌是，所有房屋的屋身高度不得超越正廳（神明廳或公廳），於是房屋主軸與核心物維持舊有形制，然組群規模與量體卻隨著人口成長而不斷膨脹。月眉池劉宅即擴大到二落十三條護龍，崎腳劉宅則為二落十六條護龍，其它超越八條護龍的建築組群比比皆是，且都是經歷多次的擴建結果，塑造了山腳路民居空間形式的一種強烈的特色。

7. 屋外獨立支柱與圍牆上的天公祭拜方式

　　客家人習慣在屋外圍牆上安置一退凹的壁龕，說是「天公龕」，為祭拜天公的一種方式（閩南人則是在屋內的燈樑下安置天公爐祭拜），因此每次拜拜必得跑到屋外來。山腳路一帶的民宅，雖也有部份是以外圍牆上退凹壁龕的「天公龕」方式祭拜天公（像劉家），然大部份皆在屋外。尤其是外埕的外側邊界上安置一獨立支柱，再於其上放一「爐」；也有直接在上面安置一個小竹管或小塑膠管，然後就在此位置祭拜天公，

拜完再將「香腳」置放其上。有些人家乾脆就在圍牆上拜，也沒有任何標記或處置，甚至就直接放一大香爐在屋外，作為拜天公的地方，員林大厝內張宅即崙仔厝黃宅即是如此處理。其實，上述祭祀天公的方式是另外一種經過轉換了的客家人祭拜天公之形式。

8. 重結盟的社群組合

除了上述圍族而居，或牽親引故拉引同姓族群居住一起，山腳路一帶的人際關係是相當複雜的，有跨山越水尋求結盟與支援的，像五房田頭賴姓當年與北邊田頭黃姓大拼鬥時，居然還尋求台中賴厝部的賴姓人士潛前來馳援。而三塊厝林家且提到，曾與八卦山另一頭的阿罩霧林家結盟，說到只要有難或危急，可以向天空放煙幕作信號。另曹姓原敦聘有江姓為西席，教育兒女，日後曹姓即贈與宅邸一座（即詒謀堂），一時傳為美談，曹江兩姓乃成為世代的好鄰居。至於劉蕭兩家來說，在大陸原鄉即已是鄰居，皆為福建省漳州府施洋一地人士，因此在社頭與田中一帶，劉蕭兩家和平共處已兩百多年了。至於蕭姓湧山派，原不屬彰化縣籍，然於日據初期，卻因平原地帶比較好發展，卻也移居到田中、二水一帶的山腳路上，與其它蕭姓族群為鄰。另有來自媽祖信仰的吃媽會，員林與社頭結盟為大二媽會組織，田中一帶結盟為湄洲媽祖組織，而南邊側，社頭山邊、田中與二水一帶，則又有以帝爺公信仰上所形成的結盟關係，如此多重糾合，使地方治安與人群關係有一適當的調處。

9. 合院空間組織表達的傳統家族宗法制度

傳統建築在主、次空間安排上，有居中為尊、左大右小、內尊外卑的位序概念。山腳路一帶，在人口不斷擴增下，家宅的擴建上即謹遵「不超過大廳祖堂的屋身高度，然後即排排座，往左右兩側、往後方向上發展」，如此井然有序的房宅安排，為遷就中軸線上的主屋與核心部位的祖堂，在一二百年後，還能如此井然有序，不失其主次與內外關係，應是家族宗法制度上的延伸吧。

圖5　員林鎮南東里東山江家大內底整體屋頂鳥瞰

10. 家居與生產空間併置的集體勞動

　　山腳路上的龐大建築組群，其中軸線上的堂屋，除作為儀典性空間（從公媽廳、神明廳、佛堂到神壇）外，偶也提供作客廳或起居室空間，雖有所差異，然皆作為家族之公共性事務空間。左右兩翼護龍來說，其空間使用就很難了。它可以從佛堂、小客廳、起居室、書房、廚房、餐廳到主臥房，還可以作豬、牛、羊等牲欄，甚至提供作工作室、家庭小工廠，或簡單生產空間，它們是非常生活化的空間。崎腳劉家左右兩翼的第三落位置，蓋有大灶式的食品加工廠，為提供龍眼乾製作的熱炒用，甚至還有部份房間提供養蜂蜜；月眉池、北勢頭、湳仔等劉家，北邊田頭黃家也有類似的安排。三塊厝江東興宅則在左翼護龍群前有溫室花房的農事操作空間，類似作法有內灣陳啟明宅、大厝內張宅、水井蕭宅等。而月眉池劉家、種德堂江宅等也有利用屋前水池提供養魚，後者還提供外人收費垂釣。再者，朝興翁宅則在前埕的外部空間上作集體家庭代工，其它家族或建築組群雖沒有這麼明顯的生產空間安排，然卻也利用護龍間的空屋或空地，作些簡單的家庭代工，像組合工廠零件、成衣代工、

玩具加工……等,正實現「家庭即工廠」之家庭與人力的最大效用,因此走在偌大的建築群中,常會被這些紛忙的家居生活所驚訝,這是空間併置與高度利用的展現。

五、地域性次文化的展現

八卦山麓這種外擴或多護龍、多院落的建築組群,能在十六公里內發展出帶狀延續的密集住居空間之集結,展現了福佬化了的客家族群(詳見第二節)特殊集結,以及特有的民居空間形式與生活特質(詳見第三、四節)的地域性文化。將此一地域性的空間之文化形式之表現,與不同時間、不同空間的文化現象比較,可以進一步釐清,它已非用習見之行政轄域、體制、某特定年代就可以清楚界定的,也無法由一般風俗習慣、宗教、道德、科學、藝術與法律等,得到一個單一的解釋複雜的文化現象。經由對彰化八卦山山腳路民居的空間特性描述,可以得到以下的初步看法,做為進一步理論對話的起點:

1. 簡樸實用的家居生活

就八卦山麓民宅的建築本體來說,皆表達出一種樸實無華的簡樸生活,除正堂大廳有少數的木石雕刻、彩繪、剪黏、交阯燒陶之外,所有護龍不分內外,皆以紅磚、土埆營造,其或有塗抹白灰泥,或有經日後改建,皆不見任何裝飾與雕鑿。據訪查的結果,這樣的空間沒有太大的品質好壞差距,任何後代子孫居住其間,也就沒有什麼好比較或挑剔的了,為實用性的住居空間使然。另護龍與護龍間的距離,特別加大提供作巷弄,不可提供家事操作與小開放空間,而且竟然在日後方便了工業化過程中馬達三輪車運貨往來。甚至,護龍的長度也會根據院落的大小、使用的需求,分出段落,可供住居單元劃分。

2. 多重庇護的成長空間

從種種不同大小規模的實質防禦性建築措施,到不同大小層次的精

神庇護，我們可以看到，山腳路的民居，從山溝、野溪切割所造成的小地形區塊，丘陵地形變化所凸顯的庄落位置選擇與空間利用，多重莿竹圍圈繞所形成的包背性生活環境，多條護龍拱衛下所形成的建築包背，這些實質環境形成了保護作用。以及從媽祖信仰圈與帝爺公的信奉，小地形區隔下與街頭巷尾的角頭廟，到附近鄉鎮或外縣市請回的神祇（像名間鄉分靈出來的廣化堂，以及各地請回來的諸神），外山門入口處的五營將爺廟與四方土地公廟，外埕邊的天公爐，以及家宅大廳內的門神、祖先牌位與諸神像（或觀音媽漆仔）等，有好幾個層次、不同類型的神祇作為精神上的庇護。再者，每個建築組群，至少都住上 20 至 30 戶以上的人家，總人都超過 60 至 80 人，甚至還有二、三百人，何況同族宗親又住在附近，因此若有什麼族群械鬥或紛爭的話，龐大的家族成員即可作為最後的後盾。

3. 生生不息的有機成長空間

隨著時間的增長，子孫人數的不斷繁衍，空間乃被迫從左右兩側或後方，有時還向正前方作擴充。每組建築物的規模皆很大，面闊大部份皆超過六條護龍以上，而進深也泰半都有二至三進或院落以上，雖則員林上中山的黃宅只有左二右一的護龍配比，其實為地權大小的限制，而其進深竟然有三大落。另員林仔附近何厝，其左右護龍數才各一，然其前後進深竟然有四落。總體來看，四條護龍數只有三組，五條護龍數也只有五組，其餘皆為六條以上護龍數目。仔細檢視下來，有 64% 比例（61 組中有 39 組）的建築組群其左右護龍數是不對稱的，甚至前後進深居然也不忌晦有四進（或落）的組合，其為一般民宅中少見的現象。因此，這些其為打破傳統規劃上的左右對稱，加上前後落間房宅的重要性與尊卑，竟然也在不斷擴充與增建下，不按照常規作空間使用安排。「前卑後尊」（即呼應「前朝後寢」）這種傳統體制，其泰半只在前落遵循。有些房間分配上，竟是經由抽籤來決定。根據訪談資料或建物新舊判定，可見在家宅營建上，為不斷的擴充，向左右兩側、向後逐層複製。這些家族的成員還津津樂道說，如果有必要的話，這些房宅還會繼續擴充。

甚至，還有可能在角邊的空地再形成另一組合院組群，端視每個大家庭前後左右附地大小而定。其有若細胞的擴增，可以不斷的成長，為有機成長的一個具體表現。

台灣民宅裡，具高知名度的官紳宅邸，像板橋林家、霧峰林家、麻豆林家四房、佳冬蕭宅等有此長深院落，然其面闊也頂多六條護龍。一般民宅來說，在彰化縣域的員林、永靖、社頭、田中、田尾等客家族群地域，或者，台南縣楠西鄉的鹿陶洋江宅，其有從三大落到五進式，從六條護龍到十二、三條護龍數目，可堪比較，然其畢竟是少數大農墾戶或集體大農庄，且為分散的少數個案，台灣全島民宅中，有若彰化縣域八卦山麓地帶這麼多的多護龍多院落組群之帶狀延續，而且還可以繼續不斷擴充，像有機體繼續成長，真是漢民族傳統民居建築與聚落的生命力展現。

4. 地域性的祭祀圈理念

八卦山麓本調查區內，有藉社頭鄉橋頭村天門宮媽祖信仰作成圈域，將昔時武東堡七十二連庄眾姓弟子集結組成，為一跨漳、客兩大族群，跳開行政轄域與地理界限的一個超祖籍人群的地域聯合體。此一宗教信仰組成，據說是起因於道光年間的泉客械鬥，在泉州人財大勢眾下，漳客兩個族群乃聯合起來抵抗，其範圍涵蓋：整個埔心鄉與永靖鄉的大部份、員林鎮的西南邊、社頭鄉的山腳路以西，田中鎮的市街、周緣、山腳路一帶，至田尾的東側邊。其下分八個不同的媽祖信仰次級團體，也即1）開基祖媽，2）湄洲媽，3）大媽，4）大二媽，5）舊二媽，6）武西二媽，7）太平媽，8）湳雅大二媽等，本調查範圍內即涵含蓋在湄洲媽、大二媽與舊二媽等三個次級團體（許嘉明，1973：181-183），為在某一特定地域內，將所有村落團結組織成更大的社會群體，以對地域子民的生計或身家財產有一保障。然上述媽祖信仰有因日據時期被禁絕一時，目前已名存實亡，然在員林鎮鎮興里的何厝，我們仍可以看到「老四媽」的宮燈，可說明有些媽祖次團體仍舊在運作。另外山區的帝爺公信仰，

據說是來自瘟疫猖獗下，玄天上帝顯靈援助，更是跨八卦山脈的東自西側山麓，涵蓋彰化縣的大村鄉、員林鎮、社頭鄉、田中鎮、二水鄉，以及南投縣的名間鄉、南投市，屬山邊特有的信仰之一，其圈域內排有祭拜日期，結合歲末年終之謝平安祭典。

　　山腳路上且間隔 375 公尺至 870 公尺即設有一座宮、寺、廟，其或單個建築祖群祭拜（像南邊田頭賴宅邊的「大聖公」），有二、三個建築祖群祭拜（像五房，南邊二個田頭所供奉的忠聖宮與路邊的三山國王廟），有以同姓氏多組祖群共同祭拜（像東山圳安宮為林姓所祭拜，東山東聖宮為曹姓所拜），有以村落為祭拜的（像林厝里的東聖宮、黃厝村的五行宮、石頭宮一帶的龍鳳山寺、仁和村的福天宮、平和村的泰安宮、太平庄的順天宮、普興的興安宮、東源里的福隆宮），甚至還有跨村落或更大範圍的（像員林南東里的鎮興廟、許厝寮的清水岩寺），這樣的小區域人群疊組，可也成為小社會群體的一個關係管道。有些自家膜拜的神明，分靈自外縣市，像社頭月眉池劉家廣化堂裡即供奉來自南投民間帝爺身；也有往北部作生意時供奉的，於返鄉後特別請回家祭祀，這些地域性的祭祀圈信仰所形成的跨越地域影響，值得與北台灣的新竹義民廟信仰做進一步之比較研究。

5. 最後的移墾者

　　彰化平原早在康熙 58 年（1719）施世榜完成八堡圳，康熙 60 年（1721）黃仕卿完成十五庄圳（即八堡二圳），最後是康熙 58-60 年（1719-21）楊志申於八堡一、二圳間完成二八水圳，一時之間沿河渠岸邊的聚落，有如雨後春筍般的發展開來，整個平原帶的墾殖逐漸完成，原住民也逐漸屈服或同化，乃有雍正元年（1723）設置彰化縣。此時，彰化市已成為縣治中心，而燕霧堡一帶則也逐漸發展為三大聚落，即員林仔、東山莊、大莊（大村），然尚未到達山腳路的南邊。本研究區的開發，最早應該可以溯及康熙末年東山一帶的開發，像曹姓為康熙中葉入墾，黃可六族支則於康熙末年來，詹志道也於康熙末葉來員林；曹姓

還是向鹿港人許家典買土地，黃可六族支則是向羅姓人士買地的。其後，乾隆年間大量進入本區移墾，然這些第二梯次到來者之共通現象，即在平原帶先有一個根據地，賴姓在港尾，江姓在浮圳，劉姓在枋橋頭、湳底，蕭姓在埤斗；比較特殊的要算翁、趙、何三姓，翁姓竟然是從民間鄉村大車路移出，趙姓則從大肚輾轉經彰化移來，何姓則是從犁頭厝三家村往南移。最後移墾者（也即第三梯次）為道光年間者，有彭城堂劉姓，由「湖水坑」轉來的陳姓，還有詔安籍的林世彰族支等。

從上述的移墾時間與過程看來，他們是陸續移來的墾民，其路線皆打從鹿港上岸，經由員林東山一帶開始，然後再接受由彰化城南下，轉經犁頭厝、港尾，或由員林往轉浮圳、枋橋頭、湳底，再往南到埤斗，然後輾轉來到山腳路上。至於道光年間來墾者，則是插間隙來開發的，這是整個山腳路的開發情形。

6. 化外遺世獨立的庄園

山腳路的民宅，藉大小野溪、山溝、坑谷的區隔，形成各自的小群體，這些溪、坑、溝與兩側陸地的地坪落差，從 2 至 30 公分到 2.37 公尺，普遍在 70 至 80 公分到一公尺左右，其中以黃厝、石頭公、許厝寮等地之比降最陡，這些庄頭附近的民宅剛好可以藉由地形變化，形成圳岸、邊堤式的護靠，當年北邊田頭黃家與五房田頭賴家械鬥時，五房田頭賴姓人士曾在圳岸腳安置砲台一座，即是利用地形所作的防禦攻勢。再者，房宅四周也有藉著層層「莿竹圍」作為界線與保護，竹圍裡面即是同姓宗親間的活動空間，從農事耕作上的稻作到自己食用的菜畦，加上自家簡易的農產加工，每天還有賣菜車進出外埕，生活在偌大建築組群中，尚能自給自足提供最基本的生活環境，加上各自區隔的環境，更凸顯與世隔絕的小庄園社會。

時至今日，整個八卦山麓的對外聯絡孔道，最主要的仍是依賴南北縱向的 137 號山腳路，其為對北邊彰化市的依賴，雖然由北往南有幾條東西橫向的連絡道，可以往西（或東）連絡幾個大小鄉鎮市街，然其不

是路幅太小就是路基不穩（因兩側邊為水田地），只有148號道路連絡員林、草屯、南屯者，150號道路連絡北斗、田中、南投者較具規模，加上山麓西側邊有水田耕種，東側邊為山林，兩組建築組群間隔有竹圍，使得整個研究區仍像是隱於鄉野山區，形成與世隔絕的山村。目前，有彰化客運田中線往來，然行駛於山腳路，受到坑谷間的高層落差，車子在崎嶇山區上上下下的，不只是顛簸，而且曲曲繞繞的，影響車流速度。由於野坑溪的亂流，造成坑谷的地表常流失，所以山洪或驟雨時，即會形成南北兩村落間的隔絕，其遺世獨立可見。

7. 形家風水的世代庇祐

堪輿學上有「水行龍形，水界龍止」的觀點，若以山腳路上所有民居來看，皆為大小野溪、坑谷所區隔，形成水紋上的曲繞，北邊的黃姓北邊田頭、賴姓五房田頭其水流往北上而流，員林鎮範圍內普遍為水流往南下而走，至於社頭鄉的協和村與湳雅村之劉家，其水流則南、北兩向皆有，而石頭公以南，經田中、二水，其山腳路邊的水流則皆為往北上而流，形成各自的水流系統，配合坑谷間的地形起伏，幾乎每一座民宅皆可以對向八卦山丘陵上的山頭，如此形成座山觀局的好地理，也難怪諸多民宅的穴位，其泰半與水紋或山形有關，前者有五鬼搬運（五條水圳從門前曲繞而過）、墨池硯池、毛蟹、土虱、船、田螺站穴……等，後者有蛇脈、三個生象……等，如此祈福庇護，形成世代的庇祐。

8. 倫理位序與宗法制度的維繫

山腳路一帶的民居，其建築組群表達在傳統倫理位序上，相當清楚與嚴格。正身所在的主軸線，其可以往後（少數有往前）加建第二、三、四、五等新院落，而其內部空間的使用上，則恪遵作為廳堂，從「公媽廳」、「神明廳」、「大客廳」到「佛堂」等。而左右兩翼來說，會往外逐漸擴充，幾條護龍都沒關係，然不能超出內護龍的長度，甚至屋頂高度絕不能超越「公媽廳」的屋頂，為以祖先牌位的供奉廳為最尊，至

於神明廳則為透過擲筊杯、問神的儀式才得出的結果。再者，有關空間的分家或分房使用上，基本上仍守著「左尊右卑」、「內尊外卑」、「左大右小」等的空間位序觀念，然往外發展的空間，特別是左右兩翼就有「隨便住」的默契，也因此正面或核心部份仍維持一個傳統的位序與中軸為尊的精神，是偌大建築組群所以還能有如此清晰動線與主次關係的原因。

另外雖經一二百年的山居歲月，整個家族有因「討生活」、「都市有較多的就業機會」，而紛紛外移或它遷，然基本上仍以員林鎮為最先的集結地，再往外移向彰化市，然後是台中市，也有遠至高雄縣市、桃園縣的，雖也有北至台北縣市的，畢竟是少數，惟其內心與精神仍繫於八卦山腳麓的這些祖先舊宅。只要輝煌騰達有所成就，會第一個想到祖先庇蔭，逢年過節也一定會回鄉祭祖、拜拜。因此農曆春節、掃墓，或族中有人過往時，偌大家族成員從南北各地回家齊聚一堂常成為奇特的鄉村景觀。家中有人過生日，或有人「過往」，其外宴或熱鬧的場面會由大廳延伸至偌大的外埕。出外討生活的子弟，或有不如意，也會悄然返家，祭拜祖先一番，求得一份心靈的安定；庭訓上的忠孝節義，也成為子弟的最好精神勉勵，為宗法制度的維繫。

六、結語：山麓邊區特殊族群的生活凝聚

相較於台灣北中南的潮汕廣東客家人，彰化八卦山麓的漳潮福佬客算是相當特殊的族群凝聚。最大的相同點是皆「分佈在山區邊或台地」，其它像多神信仰與屋外天公爐祭拜、族長與長老的主事、女性持家的角色、家族凝聚的團結性、農事與家產的共產共業等，皆為一般客家人的特徵。雖然它們也都講究方位、風水，然一樣處在山區邊緣或台地，在防洪排水的地勢等掌握，與地質穩度的土地利用上，要不依照地形地勢來設置宅邸似乎也是不可能的，因此，它們應為山坡地建築的必然結果。比較特殊的是，北部客家散村聚落的多層圈圍、中部客家分散式伙房的外圍圍屋與多層庇護、南部客家夥房集村的圍攏屋，為何到了八卦山麓，

竟變為「連村或帶村」的「外擴式」多護龍圍組的大組群建築布局了呢？

1. 族群械鬥與紛爭下的自我團結凝聚

一般認為，彰化縣境的客家人集中在永靖、埔心兩個鄉，及其鄰近的各鄉鎮之一部份（許嘉明，1975：169），然有清一代，不同人群間的分類械鬥頻繁，其結果無論如何，客家少數族群總為匪徒劫掠焚殺之對象，尤其是道光年間的泉粵械鬥最為悽慘，最後，只有逼使客家人更加團聚在永靖、埔心兩個地方或附近，要不就是四處逃竄，這是身為少數族群的客家人偏安求生存的一環。

仔細思量下，彰化縣境東側山邊的潮州客與漳州客，剛好夾擠在員林、埔心、永靖幾個村庄以東，以及八卦山脈以西，為客家人大本營所圈界，而八卦山麓的福佬客族群，原本就是從稍微偏西邊的八堡圳附近之港尾、浮圳、枋橋頭、湳底、埤斗、湖水坑等地移來，由此可知，客家人及福佬客族群，原本就在彰化縣境的東側邊及東南邊區，涵蓋整個八卦山麓，形成龐大的地域性人群連繫，其為族群紛爭下的團聚。特別是越往山邊，其腹地就侷限在地形落差之中，因此聚落更表現了族群了族群自我團結凝聚的力量。

2. 山溝與坑谷交錯的小庄園堡壘

彰化縣東邊的山脈，其原本就是不穩定的地質，大小溪流截斷其間，而且並不固定，使得原本鬆質土壤的丘地，有地形上的割裂，造成坑谷交錯，加上小野溪亂竄，還有野坑及小丘地的變化。這些坑、谷尚能作為人類集居者，還有二至三十個丘塊或平坦地，客家族群或漳、潮福佬客在輾轉遷徙下，最終乃以此為根據地，努力開墾作為安身立命的地方，配合地形的特色，很容易造就圍聚性的堡壘庄園，形塑一個特殊地形下的特殊建築特色。

3. 山麓建築：再擴建的必然結果

　　八卦山麓的地形，西側邊為平坦地，適合稻作，東側邊為多變化的丘地，適合果園栽種，加上山麓地帶易取水，因此其土地利用上，當然以等高線所劃過的相同地勢作為居室營造，尤其顧及生產空間的安排，其土地使用計畫更是要求最大效益，因此，將居室作南北延伸，為最經濟的房宅擴建與土地利用模式。

　　進一步說，將房宅安置在山麓，水田在前，山林，果園等旱作在後，尤其八堡圳以西的平原帶為清一色的水稻田，而介於八堡圳與山麓間，還種植一些芭樂園，為對用水量之進一步調整，因此，房宅的安排剛好在一個轉折的過渡空間，避免浪費珍貴的可耕土地，在生產空間前後，住居空間包被起來，成為生產與家居生活所需的安生立命之地，也是農業生產為主的移墾社會對土地的珍惜利用與高明安排。

參考書目

中央研究院民族學研究所，1974，《民族學研究所集刊》，36 期，台北：
　　南港。

台灣文化協進會，1950，《台灣文化》，6（1），台灣：台北。

台灣總督府官房調查課，1928（昭和 3 年），《台灣在籍漢人民族鄉貫
　　別調查》，台灣：台北。

許嘉明，1973，〈彰化平原福佬客的地域組織〉，《民族學所研究所集
　　刊》，36，pp.181-183。

陳正祥，1959/1993，《台灣地誌》（上），台北：南天出版社，二版。

陳其南，1987，《台灣的傳統中國社會》，台北：允晨出版社。

蔡炎城編著，1983/1993，《二水軼聞》

鍾義明，1988，《台灣地理圖記》，台北：武陵

Chan,Chi-nan,1984,'fang'and'chia tou'：The Chinese Kinship System in
　　Rural Taiwan. PH.D.of University of Microfilms International.

表 1. 民居調查附錄

號	姓氏	堂號（宅名）	祖籍	開台祖或起造者	房宅規模	兩落埕	公媽與神明廳	壇廟	地理宅穴	住址
01	蔡	濟陽堂	福建銀同		一進六護	ü				大村鄉永春村中村巷2號
02	何		福建省漳州府平和縣下樓番山後	何獻琛	二落左三右三護	ü				大村鄉平和村山腳路120號
03	黃	北邊田頭	福建省漳州府平和縣		三落左三右四護	ü相攢厝古亭畚（1）				大村鄉黃厝村9鄰32號
04	賴	五房田頭	福建省漳州府平和縣	賴清遠	三落左三右六護	- 水池		旁忠聖宮	毛蟹穴	大村鄉黃厝村16鄰24號
05	賴	南邊田頭（馨德堂）	福建省漳州府平和縣	賴振宗	四落左三右五護	-			五鬼搬運	員林鎮東北里東南路155巷64號
06	曹	永利堂	福建省漳州府平和縣梧坑鄉	庭顯公曹文益	單落左三右三護			旁觀聖堂	蛇穴下	員林鎮東北里山腳路六段東北巷186號
07	曹	譙國堂	福建省漳州府平和縣梧坑鄉	庭鳳公（三）	二落左五右三護	-	前落公媽後落神明		蛇穴下	員林鎮東北里山腳路六段254巷90弄25號
08	黃	江夏堂	福建省漳州府平和縣	黃媽吳氏迅	三大落二右一護	-			蛇穴下	員林鎮東北里山腳路六段東北巷70弄3號
09	林		福建省漳州府平和縣龍頭社	林順德	二落左二右二護	ü			蛇穴下	員林鎮東北里山腳路六段東北巷32號
10	林		福建省漳州府平和縣	林朴直	二落左三右二護	ü古亭畚（1）			蛇穴下	員林鎮東北里山腳路六段46巷23號
11	曹	金鳳堂	福建省漳州府平和縣梧坑鄉	庭鳳公（六）	二落左四右五護	ü			蛇穴下	員林鎮中東里山腳路五段196巷22號
12	曹	榮德堂	福建省漳州府平和縣梧坑鄉	庭鳳公（四）	二落左三右七護	ü				員林鎮中東里山腳路五段100巷19號
13	林	順德堂	福建省漳州府平和縣龍頭社	林闇	二落左二右四護	ü		圳安宮		員林鎮南東里浮圳路155巷43號
14	江		福建省漳州府平和縣	江純賢	二落左三右三護	ü水池				員林鎮南東里浮圳路155巷73號
15	林	林世彰堂	福建省漳州府詔安縣	林世彰	三落左三右二護	ü				員林鎮南東里山腳路四段37巷308號

16-1	江	（大內底）	福建省漳州府平和縣	江純質	三落左一右三護	-				員林鎮南東里山腳路四段37巷196-238號
16	江	種德堂	福建省漳州府平和縣	江純質	四落左四右四護	ü	一進公媽二進神明			員林鎮南東里山腳路四段37巷180-182號
17	江	長庚堂	福建省漳州府平和縣	江東興	單落左五右二護	ü水池			墨池硯池穴	員林鎮鎮興里山腳路三段220巷9號
18	江	詒謀堂	福建省漳州府永定縣	江詒謀	三落左三右四護	ü				員林鎮鎮興里山腳路三段150巷1號
19	江	餘慶堂	福建省漳州府平和縣		三落左二右三護	ü		鎮興堂		員林鎮鎮興里山腳路三段116巷12號
20	何	和邑堂	福建省漳州府平和縣雲霄洋美鄉石勤	何欣	四落左一右一護	ü				員林鎮振興里山腳路二段446巷18號
21	張	清河堂（大厝內）	廣東省潮州府饒平縣湖州里		三落左四右四護	ü	一進公媽二進神明			員林鎮振興里（山腳路二段274號附近）員水路一段136巷16號
22	黃	崙安堂	廣東省潮州府饒平縣	黃可六	單落左五右五護	ü		崙安堂		員林鎮崙雅里崙雅巷2-3號
23	黃	江夏堂（大邸）	廣東省潮州府饒平縣	黃可六	二落左五右五護	ü				員林鎮崙雅里山腳路二段118巷番仔崙段27番地
24	劉	彭城堂	福建省	劉敦素	二落左六右三護	ü			三個生肖	員林鎮林厝里（山腳路一段48巷154號附近）員南路420巷2弄1號
25	詹	河間堂	廣東省潮州府饒平縣元歌都三饒鄉	義友公	原五落（三）左二右二護	ü	頭落神明二落公媽	令旗		員林鎮林厝里山腳路一段48巷154號
26	劉	漁池內（芳山）	福建省漳州府南靖縣書洋	劉一相	兩落左五右四護	ü水池				社頭鄉協和村山腳路四段294號
27	劉	北勢頭（芳山）北邊厝	福建省漳州府南靖縣書洋	劉天諟	二落左四右三護	ü外小		天聖宮五營		社頭鄉湳雅村新雅路1號
28	劉	北勢頭（彭城）頭前厝	福建省漳州府南靖縣書洋	劉昆玉	單落左三右三護	ü相揩厝				社頭鄉湳雅村新雅路2號

29	劉	田中央旁外厝（芳山）	福建省漳州府南靖縣書洋	劉天祥	二落左三右三護	ü外小				社頭鄉協和村山腳路四段91巷76號
30	劉	田中央內厝（芳山）	福建省漳州府南靖縣書洋	劉漢卿	三落左三右七護	-				社頭鄉協和村山腳路四段91巷55號
31	劉	崎腳（芳山）（寧遠堂）	福建省漳州府南靖縣書洋	劉天開來台	二落左八右八護	ü相揹厝		將軍廟	螃蟹穴	社頭鄉協和村山腳路四段100巷
32	劉	月眉池（芳山）（團圓堂）	福建省漳州府南靖縣書洋	劉天極來台劉一籌來此	二落左七右六護	ü水池	前公媽後廣化堂	廣化堂將軍廟	土虱穴	社頭鄉湳雅村山腳路三段632巷
33	劉	湳后仔北邊厝（芳山）	福建省漳州府南靖縣書洋	劉一閔	二落左四右六護	ü				社頭鄉湳雅村進化巷94號
34	劉	湳后仔南邊厝（芳山）	福建省漳州府南靖縣書洋	劉一純	三落左五右五護	ü				社頭鄉湳雅村進化巷72號
35	蕭	書山堂	福建省漳州府南靖縣施洋	蕭必讚	二落左五右六護	ü	二落公媽一右內神明			社頭鄉龍井村水井巷3號
36	蕭	書山堂	福建省漳州府南靖縣施洋	蕭青松	單落左三右四護	ü古亭畚（3）				社頭鄉龍井村水井巷7號
37	呂	呂厝	福建省漳州府南靖縣		兩組1左二右三建物2左一右四	ü-大	左東神明右西公媽			社頭鄉龍井村鴻門巷19號
38	蕭	大厝底書山堂	福建省漳州府南靖縣施洋	蕭廷運	單落左三右四護	ü水池	正身公媽右內神明			社頭鄉平和村村民巷2號
39	蕭	斗山堂	福建省漳州府南靖縣施洋	蕭仁旺	單落左四右三護	ü上下				社頭鄉平和村山腳路三段147巷
40	蕭	斗山堂	福建省漳州府南靖縣施洋	蕭俊南	兩落左三右三護	ü外小	一落正身神明一落左內公媽			社頭鄉泰安村石坑第二巷1號
41	蕭		福建省漳州府南靖縣施洋		單落左七右五護	ü外小				社頭鄉泰安村石坑第一巷2號

42	趙		福建省漳州府漳埔縣趙家城	趙若美族支	五落左五右四護	-大	一落公媽四落神明	將爺神	船穴	社頭鄉仁和村石坑第一巷 12 號
43	翁	宗慶堂	福建省漳州府漳埔縣道任街隔口社	大頂公	兩落左四右五護	-	前落神明後落公媽			社頭鄉朝興村山腳路二段 578 號
44	蕭	大漁池（書山）	福建省漳州府南靖縣施洋	蕭廷恭	單落左三右五護	-水池前一小				社頭鄉朝興村山腳路二段 395 巷 2 號
45	陳	受雲堂	福建省漳州府漳埔縣赤湖內	陳騰雲父子	雙落左七右五護	ü				社頭鄉山湖村 11 號（許厝寮 1 番地）
46	陳		福建省漳州府漳埔縣赤湖	陳正福	三落左五右六護	ü	一進公媽二進大田宮	大田宮		社頭鄉山湖村鴻門巷 8 號
47	陳	穎川堂	福建省漳州府平和縣		雙落左六右四護	-				社頭鄉清水村清興路 107 號
48	陳		福建省漳州府漳埔縣錦湖		單落左五右四護					社頭鄉清水村清興路 95 號
49	陳		福建省漳州府漳埔縣錦湖		兩落左五右二護	-				田中鎮平和里山腳路五段 141 巷 45-63 號
50	周		福建省漳州府南靖縣	周純質	二落左四右四護	-				田中鎮平和里山腳路五段 141 巷 5-21 號
51	陳		福建省漳州府漳埔縣	陳朝婿	三落左三右二護	ü				田中鎮平和里
52	陳	瓦厝底	福建省漳州府漳埔縣錦湖	陳公誠	單落左三右五護	ü				田中鎮復興里山腳路三段 526 巷 11 號
53	陳	興安宮	福建省漳州府漳埔縣錦湖		雙落左三右三護	-大	對面聖母堂	興安宮		田中鎮復興里文武路 35 巷 20 號
54	陳		福建省漳州府漳埔縣	陳南靈	單落左三右三護	-大				田中鎮東源里中南路二段 608 巷 93 號
55	陳	長庚獻瑞	福建省漳州府漳埔縣赤湖	陳啟明	單落左三右三護	ü 前小				田中鎮東源里山腳路三段 24 巷 50 號
56	陳		福建省漳州府漳埔縣錦湖	陳答	單落左八右七護	-大				田中鎮香山里東閔路一段 460 巷 115-135 號

57	陳		福建省漳州府漳埔縣錦湖	陳光灶	單落左三右三護	-大				田中鎮香山里山腳路二段 98 巷 179 號
58	蕭	垂裕堂	福建省漳州府南靖縣施洋	蕭廷熾	雙落左四右三護	ü 小	前神明後公媽			田中鎮香山里山腳路二段 92 巷
59	陳		福建省漳州府長泰縣楊桃社	陳木印	四落左四右四護	-大			松柏坑弓形孕育	二水鄉上豐村芋仔內 3 號
60	蔡	濟陽堂	福建省漳州府漳埔縣陸鵝保十五都甲頭社	「統」字輩來台	三落左三右五護	-大	一落神明二落公媽		田螺站穴	二水鄉合和村合和二巷 56 號

台灣客家研究概論─建築篇

關鍵字：伙房（或夥房）、圍屋或圍攏屋、團結圍聚型、線性帶狀型、包、從、圍、複合性民宅、圍合防禦、自主性社區、複合性功能凝聚、土樓、化胎、二次移民翹額翹棟、正身、橫屋、敬字亭、菸樓、伯公廟、天公爐

前言

　　台灣傳統建築研究從鄉土文學運動時期拉開序幕至今，先是對客家建築「白牆灰瓦」、「樸實無華」作偏執的歸類，繼而以福建漳州閩西的「土樓」、「圓樓」、「方樓」作形式的依歸，並硬生生的套到任何與客家人有關或代表客家精神的新建築上，像新竹縣文化局的建築物、台中縣東勢高工的圓樓校舍建築等，事實上經考證福建圓樓、方樓屬閩西地域性防禦建築風格，有客家人、閩南人住在其間，非客家人的專利，比較有關的反而是粵東的「圍攏屋」。上述這種強加或硬套，不如實際走入客家地區的田野，真正去調查研究與了解。先是民國78年，李允斐在中原大學建築研究所的碩士論文上，曾對屏東六堆客家民宅作類型示意圖整理，並凸顯了六堆「夥房」的「圍攏屋」建築特色；迨至民國80年前後，則有來自各縣市政府的「民居普查」工作：先是台中縣立文化中心的台中縣建築發展調查研究，對石岡、東勢客家「伙房」中的「圍屋」建築進行調查登陸，進一步還在台中縣建築發展調查研究的總結報告中作圍屋伙房完整的建築測繪，愈發凸顯圍屋的型態。民國83年彰化縣立文化中心的八卦山山腳路的福佬客民居研究，則進一步交待多護龍多院落的福佬客建築特色；其後再有相關客家人居住的縣市政府有作民宅調查與歷史建築普查，像桃、竹、苗與屏東等地，使客家民宅的真正風貌，可以清晰完整的呈現。另隨文化資產法令內容的不斷修正與調整，才有所謂「產業建築」與「集落、聚落、群落建築」等新的文化資產類型的出現，也才會有客家村落調查與菸樓、茶工廠等產業建築的擴大研究，加上伯公研究、信仰空間研究，使得客家建築的全貌得以好好掌握，

論述基礎也比較紮實。

台灣客家建築研究的歷史回顧

台灣客家建築的研究與討論，可以概分為四個歷史階段的發展：

1. 移植自原鄉的套用說法

台灣客家建築的研究，原是直接接受中國大陸移植的說法，從 1933 年羅香林以廣東客為主要訴求的《客家研究導論》，提出客家傳統建築的特色為多房間、堅固牆壁、以正棟及橫屋為主體及祖堂正後方填地為斜坡，形有胎息。1957 年前後劉敦楨於《中國住宅概說》開始有以漳州閩西永定縣客家的土樓、五鳳樓作討論，並以「聚居建築」作為客家建築基本模式的共識。1989 年黃漢民的《福建土樓》進一步揭示土樓、圓樓、方樓在閩西客家地域的特殊風格造型，並向國際社會發表，形成研究風潮，一時「圓」樓成為客家建築的典範，台灣相關客家建築研究即在此一「原鄉說」的影響下，直接套用成為模式，於是正棟、橫屋成為基本稱謂，然土樓、圓樓、方樓卻不曾見於台灣北中南東的客家傳統建築中，倒是代表客家精神的現代公共建築，卻一再仿製圓樓，實為原鄉刻版形式的套用。

2. 普查下的細微風格特徵說法

民國 78 年以後，從新埔客家傳統民宅的調查研究（張甡壽 1989），帶動地方性史料搜集與普查的準備（徐明福 1990），緊接著在台中縣的民宅普查（許雪姬、賴志彰 1992），彰化縣民居的普查（賴志彰 1994），桃園民居的普查（賴志彰 1996）等，不斷真實且完整的呈現台灣客家民居的風貌為包攏、圍聚的合院型態，特別是台中縣石岡、東勢的圍屋式伙房成為台灣中部客家建築的基本風格，進一步在苗栗、高屏一帶的相關民居、歷史建築調查研究、更細緻提出化胎、轉溝、轉廊、閒間、間仔等客家建築手法，並將六堆客家建築的圍攏屋式夥房定調成

為特色。一時台灣客家建築研究如雨後春筍，遍地開花結果。

3. 社區庄落與地方性文化產業的豐富完整內涵

民國 78 年以後，另有從客家聚落實質環境研究切入，從五溝水（邱永章 1989）、美濃（李允斐 1989）、北埔（梁宇元 1989）、後堆（夏雯霖 1994）、屏北（黃瓊慧 1996），到關西（邱瑞杰 1996）等聚落的研究，將客家村落的社區凝聚關係，不管是來自信仰的庇護或農業墾耕的產業環境特色，為客家村落大環境作深入的描寫，其後還有以地方性產業對聚落空間的影響提出菸作的討論（鍾志宏 1993），以及全台菸樓建築的調查（賴志彰 1999），皆為客家地方性產業文化的豐富內涵做了完整的交待。

4. 福佬客與二次移民的再出發

民國 86 年以後，另有以客家族群遷移對環境的適應，提出福佬客村落與建築的調查，像彰化縣八卦山麓福佬客民居生活的調查（賴志彰 1997），行政院客委會進一步在民國 95 年底，分 3 至 5 年，擴大全台福佬客的普查，是為對隱性客家族群更深入的調查。另有以二次移民的客家族群案例作碩論的撰寫，像屏東塔樓、保力等客家二次移民村落，皆為客家建築的廣度與深度作進一步的討論。

從複合性建築談客家民居

1. 從伙房（或夥房）的意義談起

高屏六堆一帶的客家民宅，有以「夥房」稱謂，台中石岡、東勢、苗栗一帶的客家民宅，則以「伙房」稱呼。對於兩個名詞的解釋，「伙」指的是共灶起火，同在一處做事的人，「夥」指的是眾多人合作在一起，這樣說來兩個好像沒有什麼差別，衹是地方性習慣用法。進一步觀察，住在這些房子裡面的人，同為血緣宗族的親人，為祖父母、伯叔阿姨、

堂兄弟姊妹，大家共同生活在一起，共產共業，也曾經共灶吃大鍋飯過，是為家族合聚一堂的住家單位稱法，大家圍住在共同的院子裡，裡面有廳堂、有臥房、有廚房、有牲欄、有倉儲空間、有禾坪……等。台中石岡鄉梅子村的劉家伙房主人，就這樣稱謂「我們這隻伙房，二堂四橫，外面再加一圈圍屋，四周圍再由竹圍圈繞起來」，這麼有領域感、所有權概念的空間陳述，說明伙房（或夥房）是大家族居住單位，並涵蓋大大小小不同使用功能空間的總合，於是說客家民宅伙房（或夥房）為一組「複合性的建築」，最是恰當不過。

2. 客家民居中的各種空間與重要陳設

圖 1　台中縣東勢新伯公潤德堂劉宅伙房屋，屋前屋後皆有圍屋（921 震毀）

（1）基本空間稱法與代表性手法

　　伙房（或夥房）的合院空間組合，正向的堂屋，作為儀式性空間的橫向面主空間，閩南人稱正身，客家人稱「正身」、「正堂」、「正棟」；左右兩側的條列縱向住家空間，閩南人稱伸手護龍，客家人稱「橫屋」。高屏客家人稱外圍的房子為「圍攏屋」，中部客家人稱外圍的房子為「圍屋」。閩南人稱屋頂正脊有捲翹的作法稱「翹脊」，客家人稱「翹棟」；

閩南人稱屋脊兩側尾端作出尖翹的手法稱「燕尾」，客家人稱「翹額」；閩南人會直接稱燕尾翹脊，客家人則稱「翹額翹棟」。另有幾個典型的客家人代表手法：

①轉溝：於正堂與橫屋的屋頂交接處，為便利排雨水，有作出45度角的排溝，可以讓雨水直接在轉角處滴落排水。

②五見光：正堂在與橫屋交接時，正向面很明顯會有三開間的屋子出現，若兩邊側角還會露出第四、五間的部分，有時會作出漏窗，有時會開門，有時會作出轉廊。

③落額：正堂有五開間以上，在正中央三開間的兩側，會在屋頂上作出分段的高低落差，使脊棟分開。

④落廄：正堂與橫屋交接處，是廚房、餐廳、轉間的空間處理，由於常作為居家起居空間，常將屋頂作出挑簷，配合45°角的轉溝，稱此一大屋頂的位置為落廄。

⑤十字脊：正堂與橫屋的交接處，當前後左右屋頂同高，在處理屋脊的連接時，有「十」字的造型交接即是。

圖2　台中縣東勢下城劉宅，左翼有明顯的圍屋（921震毀）

圖 3　台中縣東勢新伯公校書第劉宅伙房屋，屋前有圍屋（921 震毀）

圖 4　台中縣豐原一帶的煙樓（夾在正身與護龍間）

（2）儀式性與縱軸線上的空間

　　客家伙房裡，祇有一進的廳，稱「祖堂」，又有稱「堂下」、「廳下」、「正身廳」；有二進的廳，六堆一帶稱「二式屋」，桃竹苗一帶稱「雙堂屋」，第一進為門廳，第二進仍為「祖堂」；有三進及以上的廳，

彰化八卦山山麓一帶則會分出「公媽廳」與「神明廳」，即有兩廳的區隔，另再配以門廳與私廳。

（3）一般性房間

①正身間：為「祖堂」或「堂屋」左右兩側用來居住的空間，屬位階比較高或尊長使用的房間。

②間仔：為一般性的臥房間，不分大小，屬橫屋（或護龍）的一般房間。

圖 5　彰化縣社頭湳雅月眉池劉家，前有水田後有山林，宅弟呈十三條護龍的縱列形式、氣派非凡

③閒間：也有寫「閑間」，不作居家使用，屬多出來不用、閒置，或供儲藏用，有時也可以臨時充當客房。

④廊間：為正堂與橫屋轉接的空間，屬飯廳兼起居室的敞廳空間，高屏六堆一帶有直廊與橫廊之分，高雄美濃與苗栗公館則有往外凸出並以「轉廊」稱呼，轉廊或直、橫廊有時會配合飯廳使用。

⑤私廳或閒廳：即一般所謂的南北廳，屬於橫屋中的公共性空間，

常是連續三間的中間那一間。

⑥其他：其他尚有便所、穀倉、礱谷間、家畜間（包括豬欄、牛欄、雞栖）……等，不是很固定的空間，若不是放在圍攏屋、圍屋，就會放在更外圍的空地上。

（4）開放性空間

①禾坪：為「冂」字三合院圍合下的空曠廣場，即曬穀場、家事操作、農產加工處所，晚上可供大伙人搬椅子會聚、乘涼、聊天的處所。

②化胎：也有稱花台，為屋後隆起的土丘，提供作為風水宅相的「靠背」，有護靠、背屏、孕育胎化的地體配合，上面常種植花木，為氣蘊相生的意含。

③荷花池：也有稱半月池，苗栗與高屏六堆一帶，有在屋前掘土作荷花池，具消防水、掘土燒磚瓦、化煞氣等功能。佳冬楊氏宗祠則將荷花池作成「太極生兩儀」，佳冬蕭宅則作成「新月」形的半月池。

④門樓：為屋外進出伙房的關卡，有夾層，供防禦守衛用，並能作為象徵門面用。

（5）重要陳設

①堂號與對聯：公廳入口上方有框隔作姓氏堂號的匾額，高屏客家人，特別是美濃一帶，會把「堂」字放中間，堂號兩側有時還會用泥塑、剪黏、彩繪作成對聯。

②棟對與燈對：大廳的中脊下方，會在兩側牆上，書繪家族庭訓的字聯，左聯會說明原鄉源流脈絡，右聯會說明來台墾拓艱辛。六堆一帶也有在燈樑下方對聯字書，前者為棟對，後者為燈對。

③壽字聯：大廳迎面牆上，會以紅地黑字，寫上大大的「壽」字，作為祖堂或廳堂的襯底裝飾，有時也在壽字的上方、兩側作對聯的書寫。

④子孫燈：公廳內簷廊的內側上方，會有所謂的燈梁，燈梁上會掛有白色「男」燈，紅色「女」燈，是為子孫燈。

⑤文筆柱與馬頭牆：北部桃、竹、苗一帶，流行在三合院的第四邊作成磚頭牆，在中間或旁邊開有入口，兩側牆上會作鏤空的直櫺漏窗，上下有收分，看起來像馬頭，即是。入口兩側有作門柱，柱子頂端會作成筆柱頭或三角錐狀，稱文筆柱，寓意文風的強化。

3. 以「包」、「從」、「圍」分析台灣客家民居的地域性展現

如何類分客家建築，早在民國 60 年代，大陸學者劉敦楨的《中國住宅概說》裡，即介紹過福建永定縣三堂二橫式住宅裡的「圍房」、「圍屋」式作法。民國 69 年春《中央研究院民族所集刊》第 49 期關華山的〈台灣傳統民宅所表現的空間觀念〉裡，且提到「本省民宅之平面其內外空間層次還出現「圍房」的作法，可與福建客家民宅橫堂制的圍房相比擬。只是前者一層高，平面凹形；後者卻高數層，呈弧形。客家民宅的圍房意在防禦，……」，這是對空間形式在功能意義上的省思。進一步，我們在民國 71 年 12 月中國建築工業出版社《建築師》雜誌第 13 期，由陸元鼎、魏彥鈞的〈廣東潮汕民居〉即可看出此奧妙。民居的建築組群，在屋後形成圍蔽式的包攏，廣東潮汕民居稱「后包」，將連貫的左右橫屋與堂屋形成直角正交的圍蔽式處理，稱「厝包」，民居建築有往左右兩翼擴大，形成列陣式的「橫屋」群，是為「從厝」，它會在正立面兼夾「過水廊」，作成整體造型，使整座建築組群狀似偉大。於是形成「厝包」、「從厝」、「圍屋」……等廣東潮汕、閩西等地客家民居的特色，我們嘗試進一步整理作為討論台灣客家民居的基調，詳列其意義如下：

表 1　台灣客家民居的基調

代稱	既有稱法	意義
包	后包 厝包 內包	正身堂屋與左右兩翼的橫屋作成直角正交的包夾性；有包挾、包攏、包圍的形制手法。

| 從 | 從厝
橫屋群
護龍群 | 左右兩側排排座的從列性橫屋；條列式、列陣式的橫屋安排。 |
| 圍 | 圍房
圍屋
圍攏（壟）屋 | 周側形成環圍的聚攏狀；有圓、有方。但都在前後左右的外周側，它不必是封閉狀。 |

依照上述的論述，嘗試進一步來析理台灣客家民居的形制。

(1) 北台灣的「包」

北台灣的客家地域，一般祇以模糊的桃、竹、苗作討論，然桃園縣的北閩南客，卻忽略八德市的粵客與詔安客，另苗栗縣雖有分出海岸平原的閩籍及山區的粵籍，然海岸平原也有為數不少的客籍，進一步作出如下的分析：

（i）桃園縣的客家民居

桃園縣的客家民居中，祖祠或宗祠喜用包夾式的「雙堂屋」，為「口」字型的房屋，新屋范姜祖堂的兩側「從厝」則緊貼著雙堂屋部分。民宅來說，喜歡用「五見光」的正面表達，它是將正身堂屋與橫屋交接時，故意在三開間堂屋外，再露出部分第四間、第五間，可是卻不露出任何開口部的「門」，於是「內廊道」成為桃園民居的特色，加上較高的屋身，形成防禦性的組合。

（ii）新竹縣的客家民居

新竹縣的客家民居可以概分成鳳山溪以北及以南：鳳山溪以北的客家民居，包括新豐、竹北、湖口、新埔、關西等地，喜歡用「包」與「從」來處理，橫屋部分會形成「包」夾式，兩翼橫屋會往外增長，形成從屬性，正面容易形成「五見光」（竹北與新豐比較小是三見光）；湖口與新埔兩地出現很多的兩重外牆的圍蔽。鳳山溪以南的客家民居，包括芎林、竹東、橫山、北埔、峨眉等地，喜歡用小型「ㄇ」作成包夾，規模較小，可是圍聚性加強，它們還在橫屋形成「包圍」狀的橫屋院，芎林、北埔

與寶山還出現兩重外圍牆，芎林、竹東、峨眉有在堂屋兩側作成「從厝」，芎林一帶還有圍屋狀的形制。

（iii）苗栗縣的客家民居

苗栗縣的客家民居，其形制為簡單的「ㄇ」字作組合，可卻有一寬敞的內院，它是由正堂與橫屋的前簷廊（皆有二根柱子形成柱列）作夾擠，再於轉角處形成「轉間」；它有封閉的牆體，有門道進出，屋頂有稱「落鵝（或落廠）」，提供轉接的過渡空間，它也可以與「大灶腳」混用，是一種簡單的「厝包」處理手法，是為特色。獅潭、三灣、三義、造橋、卓蘭一帶的合院空間比較窄小。民宅內外有作成兩重外圍牆者，集中在海線與苗栗河谷平原，有通宵、竹南、後龍、苑裡、造橋、苗栗、頭屋等地；甚至也有在橫屋形成封圍式的「橫屋院」，我們在卓蘭、公館、苗栗、西湖都可以看到，多集中在靠山地區。

（2）台中縣市的圍與包

台中縣市的客家族群，可以概分成兩大群：其一是山城的石岡鄉、東勢鎮的「純客」；其二是神岡、大雅、潭子，以及台中市的北屯、西屯等地的詔安客或平和客，也即是福佬客族群。這個區域的客家人在民居的形制與空間造型可以進一步作成四個類分，詳如下：

（i）石岡、東勢的「圍」

中部山城一帶的客家民居，地方父老習慣稱「大伙房」，它的形制是透過既有的堂屋、左右橫屋去圍組，再於原刺竹圍內，框圈成方或圓的「圍屋」，然其整體空間形式表現又有在不同地區有些微的差異，形成石岡一帶的後圓弧，有作到三圈後圓弧者；東勢南北郊的前後圓弧；以及東勢東郊中嵙一帶的方型圍聚式等三種型態。

（ii）台中市西屯區一帶的「圍」

台中市西屯區一帶，包括黎明新村附近，以及西屯路周側，甚至中

山高大雅交流道附近，出現有詔安客、平和客的圍攏式群聚型住宅群，正中央的堂屋、橫屋周側，有稍微零亂的圓弧狀建築，由內往外一圈再一圈作成「環套」，也是圍攏式的住宅群。

（iii）台中市西屯張廖家廟的「包」

台中市西屯區西平里西安街 205 巷 1 號張廖家廟承祐堂，為一封閉形的三堂二過水一後圍屋的建築組合，是為漳州府詔安縣官陂藍田樓的福佬客民居。

（iv）北台中平原詔安客的「包」與「圍」

北台中平原的神岡、大雅、潭子，有許多詔安客與廣東客聚集，包括有名的筱雲山莊呂宅、摘星山莊林宅、神岡社口大夫第、大雅謙興堂……等，皆是以「四」造型作正堂與橫屋的圍聚，內院的橫屋前，再用一道圍牆與堂屋隔開，然後藉堂屋前的凹壽面出入口進出，形成封閉性的宅邸，配合外圍的「大」門樓，以及竹圍圈界，成為最好的防禦性大宅第。

（3）彰化縣與南投縣的「從」

彰化縣的客家族群，已經福佬化，一般習慣稱「福佬客」或「客底」，集中在東南半壁，它的特色是將正堂與橫屋作成圍組形制，平原帶習慣利用直角正交的「包」，將堂屋與橫屋圍組成「厝包」，再於大廳前作一軒亭式「拜亭」；此封閉式的作法集中在永靖、社頭、埔心、田中等地，也有在內院作出外廊，集中在竹塘、田尾、溪洲等地。山麓地帶會依山起築，並向左右兩個方向發展護龍群向外拉開，是為「從厝」的擴張。

南投縣的客家族群，其民居形制類似彰化縣靠山麓地帶作法，以堂屋為核心（有分開的神明廳與祖先廳），再向兩側拉開護龍群，也是「從厝」的處理。

（4）南台灣的「從」與「圍」

高屏一帶的南部客家民居來說，有三類，其一是內埔一帶的「圍」，六堆其他地區的「包」與「從」，高雄大寮、岡山、台南縣的「從」，詳述如下：

（i）台南縣、高雄縣大寮、岡山的「從」

以台南縣楠西鄉鹿陶洋江家來說，其前後的三大落，左右的十三條護龍，這樣的「從厝」處理，再藉周側的植栽包圍，是為聚族群居的防禦手法。高雄大寮、岡山也有類似手法。

（ii）屏東內埔的「圍」

屏東六堆一帶的內埔，民居建築有用正堂、橫屋的包圍，再於屋後（部分有在屋前），形成圓弧形條狀建築的「圍」，而且可能有一圈、二圈、三圈，是為「圍」。

（iii）屏東六堆其他地區的「包」與「從」

屏東六堆除內埔有圓弧狀圍攏屋之外，其他包括內埔、竹田、麟洛、美濃、萬巒、佳冬等地，皆有以核心區的「口」字型，向外形成「冂」字的包圍，其外側還會出現長二、三百公尺的長條形橫屋從屬核心區，是為「從厝」的處理。

客家村落的圍合防禦與複合性功能凝聚

客家人的莊落，由於處在清季閩粵械鬥的爭地盤，加上面對內山與原住民的對峙，逼使近山地區的客家聚落，必須現實的思考積極的空間防禦，這對村落的圍合與安全性布局便很重要。台灣南北村落的差異，表達在北部的散村與中、南部的集村，有截然不同的人文地理景觀呈現，北部客家庄落為字姓合院來作散村的獨立安排，中、南部則以複合性的功能在防禦性圍合要求下來作組群布局，詳如下：

1. 外在環境的圍合

考諸全島的客家庄落，特別是中、南部的集村，大致有一共通的外在環境安排，有五層的圍合布局，最外層常是地形落差變化下的轉折區隔，像高山、岡原、丘地、崙仔。第二層則以川、溝、河，甚至人工開鑿的圳溝作為區隔。第三層再以竹圍或樹林作成圈界。第四層則以環庄的莊落、小巷弄。第五層才進到村落外圍的土磚或卵石砌造的高牆或樹籬。中部的苗栗，台中縣的石岡、東勢、新社、彰化八卦山麓，南部的嘉義、台南、高屏等客家地域皆有如是的作法。苗栗市舊山城也在村落外圍，甚至連結到庄落，以卵石牆基作層層的圈界圍繞，形成堡壘庄園，如苗栗石圍牆庄則以河邊卵石砌造環庄圍牆，台中東勢的石城也有類似的手法。北部的庄落在村落的外在環境圍合上雖沒有那麼多層，也在庄落週圍環植竹林，並以地形落差切削作逐層的院落拉開，有時一座散村合院空間，從外到裡，竟有高達五層的地坪變化，水田與外埕一層，外埕與內埕間（有磚牆或土堆牆）又一層，內埕要踏進正堂又一層，屋後的化胎或後院又拉高一層，化胎後方與茶園間再有一層，這種層落有它人文地景的特色。

2. 公共建設與社區意識的凝聚

客家庄落內有許多公共性建設，為客家人專屬，且為功能性需求下的配備建物，有門樓、洗衣場、公井、敬字亭……等，詳如下：

（1）門樓：又有稱柵門、城門、山門等，客庄村落有在四個邊角作防禦性的門道控管，有監控、防守與風水的積極功能，這常配合圳道與竹圍、樹叢、圍牆作成區隔，建物一般皆為一層半的山門到兩層的城門樓作安排，閣樓與二樓上面可作為防守用，有銃孔或小窗孔作監控。台中東勢下城的東西兩端的「日昇門」、「月恆門」，還有台中豐原、石岡交界的岸裡大社舊址的客庄，於東、西、南三面有三個門樓，入口門道上方皆有一匾額，更上方還有兩個左右對稱的八角或方形窗孔，東門上寫著「東山拱衛」，西門上寫著「長庚西耀」，南門上寫著「南更獻

瑞」。時至今日，高雄美濃有東門樓，屏東佳冬有西柵門「褒忠門」、新埤建功有西柵門「褒忠門」、內埔豐田有東柵門「懷忠門」……等，皆為昔日庄落防禦用遺留下來。

（2）洗衣場：客庄周緣，在與水圳交界的地方，皆有洗衣場的安置，三坑仔一帶稱「黑白洗」，新竹竹東與苗栗南庄、石圍牆一帶，有稱「洗衫坑」，尤其是石圍牆一帶有引後龍溪的支流作洗衣場，時至今日都還有好幾處仍在使用，南部高屏一帶也有。村姑村婦、老老少少齊聚洗衣場洗衫滌衣褲，順便聊聊天，東家長西家短，成為村落資訊傳遞的重要處所，意義非凡。洗衣場可以是直接在水流上方放置石板，或在水圳邊挖掘一凹窟窿，使水可以稍作停留，再以石板安置堆放場所，所以有「坑」的稱法，有時還會在上方搭棚架或加屋頂，防日曬雨淋。

（3）公井：客庄內部，基於飲水需求，或因偏離水圳的不便，有共同挖掘深水井以供飲用、洗滌，是為公井，有時也會在井的周側砌築洗滌場所，成為村落重要的非正式聚會場所。

（4）敬字亭：客庄裡，來自客家人「漁樵耕讀」的古訓，原就相當重視文風，並認為文字是神聖的化身，所以寫過文字的紙張與書籍，皆不可以隨議拋棄，必須對文字有所敬重，於是就設置一個「爐」來專門作為文書的焚燒處理，是為敬字亭，又有稱惜字亭，龍潭又有稱「聖蹟亭」。每個客庄皆有一座，它很像廟宇的金爐，惟建築造型比較文雅細膩，有三個樓層或段落，底層（或稱基座）不開口，中層開口可以方便扔放字紙，上層開口便利排煙，開口周側皆有字聯作為教化，最上方還有一閩南式屋頂，有時還會設置一個葫蘆造型的頂口，以利排燒。

3. 客家村落間的產業建築

近山區的丘陵地、台地、河階地、小岡原，由於水源的限制，在農業土地利用上太適合作為水稻作物區，菸草、茶葉的栽種成為最佳的農業生產，於是燻烤菸業的菸樓，烘炒茶葉的茶工廠，或茶園間，山徑轉

角的茶亭，成為客家庄落間與山林田園交界處的工作廠房，是為產業建築。有些更前進山林區，還有採樟腦熬腦、檜腦寮及燒木炭用的炭窯，由於已偏離村落，且在人煙罕至的荒郊野地，茶亭也因位處偏僻，不詳為說明。

（1）菸樓：台灣中、南、東的客家地域，皆有菸葉的栽種，採收綠色菸葉後，需進一步燻烤成黃褐色的乾葉子，於是在村落間，村落邊緣，或村落與菸田間，便有一棟棟菸樓矗立著。中部的客家村落間，比較常看到菸農利用原三合院民宅的轉角處做高突兀的菸樓，使菸樓與民宅合而為一，於是台中豐原、太平、烏日、霧峰，南投名間、集集，雲林林內等地客家庄的地理人文景觀中，菸樓成為民居中的高突建物標記。花蓮瑞穗鄉的瑞祥社區，則直接將三合院的任一邊橫屋改為龐大的菸樓，相當突兀，然在村落間卻也形成一種和諧。至於美濃郊區與花蓮光復、鳳林一帶，則在村落與菸田間，另作獨立菸樓，形成田野突兀的地標。嘉義中埔、美濃村落間，則將菸樓視作工業廠房，蓋成三至五間的三樓層高連棟屋宇，屋頂還有一二處較高聳的天窗，然就人文景觀來說，就沒有那麼突兀。

（2）茶工廠：北、中台灣皆有茶葉的栽種，從桃、竹、苗一直到台中、南投，烘炒茶葉工作往往在三合院間，利用外橫屋或空地新蓋茶工廠。觀音鄉有利用外橫屋蓋起磚造樓房充當茶工廠，新竹關西的羅家，更有專業的茶工廠，皆為村落與市街間，增添特殊人文景觀。

4. 客家村落間的信仰空間及建築形式表達

客家人的俗民信仰，最普遍的要算伯公信仰，其次為義民爺與三山國王信仰。在居家信仰上，普遍以祖先、天公為主，神案下方還有土地龍神祭拜，南台灣還有以楊公與化胎上的五行石作信仰，還有以五營將寮廟作界域神；至於一般神明信仰來說，由於五花八門，加上表達方式也各異，與客家建築無關，不列入討論，僅將伯公廟、天公爐、土地龍神、五營將寮廟、楊公神位與五行石討論如下：

（1）伯公廟：伯公信仰在客庄成為界域神，其表達在北、中、南的客庄信仰，有些許的差異。北臺灣在鄉間的庄落會以地形地貌本身、樹種、水源頭或湧泉處……等，直接祭拜對土地表達一種崇拜；偶而在山林間會出現風水型的土丘，搭配以小廟，四周再環植竹林；接近市街的村落原以「三粒石」方式呈現，然後逐漸從小廟，一路蓋到大廟。中台灣在鄉間也有以樹種作伯公的安排，普遍以小廟形式作表達，田尾丙郎社區竟有風水型的安排。南台灣則以小廟表達居多，然功能意義卻是最複雜的，最特別的要算高雄美濃一地就大大小小不同的風水型伯公出現，至於功能意義上，五花八門，有豬灶伯公、香藤伯公、禾坪伯公、榕樘伯公、北據伯公……等。

（2）天公爐：客家人對天神（天公）的信仰根深蒂固，表達方式卻不一樣，桃竹苗一帶習慣在外圍牆上專設一凹窟窿，內擺設一祭拜天公的小香爐，偶見於左牆上或左圍牆上。中部一帶則在禾坪外側靠外圍牆邊，另立一磚柱，上置放天公爐，特地將祂豎立起來拜。南部一帶大部分將天公爐供奉在廳下、屋簷下的正中央或禾坪靠近廳下處或禾坪正中央或外緣處，而且多位在中軸線上。

（3）土地龍神：為廳堂神案下方的一種住家土地神祭拜方式，北部客庄大多只設香案；中部客庄幾乎已不拜，或者另於神案桌上，供奉土地公神像來祭拜；南部客庄則在神案桌下方設有正式的龍神香爐座位，兩側並貼有對聯。

（4）五營將寮廟：有關五營信仰截至目前皆以受閩南人影響來說明，然屏東佳冬鄉的佳冬村目前很明顯有東營（張元帥）、西營（馬元帥）、北營（趙元帥）等三個將寮廟作界域神庇祐。彰化八卦山山腳路社頭湳雅村的月眉池劉家與崎腳家，皆有以五營歸中的角頭廟來庇祐祭拜。東勢的石角、中嵙等地客庄，也有以五營歸中在村落入口處做祭拜。

（5）楊公神位：屏東六堆客庄一帶，特別是內埔、五溝水一帶，有信奉地理風水師的祖師爺楊公，於廳堂左下方的牆腳邊，有供奉一楊公

香案,為長柱形的神位。

（6）五行石：五行石來自易經的理念,將五行學說轉化成五行石,被屏東六堆一帶的客庄,拿來作為民宅屋後化胎上,在與排水溝交接的短牆上,用五種形狀不同的石頭作印記,有驅吉避凶的意義。

5. 客家庄落的類型與地域性展現

台灣北中南所有客家村落來說,可以概分成四種基本題型,即圈繞圍聚型、線性帶狀型、棋盤計畫型、合院分散型,有些是混雜在其中兩種之間,有些已經都市化,然從客家人於邊區屯墾的角度來看,為處在非平原帶且地形變化多,生產環境的資源較缺乏,加上夾擠在閩南人與平埔族、高山族之間,在如此窘迫的環境條件下,這幾種類型剛好適足以說明。

（1）圈繞圍聚型：這種類型最多,為基於團結性的防禦,集中於南部與台中縣,村落周圍會有密植的莿竹林圈繞,有些村落會配合水圳或河流區繞而過,再於村落邊築起厚重土牆,以利防禦需求,像屏東佳冬村落在東柵門邊即有一段厚三尺以石灰、砂、石頭混砌的厚牆,這樣的村落會在四境或幾個角落築起柵門或城門作為防禦,再於適當的邊角,以不同形式與意義的伯公作成庇祐保護。佳冬村落原有東、西、南、北四個柵門,目前祇剩西柵門,四周原有六個伯公,其中北柵門邊原有兩個伯公,包括一個開庄伯公,另原東柵門邊也有水關頭伯公與豬灶伯公兩個,目前祇剩前者。屏東高樹老庄村落,原也有上（北）、下（南）及東西兩個小的,總共四個柵門,四周也有八個伯公,且職司功能皆不同,有禾坪、榕樘、石城、北據、香籐等不同屬性的伯公。台中東勢下城村落原也有兩個城門,村落東西兩側也由兩條水圳曲繞而過,內側再以植栽作為圍繞。台中豐原的岸裡大社與翁社兩個漢番替代村,也是客家人大本營,前者有三個城門,後者有四個城門,前者祇在南門邊有一岸興宮土地公廟；後者在東、南、北三個城門邊皆有土地公廟,兩個村落四周也有由竹圍與水圳曲隔部分邊境。

（2）線性帶狀型：這種類型以中部最多，為山麓、山腳地帶最常見的安排方式，台南縣楠西鄉一帶也有。村落是沿著山麓一字排開，且表達在建築形式上，為多護龍（橫屋）的從列性質，左右與前方有密植的竹圍作為界域，後方再以大片果樹圍作成隔離，有些以五營歸中的角頭廟安排在入口邊角，有些以伯公、榕樹公作為角頭廟，再於不同院落間，以不同信仰空間作地緣性的庇祐。彰化八卦山麓的山腳路上，從花壇南邊，經大村、員林、社頭、田中，到達二水北邊，有許多福佬客住此，展現五、六十座的大合院，一字排開。台南縣東側邊的台3號道路上，從楠西鄉到玉井鄉，沿途即有幾座大型多護龍院落，沿山邊展開。

（3）棋盤計畫型：這種類型比較少，為拓墾時期內山開發最前線的地方及閩粵交界的計畫性市街。村落是以排排座的方式，前後依序集結成一個團結性的防禦型人群組合社區，四周也會藉地形落差、水圳、莿竹圍及密植林，形成多重的保護，村落四周與中間皆由明顯的東西南北四向道路作成連絡道路，村落正中央或核心位置則會安置村落中心廟，並於邊境或四個角落以伯公或五營作成精神庇祐。台中縣東勢鎮中部橫貫公路的東觀街最前線的大茅埔村落，即是道光12年（1832）才藉墾首以十四大股招來大批客家人來此墾闢，村落為接近矩形的棋盤村落，西側邊即為大甲溪，目前有東關街切過，東西兩邊皆有茅埔圳山下分線的其中兩段由南經北切過周緣，連村落中間與南側也有一段水圳切過，四周明顯有當年的密植的莿竹圍作成曲繞，原在北、西、南有三座城門，村落四個角也有五營將寮廟坐鎮，另於西北角有一左座伯公廟，村落底端更有一座以三山國王奉侍祭拜的國王廟。另彰化永靖市街、高雄旗山的市街則屬於閩粵交界的計畫性市街，為以客家人為主的村落，有棋盤格局的市街，永靖市街有永安宮、永福宮、永奠宮作為西、北、南三向的角頭廟，前者的村中心廟專奉侍三山國王廟，其他為伯公廟。旗山市街有一村中心廟天后宮，原在村落南北端則有隘門三座。

（4）合院分散型：這種類型北部最多，為散村地帶的特色。對照於北台灣的丘陵地，桃竹苗的土地利用，無法以大片的墾地作成集落或大

型村落，在現實的生活需求考量下，分散在台地、丘陵地間的小農墾戶，祇能藉小型農莊院作成安屯，於是分散的農墾戶成為北部村落的一種典型，村落儼然平均分散各處，然也會在村落入口、水頭出現伯公廟作成角頭廟，村落邊角另有村中心廟。

結論

台灣漢人移民中，客籍移墾者來自福建閩西與粵東，由於人數不多，加上原鄉習慣丘陵地的生活，因此比較容易聚集到近山區或平原的交界，除閩粵械鬥爭地盤外，還有來自近山一帶與原住民的對峙，於是自我防禦的安排，變成民居與聚落的基本要求。伙房建築不止集結成血緣性族群凝聚空間，甚至結合住居、工作與信仰等不同功能，形成複合性民居。聚落更是民居的放大，除了必要的公共設施，從村落的共同信仰，包括祠堂、文昌祠、同籍信仰大廟、義民祠及界域神，以及庄路、竹圍、洗衣場、惜字亭⋯⋯⋯等共用性空間，形成一個自主性相當高的團結型圍聚式空間集結，是為客籍村落的特色。

問題思考

問題思考

（1）二次移民下的客籍人士，其在新墾地的空間形式表達。

（2）福佬客的形成背景，及其空間文化形式表達。

（3）北、中、南、東客籍人士在建築（從民居到聚落）表達上的地域性差異。

（4）粵籍與閩西兩個不同客籍身分，或再細分成饒平、海陸豐、四縣、大埔、汀州、漳州等六個不同區塊的空間文化形式互相間的差異。

（5）來自不同粵籍身分的空間文化形式是否有其自主性，不同地區的匠師，是否也存在表達上的差異。

參考書目

六堆文教基金會，《六堆客家傳統建築調查研究——以前堆傳統民居為例報告書》，1999。

李允斐，〈清末至日治時期美濃聚落人為環境之研究〉。《中原大學建築研究所碩士論文》，1988。

林正慧，〈清代客家人之拓墾屏東平原與六堆客庄之演變〉。《台灣大學歷史學系碩士論文》，1997。

邱永章，〈五溝水——一個客家聚落實質環境之研究〉。《東海大學建築研究所碩士論文》，1989。

邱瑞杰，〈由安全與防禦的觀點探討清末關西地區散村的空間型態〉。《淡江大學建築研究所碩士論文》，1996。

美濃愛鄉協進會，《六堆夥房》，台北：行政院文化建設委員會，1996。

胡國雄，〈夥房屋廳下空間文化內涵研究——以桃、竹、苗為例〉。《台灣師範大學工業教育研究所碩士論文》，1997。

夏雯霖，〈清末後堆地方傳統聚落之研究〉。《成功大學建築研究所碩士論文》，1994。

徐明福，《台灣傳統民宅及其他地區性史料之研究》，台北：胡氏圖書公司，1990。

張甡壽，〈清末新埔客家傳統民宅單體建築構成之研究〉。《成功大學建築研究所碩士論文》，1989。

梁宇元，〈清末北埔聚落構成之研究——一個客家居住型態之探討〉。《中原大學建築研究所碩士論文》，1989。

陳運棟，《伙房屋》，苗栗：苗栗縣文化局，（無留年代）。

增坤木，《客家夥房之研究：以高樹老庄為例》，台北，文津出版社，2005。

馮錦松，《新屋家大夥房》，屏東內埔：六堆印刷，2002。

黃瓊慧，〈屏北地區的聚落型態──維生活動與社會組織〉。《台灣師範大學地理學系碩士論文》，1996。

劉秀美，〈日治時期六堆客家祠堂建築之研究〉。《成功大學建築研究所碩士論文》，2000。

劉嘉珍，〈六堆舊市街生活與空間組構之研究──以後堆內埔廣濟路街屋為例〉。《成功大學建築研究所碩士論文》，2002。

賴志彰，《桃園民居調查報告書》（上、下冊），桃園：桃園縣立文化中心，1996。──，《跨越時空的地域性次文化展現：彰化八卦山山腳路的民居生活》，彰化：彰化縣立文化中心，1997。

──，〈彰化縣的客家住居生活空間與表達〉。收於《彰化縣客家族群分布調查》，彰化：彰化縣文化局，2006

──，《桃園縣龍潭鄉江夏科文祖堂歷史建築調查研究計畫》，桃園：桃園縣政府文化局，2006。

──，《彰化縣七十二庄客家生活環境總體營造計畫》，彰化：彰化縣政府城鄉發展局，2006。

賴志彰等，《台中縣建築發展（田野調查總報告書）》，豐原：台中縣立文化中心。1992。

──，《台中縣建築發展（民宅篇）》，豐原：台中縣立文化中心，1993。

──，《彰化民居》，彰化，彰化縣立文化中心，1994。

鍾志宏，〈菸業對美濃大崎下聚落空間的影響〉。《東海大學建築學系
　　　碩士論文》，1992。

羅香林，《客家研究導論》，台北：南天書局，1933〔1992〕。

古地圖見證滄桑

　　16 世紀後半葉到 17 世紀初期西方海圖所繪製的臺灣島輪廓，逐漸從位置不準、形狀不定、多島，演進到成為三島的形狀。[1] 此時期所繪製的海圖已出現北回歸線，中國東南海上三島的中島有北回歸線經過，因此可以確定名為 Lequio minor 或 Legueo pequeno（小琉球）的島嶼即是「臺灣」。1575 年西班牙神父的遊記已提到東番是一個大島，[2] 在 1597 年同樣也是西班牙人所繪製的 Isla Hermosa（艾爾摩沙島），將臺灣描繪為單島地圖。[3] 1625 年，荷蘭人 Jacob Noordeloos（諾得洛斯）完成第一張臺灣實測圖，是一個完整的單島，[4] 稱臺灣為「北港」，至此臺灣全島輪廓才開始逐漸明朗，其中臺灣海岸西側的澎湖群島常被仔細描繪。17 世紀初荷蘭人經印度洋來到東亞，再從澎湖轉進到臺灣，最後被明鄭政權所驅逐，前後約 40 年間，曾繪製了數十張臺灣沿海圖，經緯度與幅員尺度都比已往精確，對當時臺灣西海岸的地形描繪尤其仔細，有助於理解臺灣早期移民時期的地理空間背景。

　　惟爾後二百餘年，跨越整個清領時期，所能看到的臺灣地圖，都是清朝政府從中央到地方所繪製的海圖、行政區域圖或原漢界址圖，此時期所繪製的臺灣地圖除不精確、地名相對位置不精準之外，距離與上下左右關係有諸多錯置情形，因此用來做為地方拓墾研究的佐證面臨不少問題。一直到 1874-1875 年左右，隨著臺灣地位的重要性提升，才有福建船政學堂 P.M. Giquel（日意格）與 L.D. de Segonzac（基恭塞格）率學生來臺繪製精準的「臺灣府城街道並安平海口圖」，然而卻是由法國印製出版。[5] 1895 年清日甲午戰後割讓臺灣，日本軍隊接收臺灣時，透過陸軍陸地測量部臨時測圖部，以現代測量技法，測量得更精準的實測地形圖，

1　翁佳音、黃驗，《解碼臺灣史，1550-1720》，臺北：遠流出版公司，2017，頁 33-34。

2　J.E. Borao Mateo, Spaniards in Taiwan, vol. 1:1582-1641, SMC Publishing Inc., 2001, pp. xli, 39.

3　同註 1，頁 35。

4　曹永和，〈歐洲古地圖上之臺灣〉，《臺灣早期歷史研究》，臺北：聯經出版公司，1979 [2016 二版] 頁 350-351。

5　謝國興，〈福州船政學堂繪製的臺灣第一幅現代城市地圖〉，《臺南文獻》41:107，2013。

不只可以作為地理管理與經濟發展的藍圖依據，甚至可作為日後各式主題圖的繪製與利用。四百年間中外各國繪製了許多臺灣地圖，不乏臺南研究的絕佳史料。就數量而言，臺南地區的古地圖實居全臺之冠，本地圖集先以地圖的製圖時間為分期，同一時期內再以地圖類型分類進行導讀。

17 世紀從澎湖看「大灣」周邊

1. 描繪重心在澎湖群島與臺南周邊海岸

17 世紀前半葉所繪製臺灣地圖的一大特色是，對位於臺灣本島西南邊的澎湖群島描繪細膩，這與明朝經略澎湖多年且澎湖位居臺海要衝有關。荷蘭人 17 世紀初先到澎湖建立據點，當時對澎湖群島的繪製可謂纖毫必具，對臺灣島則大多粗略描繪，全島輪廓十分不精確，只有現今臺南附近沿海地帶，北起今日嘉義南端，南到今天高雄北邊，包括臺江內海與魍港一帶，描繪較為細緻精確，其他西海岸輪廓則多以直線條含糊帶過。

2. 臺江內海與魍港一帶的清楚描繪與放大的大灣海域

1623 年由荷蘭人 Moses Cleasz. Comans 繪製的臺灣西海岸海圖，除可以看到非常清楚的臺江內海與魍港一帶，西側邊還可看到細膩描繪的澎湖群島，北邊畫出淡水與雞籠兩個河口位置（地圖 1.1）。M.C. Comans 另有一幅重點呈現臺江內海與魍港一帶的圖，對海口、灣澳與沙汕都描繪得很細緻（地圖 1.2）。約 1624-1625 年由 Hendrick Adriaensz. 所繪製的海圖（地圖 1.3、1.4、1.5）、1625 年由 Jacob Noordeloos 所繪製的北港島圖（地圖 1.6），尤其是 1636 年由 Pieter Jansz. van Middelburg 所繪海圖（地圖 1.10，1665-1670 年由 Johannes Vingboons 摹繪），都非常細膩的描繪當年的臺江內海與魍港一帶，提供豐富的早期臺南地理資訊。

3. 北線尾、安平、鯤鯓沙汕在臺江內海的對應連結關係

　　除上述幾幅同時一併呈現當年的臺江內海與魍港一帶地圖之外，另有幾幅海圖，以近距離、較大比例尺，極細微方式描繪臺江內海，如 1626 年由 Pedro de Vera 所繪「描述艾爾摩沙島荷蘭人港口圖」（地圖1.7）、1629 年由 Jan Garbrantsz. Black 所繪「大灣（臺江內海）圖」，尤其是 1665-1670 年由 Johannes Vingboons 重繪（1636 年原由 Pieter Jansz. van Middelburg 所繪）「福爾摩沙島西部圖」（地圖1.10），以外文或圖繪標記北線尾、安平、鯤鯓沙汕，甚至還呈現熱蘭遮城、海堡、普羅民遮市鎮、（新）商館、舊商館、大灣水道進出的港口等，另外對地勢狀況，包括沙汕的位置、大小、輪廓範圍，都精確掌握，描繪得非常清楚，此幅為最早清楚描繪大灣（臺江內海）的地圖，從中也可見當時臺江內海一帶的地勢及水文狀況。

4. 臺江內海東望內陸丘陵山地

　　Jan Garbrantsz. Black 所繪（地圖1.8）的臺江內海圖，在圖的上方說明此圖是由臺江東望內陸的丘陵山地，由近而遠，近處呈現兩層的近山及沿山丘陵層巒疊嶂，遠處還有深山屏障，這樣對自然地形的描繪，具體呈現臺南東方山勢狀況；圖上還特別註記：「如果從大灣港口進來，看到的山形的形狀」，比對現在的臺南東邊丘陵山地，大致可了解當時山勢狀況與今時之異同。

18 世紀之後清晰的海岸線與內陸的推進

1. 山川地形與地域風貌的逐漸清楚描繪

　　首先是開始清楚描繪河流的來源與流向。從 18 世紀初的「康熙臺灣輿圖」開始，由南往北出現二層行溪、蔦松溪、灣裡溪、急水溪、鹽水溪、井水溪、八掌溪等河流，如此的水文紀錄與描繪，幾乎就定型了。往內山還有急水溪上游的十八重溪，以及南仔仙（今楠梓仙）溪，其後將二

層行溪改稱二贊行溪〔1730（雍正 8）年夏璇淵繪圖《海國聞見錄》「臺灣圖」、1747（乾隆 12）年繪圖者不詳《重修臺灣府志》「臺灣府總圖」〕。開始在十八重溪北邊出現九重溪，蔦松溪北邊有大目降溪，內山除寫出淡水溪，還增加上游的巴六溪、大澤机溪、冷水溝。1747 年的「臺灣縣圖」還在蔦松溪上游出現卓猴溪、咬狗溪（許寬溪），對於河流流路的交待越來越清楚。

　　接著是丘陵內山開始逐層的浮現。對於府城東邊丘陵內山的描述始於 1686（康熙 25）年鄭開極、陳軾總纂的《福建通志》內所繪「臺灣府三縣圖」（圖 3.2），其中除了簡單交待一個大岡山（木岡山）之外，周邊只有「內大山人跡不到」，顯然是漢人所不及地方。1696（康熙 35）年的《臺灣府志》「臺灣府總圖」（繪圖者不詳）也只簡單交待東北邊一個木岡山，府城東側則出現山川臺、上港岡、中港岡、下港岡等丘地的紀錄。進入 18 世紀，在「康熙臺灣輿圖」（地圖 III.3）上只交待府城東邊的山川臺，內山幾乎是空白，到了「雍正朝臺灣圖‧附澎湖群島圖」（地圖 III.4）上，山巒形式就清楚多了，最近處仍有山川臺，往外有三層：近山有大潭頂、虎頭山，芋匏山、龍交崎、木崗山、目貓徵山、竹仔山；沿山有烏山、分水山、東方木，內山則有大武壠山、南仔（楠梓）仙山、旗尾山。到了 1747（乾隆 12）年范咸、六十七共同纂修《重修臺灣府志》「臺灣府總圖」，山巒形式更完整，也有三層山脈，惟山勢描繪比以往更細膩了：淺山有馬槽山、半月嶺、赤山、烏山、香洋山、大岡山、小岡山、火山、玉案山、大石門山、小石門山、冀箕湖山、消離山、大武壠山、柳林山、分水山、木岡山、雁門關、猴洞山、銀錠山、尖山、湖內山、七星山，沿山有大龜佛山、崁頭山、鹿褚山、鹿埔山、鹿馱山、番子湖、五步練山、內加拔山、羅漢門山、翁子上天山、東西烟山、大崎越嶺、外門、蘭波嶺，內山則有大利山、大武瀆山、琅包山、番米基山、東方木山、旗尾山、彌濃山，第三層有玉山、大武巒山、皂羅袍山、南仔（楠梓）、仙山、北葉山、傀儡山、芋匏山、崇爻山。山巒形式大致底定，即便 1756-1759（乾隆 21-24）年的「乾隆朝臺灣輿圖」、1760（乾

隆 25）年的「臺灣民番界址圖」等都不出其右。

2. 府城的行政設施與城垣街肆

臺南在清治時期長期做為臺灣統治中心，相關衙署設在府城內，1696（康熙 35）年高拱乾纂修《臺灣府志》「臺灣府總圖」上即註記有臺廈道、臺灣府、臺灣縣、總鎮營盤、海防廳，安平另有水師總鎮（水師協）府。18 世紀中葉在《重修臺灣縣志》「城池圖」（方達義繪圖）中有府儒學、縣儒學、貢院、錢局、捕衙、察院衙、萬年倉、巡道衙、總鎮衙、縣倉、經廳等。有清一代臺灣府城的行政建置與設施，行政機構有巡道衙、臺灣府署、臺灣縣署、臺灣分府（海防同知）衙門（鹿耳門）；軍事機構有總鎮標署、鎮標左營（左營游擊署）、鎮標右營（右營游擊署）、城守營參將署、道標營、軍裝局、馬兵營、火藥庫、鎮海營、軍工營；文教機構有府文廟臺南府儒學、縣學文廟、文昌祠、魁星堂、敬聖樓、海東書院、崇文書院、正音書院、引心書院等。

臺灣府城垣的建設開始於清雍正 3 年，1725-1733（雍正 3-12）年間是以木柵圍城，1733（雍正 11）年到 1788（乾隆 53）年改種莿竹圍城，為竹城時期；林爽文事變之後，1788（乾隆 53）年以後改以三合土築城，原有八個城門，全部為磚石造。城內有德慶溪與福安坑（溪），一北一南，大致由東往西流入臺江內海。臺南府城境內有七處丘地，即赤崁、尖山、覆鼎金、鷲嶺、山川臺、山仔尾、崙仔頂等，其中山川臺在尚未築城前，此一地名即已出現在 1696（康熙 35）年的《臺灣府志》「臺灣府總圖」上。城內除官衙門之外，還有包括儒家及道、佛、齋宗教信仰的七寺八廟，民間有依寺廟為中心形成的「聯境組織」，如三協境、四安境、六合境等。城內主要切分成四個坊，即東安坊、西定坊、寧南坊、鎮北坊。街上還有許多商肆，且有三郊（北郊、南郊、糖郊）的設立，活躍在五條港附近。市中心區有六條主要街道，即竹仔街、武館街、大井頭街、帽街、下橫街與武廟街等。這些從 1752（乾隆 17）年的《重修臺灣縣志》「城池圖」與 1807（嘉慶 12）年的《續修臺灣縣志》「城池圖」上都可窺見。

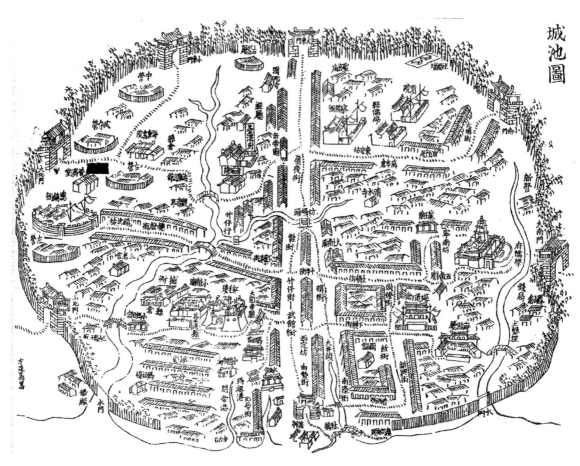

圖 1　1752《重修臺灣縣志》，方達義繪

　　臺灣府城街道的中心區，有沿襲荷蘭時期形成，呈現格子狀的「十字街」。[6]早在約 1691-1704（康熙 30-40）年間所繪的「臺灣地里圖」（地圖 III.2）上，府城街上即有由店家的建物櫛比鱗次排列，形成一條東西向的街路，還有一條連結大南門邊府儒學，往北連通大北門西側的總鎮衙（即後來所稱的上橫街）的南北大通，兩條大通衢串接成所謂的十字街。此時東西向往東的路筆直，往西通往海邊的路稍有曲折，先彎轉西南向之後再轉正向。另一幅 1691-1704（康熙 30-43）年間畫繪製的「康熙臺灣輿圖」（地圖 III.3）上，出現南北向兩條街道，及一條東西向的通衢，形成「双十街」。1720（康熙 59）年的《臺灣縣志》「臺灣縣輿圖」裡也標示著十字街，道路交义點標示「十字街」。約 1723-1725（雍

6　洪敏麟，《臺南市市區史蹟調查報告書》，臺灣省文獻委員會，1979。

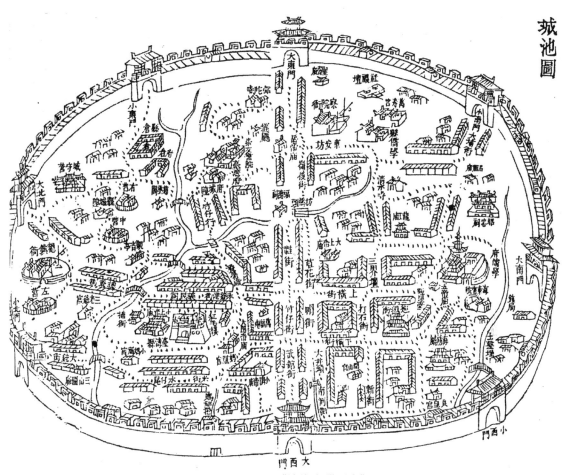

圖 2　1807《續修臺灣縣志》

正元-3）年的「雍正朝臺灣圖・附澎湖島圖」（地圖III.4）上，府城街
道雖沒有明確畫出，卻也用虛線畫十字交叉線，中間還標記「十字街」。
1742（乾隆7）年的《重修臺灣府志》「臺灣縣圖」上，在莿竹圍牆的正
中央也標示著「十字街」。1752（乾隆17）年的《重修臺灣縣志》「城
池圖」上也勾勒出十字交叉街道，一樣也在交叉點上記有「十字街」，
有趣的是主要的南北向橫街出現兩條，標示為「上橫街」（即今忠義路）
與「下橫街」（即今永福路）。1807（嘉慶12）年的《續修臺灣縣志》「城
池圖」上，跟重修臺灣縣志的圖幾乎相同，也有十字街與上下橫街，不
同處只是從竹木柵城築構成三合土城牆。上述幾幅地圖中，在街道東南
邊另有一條較短的東西向街道，使得整個府城看來像似「井」字形市街，
算是粗具橫盤格局的大市街了。

3. 灣澳、海口與內港的持續變動

　　大灣為一古地名，位在17世紀臺江內海的外面沙洲，也稱作頭鯤鯓、一鯤鯓、大鯤鯓，另外還有臺員、大員、埋冤等不同稱謂，[7] 荷蘭人首先在大員沙洲上建立「熱蘭遮城」，作為統治中心，且以此扼守臺江的門戶。

　　五條港為清領時期（約 1750 年前後）在府城大西門外利用河港殘蹟開挖的民用商港道。五條港有各自的港道，為從最南邊的安海港開始，先在鎮渡頭與南河港匯合，接著往西北而行，沿途再與南勢港、佛頭港匯合，直到新港墘港匯合後改往西走，進入舊運河河道（德慶溪尾段），最後匯入鹽水溪，流入四草湖一帶出海。[8] 五條港的港道雖然從十八世紀中葉就已存在，然清代的諸多海圖與行政區域圖卻皆未描繪五條港港道，一直要到 1874-1875（同治 13 年—光緒元）年由福建政學堂日意格與斯恭塞格率學生魏瀚等 6 人實測「臺灣府城並安平海口圖」（地圖 IV.14）、「臺灣府城街道全圖」（地圖 IV.15），[9] 始描繪五條港港道名稱及其位置。

4. 南北二路的界域劃分與連結

　　清朝政府雖早在 1684（康熙 23）年即領有臺灣，而且往北設立諸羅縣，往南設立鳳山縣，行政區域圖上卻尚未清楚劃分縣界。1699-1704（康熙 38-43）年間的「康熙臺灣輿圖」，只看到各軍事機構的座落範圍，像鯽魚潭西邊有中營盤與左營盤的界線，臺灣鎮南側則有右營盤、中營盤、左營盤、道標界等的界線，二層行溪則畫為右營盤、水師小北營、道標界等的界線，正式的行政界域區分則要等到 1720（康熙 59）年的《臺灣縣志》「臺灣縣輿圖」，以及 1723-1725（雍正元 -3）年間的「雍正朝臺灣圖附澎湖群島圖」中有以蔦松溪（今鹽水溪）作為臺灣縣與諸羅縣的界分，以二層行溪作為臺灣縣與鳳山縣的界分，然後延續下來。

7　同註 1，頁 41-47。
8　范勝雄，《府城叢談》，1997 頁，11-21。
9　Camille Imbault-Huart, L' JIe Formose, Histoire et Description, Paris: Ernest Leroux, 1893, pp. 174-175.

　　迨至康熙末年，從陳文達等編纂的《臺灣縣志》卷首「輿圖」中已標示有南北兩路官道，北路官道從「中樓仔街」經「小橋塘」、「大橋塘」、「洲仔尾」、「土地廟塘」、「蔦松街」到達縣界，南路官道則經「頭棧」、「桶盤淺汛」、「陂頭店」、「文賢里一圖」到達縣界，另往沿山地區也出現有官道的延伸，再於近山地區繪出一條南北聯絡道，北往南聯絡大目降庄、廣儲東里、保大東里、新豐里、土地塘、崁上塘、歸仁北里、歸仁南里、崇德里等，為往內陸逐漸推進。約1756-1759（乾隆21-24）年的「乾隆朝臺灣輿圖」（地圖111.8）中，除繼續延伸原有道路外，另有從大東門經埤仔頭、紅毛寮、外興化店、內興化店、茅草山、雁門關、翁仔上天、蝦梅林、縣丞署、中埔庄，往內山到達內門營盤。一直到乾隆末年的「郵傳圖」，往內山的推進，已跨越外門汛，經蓄薯寮，跨越下淡水溪（今高屏溪）繼續往更內山進。

19世紀平原、丘陵與內陸的逐漸拓墾

1. 臺江內海浮覆與港道、土地利用變遷

　　臺江內海在七座鯤鯓沙洲與府城西城垣（今臺南市西門路）之間的水面堆積陸化本來就持緩慢進行著，1823（清道光3）年曾文溪大改道，溪流流入臺江內海，加速臺江淤積，大西門外原有俗稱五條港的內河港道，由南而北，分別為最南邊的安海港，先是在鎮渡頭（金華路四段、民生路二段與和平街交會處）與南河港匯合，接著往西北行，沿途與南勢港、佛頭港匯合，最後與新港墘港匯合後往西行流入了舊運河，舊運河原為德慶溪尾段，五條港區三郊郊商為了便利貨物運輸，集資僱工開鑿德慶溪往西行人工河道（在今臺南市安平區安北路86巷至安平路500巷間，俗稱舊運河或古運行），在安平流入鹽水溪、四草湖，接續利用竹筏港港道，往北通往國賽港來維持營運。[10]

　　安平港位在安平舊聚落旁，原為一小漁港，1823年鹿耳門港為洪水

10　加藤光貴，《臺南市讀本》，1939。

沖毀，安平漁港因為海砂的推移，港口反而比之前略深，而成為商港。大正年間開鑿的臺南運河，有意連結港口與府城，出海口一段卻不斷為漂砂所淤塞，臺灣總督府乃於 1935-1936（昭和 10-11）年再於舊港口南邊 2 公里處另闢安平港新港口，港口長 160 公尺，並自港口再挖深航道 2 公里，與新運河相通，築岸堤 500 公尺，惟二次大戰末期遭美軍炸毀。

十九世紀的 1820 年代以後，臺江內海逐漸淤積，許多土地逐漸被圍成魚塭養殖，甚至開闢成鹽田。曾文溪北邊即今七股區分布大片的魚塭，且每個魚塭的面積甚大。曾文溪南邊與鹽水溪間也有魚塭，數量較少，開發較晚，荒地比較多。鹽水溪的南邊與府城的西側（小北門外）也是大片的魚塭。另在府城西南側，在臺江內海東南角，在新昌里的鹽埕庄，則有大片的鹽田，為自清初時期即已開發的瀨口鹽田。

2. 府城都市的不斷擴大

1823（道光 3）年由於暴風雨加速府城西邊海岸淤淺，1832（道光 12）年的張丙事件，各地烽火危及府城與官衙，於是來臺處理的閩浙總督程祖洛奏請加建西外城，准奏之後，也順便加蓋東外門，依照舉人鄭朝蘭的提議，在官方監督下「民捐民辦」，西外城的基址是沿用 1805（嘉慶 10）年府城三郊為防蔡牽之亂加蓋的木柵舊址，從大西門外向西拉開，南北較窄，中間較寬，並由北往南適當距離加開拱乾門、兌悅門與奠坤門。東外城則是在大東門邊角稍微擴大，外城另開仁和門（南側）、東郭門（往外拉出的城廓中間）、永康門（北邊）等三門。此次的擴建，使原有城牆周長從 2,520 丈（8.064km）擴增到 2,700 丈（8.64km）。[11] 大西門外五條港的地區，原就是府城三郊的商業集中地，非常繁榮，1832 年西外城擴建後，更有安全的保障，於是發展更加迅速，逐漸填滿新城區，而且還繼續往南發展，1904（明治 37）年的堡圖可清楚呈現。[12]

11　詹伯望，《半月沉江話府城》，臺南：臺灣建築與文化資產出版社，2006。
12　同註 6。

3. 漢人對平原、丘陵的全面開墾

一直到 19 世紀的 70 年代以後，比較 1873-1877（同治 12- 光緒 3）年間日本水師寮的傳統山水輿圖與 1878（光緒 4）年由余寵所繪「全臺前後山輿圖」，許多重要的漢人庄落都已出現，只是稱法有異，而且平原擴展至沿山地區，像麻豆街、鐵線橋街、佳里興、西港仔街、霄壠街、鯽魚潭、大木降、茅港尾街、角帶團、果毅后街……等。

沿山與近山地區的入墾，從 1878 年余寵所繪「全臺前後山輿圖」來看，內山都寫著「生番界」，甚至還標註「常年有雪，人跡不到」、「玉山又名雪山，長年積雪，乍隱乍現」，漢人足跡所到的淺山丘陵地區，主要有噍吧哖街、大武壠、番社街、羅漢內門、新港屯、雁門關嶺……等。

20 世紀的完全開發與臺南都市的現代化

1. 現代都市的蛻變

日治時期舊府城在都市的擴大過程歷經三次都市計畫的調整，1911（明治 44）年公布的「臺南市區改正計畫圖」（地圖 Vl.3.7）是最為全面的市街改正，它在既有府城城牆的框架內作計畫道路與開闢綠園圓環，除七個圓環之外，仍保留舊府城的「十字街」，也就是東門路連接民權路的東西通衢，以及永福路的南北向街道（清代稱橫街）。另連絡州廳與火車站的兩個圓環間卻畫設 45°角的道路，加上州廳西南側的中正路一小段也是走 45°角，東南邊的開山路同為走 45°角，形成州廳前的圓環由七條道路作放射狀連結，等於強化了州廳位置的重要性。1929（昭和 4）年公布擴大市街改正計畫，變化不大，只將南邊向更南方向擴大了 5 個街廓，東邊向東擴大了 2 個街廓，東南邊角再擴大 1 個街廓，西邊順著安平港位置向西擴大 3-4 個街廓，北邊則只擴大一小範圍，沒有劃設計畫道路。其中最主要的是將前後站的都市作連結。[13] 另外增加 1 大

13　黃武達，《日治時代（1895-1945）臺灣近代都市計畫之研究論文集（2）》臺北：南天書局。

3 小的公園，最大的即為臺南公園，於 1917（大正 6）年開園，[14] 占地 4 萬餘坪，約 15 甲地，有運動場、花苑、噴水池、假山、飛瀑、橋樑、亭榭。另有五妃廟、赤崁樓亦畫為公園。1941（昭和 16）年再擴大都市計畫，繼續向東、向南擴大，再增加好幾處大小公園。

　　臺灣自從建省以來，即開始面對近現化的問題，日治以後，賴明治維新的現代化思潮，舊府城臺南除引進西方現代都市計畫，棋盤街區加上圓環與放射狀道路，配合大量公共建設，州廳、消防局、氣象測候站、醫院、零售市場、警察署、嘉南農田水利會、各級學校設立等，使得府城臺南完全脫胎換骨，蛻變為現代都市。

　　清代臺灣府城雖在清末建省時改稱臺南府，然整個城牆都市卻是臺灣最大的，而且在日治以後的「臺南市區改正計畫圖」（地圖 Vl.3.7），竟然是依照舊有城垣的範圍內去規劃計畫道路，雖然道路仍以開腸剖肚方式穿越舊城區，舊十字街則仍保留，就是今天的民權路與永福路，永福路在經過祀典武廟與赤崁樓時，因廟宇古蹟而繞彎而行，甚至不拓寬馬路，也就是說當年的府城十字街，仍象徵性地在開闢都市計畫道路時適當的保留下來。其他城牆與城門，至今在各方努力下仍保留了四處城門及少部分城垣、一座砲臺，亦即兌悅門、大南門、大東門、小西門（移往成功大學校區保存）、小東門段殘蹟、南門段殘蹟、東門段城垣殘蹟、巽方砲臺等，象徵性的將舊臺灣府城保留下來。

2. 交通建設引導都市擴張

　　縱貫鐵路臺南段由高雄往北興築，1901 年通車至臺南善化，從 1904（明治 37）年出版的堡圖即可看出臺南地區鐵路情況，1908（明治 41）年西部縱貫鐵路全線通車。鐵道從府城外東北邊的「中樓仔」舊聚落往南切下、經過大北門東側，剛好是府城建築比較稀疏的地方，切過府城東邊將近三分之一的土地，從此分隔前站與後站。

14　同註 8。

　　清代晚期由臺南三郊僱工開闢的舊運河，於 1903（明治 36）年 8 月因鹽水溪洪水氾濫，舊運河潰堤與淤積，臺灣總督府技師松本虎太重新設計建造新運河，工程從 1922（大正 11）年 4 月開工，1926（大正 15）年 3 月完工，長 3.78 公里，河面寬 37 公尺（今日往南延伸，等於圍繞著今日的五期重劃區），可以讓外海的船隻循新運河的水路，經安平直通臺南市區。新運河的開闢，便利臺南貨物的運送，也讓臺南尚保有直接對外貿易的功能。[15] 大正末年以後的市街圖、市區改正圖、地形圖等幾乎都會描繪新運河，此運河也影響了臺南往後市街的發展。

　　日治時期臺灣南北縱貫鐵公路之外，輕便鐵道成為地方重要交通工具，它是利用軌道寬度 1 呎 7 吋半（接近 50 公分）的輕型軌道，在上面行駛人力推動的四輪板車，一般多為地方望族或富商所經營。臺南府城的輕軌公司之一是辛西淮所創辦的「臺灣輕鐵株式會社」。日治前期，臺南府城對外聯絡有四條輕便鐵道路線，一條是從小東門到安平，由東往西，沿臺南公園南邊，大致從北華街往西走，在金安宮北邊轉彎，越過德慶溪，往安平；另有連絡臺南與關廟間、臺南鹽埕間、臺南新化間、臺南北門間的輕便鐵道；1930 年代以後，因汽車運輸興起，輕便軌道的經營日漸衰退。[16]

3. 城鄉關係的對應與連結

　　日治以前的府城古地圖，只呈現城牆圈圍內部的建設，很少描繪或觸及城外的狀況，二十世紀初，包括《攻臺圖錄》與「臺灣堡圖」等地圖上所顯現的大環境，在府城南邊，絕大部分在桶盤淺庄，其次為竹篙厝庄，少部分在鹽埕庄等土地上，北邊有法華寺，中間有竹溪寺，有一大片墳場，面積超越府城的大小，幾乎有兩倍大。另府城北邊，即永康下里，在鄭仔寮庄的東邊，鐵道的西側邊，也有僅次於南邊大小面積的墳場，對照整個府城的周遭環境，城內與周邊對比十分強烈。

15　同註 10。
16　吳昭明，〈府城今昔──先進運輸系統，誰坐〉，《中華日報》，2017. 6. 10。

　　日治 1911（明治 44）年公布「臺南市區改正計畫圖」之後，臺南市的開發與建設才如火如荼地展開，其中伴隨著城南發展土地受大片墳場的限制，於是清理墳場來做地方開發建設的提議，變得有其正當性與迫切性，因此從大正年以後，包括臺南師範、臺南女中、附屬小學等學校陸續在南城牆外蓋起來，繼續往南蓋有野球場（棒球場）、綜合運動場、體育場等。1936（昭和 11）年另在更南邊闢建臺南機場，面積也比舊府城大。

　　20 世紀以後的府城臺南，作為南臺灣首要的都市，舊城牆變成發展的包袱，1911 年臺南市區改正計畫即試圖透過城牆的拆除，做整個都市的擴大，其中的西城牆即是拆除後改為西門路的大通衢，也由於往北往南都有舊道連接，西門路即成為臺南城聯絡南北的主要幹道。縱貫線鐵道西側則也開闢一條南北聯絡道，即今天北邊稱北門路，南邊稱大同路的南北幹線。後火車站則一直為日本軍隊所佔用，有騎兵第三中隊、步兵隊，以及後來的衛戍病院、步兵第二聯隊、知事官邸，甚至更後面的高等工業學校、第二中學校、長老教女學校、長老教中學校，雖然市區改正計畫在後火車站仍有在舊城牆框定範圍作計畫道路，然擴張仍只限於東門路兩側。

結語

　　透過上下縱跨將近四百年來的臺南老地圖的堆疊，從大明帝國時期與 17 世紀 20 年代的荷蘭人古地圖開始，經鄭氏時期到大清帝國、日本殖民統治時期，有實測圖、山水圖、實測地形圖等，在 21 世紀的第 2 個紀元來看，正好可以比較對照與檢視臺南府城的歷史地理變遷，也讓我們對古地圖有更深入的看法與思維。

　　不同政權與統治者對地圖的不同態度：荷蘭人具細靡遺的大比例尺地圖，是為了使船隻能避開暗礁，順利行船、進港。歐洲國家海權發達時期透過現代科儀繪製一張張東方的海圖與地圖，也是佔領與記載地宣

示。日本人更是透過地圖做為情報與計畫，進一步作為建設開發的作業底圖。透過現況測量圖，可以據以做為道路開發、公共建設的規畫、實質建設的依準，像後來的都市計畫與築施工所需的地界圖。

近現代社會不同功能需求不同的地圖，從早期標記海底的水深差、暗礁的海圖，到標記了山、海、道路、河流、不同的地理位置、村落間的關係地形圖等，也包括資源的調查登載、市街概況，以及都市開發計畫與藍圖。

地圖更是地方、都市的紀錄與變遷的見證，從十七世紀臺南周邊海圖所看到的臺江內海，到曾文溪氾濫以後的魚塭、淺灘、鹽田，然後是運河與海港的建設，以及輕便軌道建設、縱貫鐵公路開發、公共建設的投注……等，都留下不同時期都市、鄉村經營者的建設痕跡。

本書收錄的各式古舊地圖記錄了臺南地區將近四百年的土地利用與時空環境變遷，滄海桑田，盡載於斯。

國家圖書館出版品預行編目資料

賴志彰臺灣史研究名家論集 / 賴志彰　著者. -- 初版. –
臺北市：蘭臺, 2021.06
　面 ；　公分. -- (臺灣史研究名家論集 ; 3)
　ISBN 978-986-06430-4-6(全套 ： 精裝)

1.臺灣研究　2.臺灣史　3.文集

　　733.09　　　　　　　　　　　　　　　110007832

臺灣史研究名家論集 3

賴志彰臺灣史研究名家論集

著　　者：賴志彰
主　　編：卓克華
編　　輯：沈彥伶、陳嬿竹
封面設計：塗宇樵
出 版 者：蘭臺出版社
發　　行：蘭臺出版社
地　　址：台北市中正區重慶南路 1 段 121 號 8 樓之 14
電　　話：(02)2331-1675 或(02)2331-1691
傳　　真：(02)2382-6225
E—MAIL：books5w@gmail.com 或 books5w@yahoo.com.tw
網路書店：http://5w.com.tw/、https://www.pcstore.com.tw/yesbooks/
　　　　　https://shopee.tw/books5w
　　　　　博客來網路書店、博客思網路書店
　　　　　三民書局、金石堂書店
經　　銷：聯合發行股份有限公司
電　　話：(02) 2917-8022　　　　傳　真：(02) 2915-7212
劃撥戶名：蘭臺出版社　　　　帳號：18995335
香港代理：香港聯合零售有限公司
電　　話：(852)2150-2100　　　　傳真：(852)2356-0735
出版日期：2021 年 6 月　初版
定　　價：新臺幣 30000 元整（套書，不零售）
ISBN：978-986-06430-4-6

《臺灣史研究名家論集》

這套叢書是研究台灣史的必備文獻！

　　這套叢書是兩岸台灣史的權威歷史名家的著述精華，精采可期，將是臺灣史研究的一座豐功碑及里程碑，可以藏諸名山，垂範後世，開啟門徑，臺灣史的未來新方向即孕育在這套叢書中。展視書稿，披卷流連，略綴數語以說明叢刊的成書經過，及對臺灣史的一些想法，期待與焦慮。

三編

尹章義、林滿紅、林翠鳳、武之璋、孟祥瀚、洪健榮、
張崑振、張勝彥、戚嘉林、許世融、連心豪、葉乃齊、
趙祐志、賴志彰、闞正宗

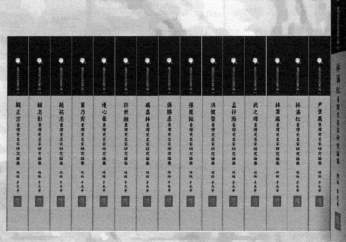

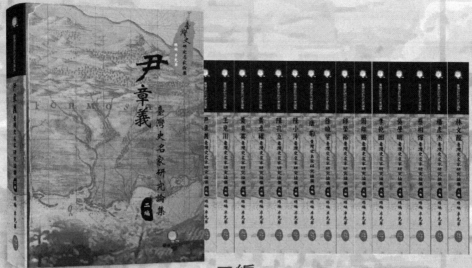

二編　ISBN：978-986-5633-70-7

尹章義、李乾朗、吳學明、
周翔鶴、林文龍、邱榮裕、
徐曉望、康　豹、陳小沖、
陳孔立、黃卓權、黃美英、
楊彥杰、蔡相輝、王見川

二編 ISBN：978-986-5633-70-7
臺灣史名家研究論集二編（精裝）NT$：30000

一編　ISBN：978-986-5633-47-9

王志宇、汪毅夫、卓克華、
周宗賢、林仁川、林國平、
韋煙灶、徐亞湘、陳支平、
陳哲三、陳進傳、鄭喜夫、
鄧孔昭、戴文鋒

臺灣史研究名家論集（套書）　定價：28000

100台北市重慶南路一段121號8樓之14
TEL：(8862)2331 1675　FAX：(8862)2382 6225

E-mail：books5w@gmail.com
網址：http://5w.com.tw/